哲学与战争

京都学派六哲人思想素描

徐英瑾 著

本书的出版得到「复旦大学哲学一流学科培优行动计划」资助

GUANGXI NORMAL UNIVERSITY PRESS
广西师范大学出版社
· 桂林 ·

哲学与战争：京都学派六哲人思想素描

ZHEXUE YU ZHANZHENG：
JINGDU XUEPAI LIU ZHEREN SIXIANG SUMIAO

责任编辑：张玉琴

特约编辑：陈凌云

设计制作：Titivillus

图书在版编目(CIP)数据

哲学与战争：京都学派六哲人思想素描 / 徐英瑾著. --
桂林：广西师范大学出版社，2024.6

ISBN 978-7-5598-7014-8

Ⅰ.①哲… Ⅱ.①徐… Ⅲ.①哲学学派—研究—日本
—现代 Ⅳ.①B313.5

中国国家版本馆CIP数据核字(2024)第105155号

广西师范大学出版社出版发行

广西桂林市五里店路9号　邮政编码：541004
网址：www.bbtpress.com

出版人：黄轩庄

全国新华书店经销

发行热线：010-64284815

山东临沂新华印刷物流集团有限责任公司印刷

山东临沂高新技术产业开发区工业北路东段　邮政编码：276017

开本：850mm×1092mm　1/32

印张：10.875　字数：217千字　图：15幅

2024年6月第1版　2024年6月第1次印刷

定价：69.00元

如发现印装质量问题，影响阅读，请与出版社发行部门联系调换。

目　录

本书附图

（本书所有附图均由著者绘制）

导　论

从海德格尔到京都学派

图-1　海德格尔手绘像

海德格尔为何亲近纳粹？

　　1933 年 5 月 27 日，德国弗莱堡大学的一个大厅里，在一个月前升任校长的大哲学家马丁·海德格尔（Martin Heidegger，1889—1976）向教职员工发表演讲，大谈师生应当如何在纳粹党主导的新国家体制下进行劳动与军训，并运用知识为国家服务。外界很难将他此刻的言行视为其在不可抗的政治压力下的作秀——因为早在十几日之前的 5 月 10 日，他就积极参与了大学图书馆外广场上的焚书活动，而被焚烧的正是犹太知识分子写的书籍，连带大量的马克思主义读物。同时，海德格尔亦开始忠实地在校园里执行希特勒政权的其他反犹政策，比如禁止他的学术恩师、现象学运动的"掌门人"胡塞尔（Edmund Gustav Albrecht Husserl，1859—1938）踏入校园借阅资料——而这仅仅因为他是犹太人。尽管在 1934 年 4 月海德格尔就辞去了弗莱堡大学校长的职务，但是此后，他在出席私人聚会时依然喜欢别着纳粹胸针，甚至还曾写信给纳粹教育部，建议让政治上可靠的纳粹党员带领青年学生参加训练营。[1] 具有反讽意味的是，在战争的最后一个阶段，海德格尔不断的政治表忠并没有让他获得"劳役免征"的待遇（得到这个待遇的知识分子可以不去挖战壕）。这本是促使他自我反省的契机，但他在战后依然拒绝为自己在纳粹时期的言行道歉——尽管马尔库塞、德里达、萨特等哲学家都对此明确表达过不满。于是，现代西方哲学史上的一个最大谜团便浮现了出来：为何作为 20 世纪最伟大的哲学家之一的海德格尔竟然是个铁了心的纳粹？而且是一个连"对不起"都不愿意说的人？在这种情况下，学习海德格尔哲学是否会带来某些不可控的政治风险呢？海德格尔哲学真的"有毒"吗？[2]

现在让我们看看硬币的另一面。尽管海德格尔在纳粹时期的表现让人大跌眼镜，但几乎没有人怀疑法国哲学家萨特（Jean-Paul Sartre，1905—1980）对于反法西斯事业的忠诚。他在1940年德国入侵法国后被德军俘虏，当时他是一名气象兵，侥幸逃脱之后他依然积极在文化战线上开展抵抗活动。然而，如果有人将萨特的代表作《存在与虚无》与海德格尔的代表作《存在与时间》做一个对比的话，他会惊讶地发现：两本书的概念结构实在是太像了！譬如,海德格尔区分了"此在"（也就是人类个体）与"一般存在者"（也就是诸如动物与一般无机物那样的存在者）：前者能够对"存在"的意义有所领会，而后者却不能。无独有偶，萨特亦区分了"自为的存在"（也就是存在方式可以随时自由变动的存在者）与"自在的存在"（也就是存在方式与固定本质彼此绑定的存在者），并且认为：人之为人的尊严，就在于其是"自为存在"的。从这个角度看，追求自由，便成为海德格尔与萨特两位哲学家的共通主题。具体而言，"自由"在海德格尔术语体系里的说法乃是"本真存在"——在这种存在状态中，此在摆脱了人云亦云的闲谈所造成的某种"常人"状态，而能在面对死亡的生存论觉悟中做出自己的人生决断；与之对应，在萨特版的"本真状态"中，"自为存在"也被期望能摆脱某种来自他人灌输的"自欺状态"（比如"你这辈子注定只能干这行"之类的长辈说教），由此觉悟到自己拥有他人不可剥夺的无限选择的自由。

虽然上面的哲学描述非常抽象，但此说内藏的理论意蕴显然与极权主义的说教格格不入。当两位哲学家都要求个体悬置他人（包括来自收音机与报纸的"他人"的声音）的裁断，并按照本心来规划人生道路的时候，他们怎么可能允许个体去接受戈培尔的洗脑，心甘情愿为法西斯的军事机器的运转提供思想润滑油呢？从这个角度看，萨特的哲学与其政治选择之间的关系是彼此融贯的，而海德格尔的哲学与其实际的政治选择之间的关系则显得扑朔迷离。

理查德·沃林（Richard Wolin）在《存在的政治》[3]一书中对于上述谜团给出了一种解释：海德格尔有一个系统化的计划，以哲学语言包装其"有毒"的政治私货，这种私货便是对基于现代技术文明与商业文明的美国文化的敌视（顺便说一句，在一战后的魏玛共和国时代，美国文化曾随着美国资本的涌来而进入德国）。莎拉·贝克韦尔（Sarah Bakewell）则在其《存在主义咖啡馆》中暗示了另一种火药味稍淡的解读方案：当海德格尔鼓励他的听众要摆脱"他人"的暴政时，他说的"他人"是专有所指的——尽管他的听众也完全可以运用自己的想象力，将"他人"的暴政想象成完全不同的东西。换言之，语言的抽象所导致的下述这些在政治上彼此冲突的行为，都能够被视为海德格尔哲学的实践：

（1）正因为海德格尔要求我们去悬置"常人"的意见，所以，我们要去悬置"恪守《凡尔赛条约》"这样的"常人"之音，并要为德国军备重整做积极准备（如纳粹的宣传机器所鼓吹的那样）。

（2）正因为海德格尔要求我们去悬置"常人"的意见，所以，我们要去悬置"军人就要无条件服从上级命令"这样的"常人"之音，并像施陶芬贝格伯爵那样秘密准备行刺希特勒。

那么，到底何种解读符合海德格尔的本意呢？

在这个问题上，我的意见或许会让一些读者感到惊讶：如果我们将自己仅仅限定为哲学学习者而非思想史研究者的话，在这里我们所要悬置的，恰恰是搞清楚海德格尔本意的冲动。一个可以与之类比的案例是对黑格尔的解读：黑格尔自己的政治倾向是偏向保守主义还是自由主义？在老年黑格尔派与青年黑格尔派之间，谁更接近黑格尔的本意？鲍桑葵、布拉德雷与科林伍德所描述的黑格尔，与马克思所描述的黑格尔，谁更"黑格尔"？——此类问题之所以难以切中肯綮，乃是因为提出问题时就预设了作家本意对于作品的全面掌控力。真相毋宁说是这样的：哲学作品一旦完成，就会产生某种有趣的"异化"现象，因为文本自身的理路会在相当程度上超出作者的主观掌控范围。即便哲学家在自己的作品里添加了"私货"，这些"私货"也必然会受到文本逻辑自身的制约，并在文本后续的逻辑演化中慢慢被边缘化。

按照上面的思路，即使海德格尔在自己的文本里塞入了对以美国文明为代表的现代科技—资本联合体的仇恨，并将这种仇恨聚焦于犹太人身上，在逻辑上也推不出应当去支持纳粹（实际上，欧洲早就有反犹传统，譬如法国的"德雷福斯案件"[4] 所展示的——尽管那些污蔑德雷福斯的法国人当然不是纳粹）。毋宁说，纳粹主义包含了比单纯的排犹主义更多的内容，特别是在世界范围内对于军事霸权的追求，而这种追求又恰恰是以强大的工业为基础的。因此，纳粹德国自己的军工复合体本身就是另外一个科技—资本联合体，只是规模要小于其在美国的对应物罢了。从这个角度看，既然海德格尔在其主流哲学文献中没有明确支持过纳粹，而这种支持又会导致其思想体系内部的不融贯（即海德格尔哲学不能既支持德国的军工复合体却又讨厌美国的军工复合体），那么，从哲学文本的角度看，海德格尔哲学就不是一种纳粹哲学。至于海德格尔在政治生活中的表现，亦不应当成为我们判断其哲学走向的主要根据，正如叔本华在私人生活中的刻薄寡恩不足以让我们去怀疑其哲学文本中表现出的慈悲情怀乃是惺惺作态一样。

我的这个诊断意见或许显得有些中庸：既希望保护海德格尔哲学自身的学术价值，又容许对海德格尔的亲纳粹言行在合适的范围内尽情批判。或许有人会认为这种态度是在"和稀泥"，但任何一个对西方哲学史略有了解的读者都应当知道，抽象的哲学与具体生活之间的缓冲地带一直是非常广袤的。试想，如果不知道英国内战与霍布斯思想的关系，会在实质上影响你理解《利维坦》吗？如果不知道笛卡尔在"三十年战争"中的服役经历，会影响你阅读《第一哲学沉思录》吗？如果对意大利共产主义运动史所知甚少，会影响你理解葛兰西的"文化霸权"理论吗？从这个角度看，对于哲学的理解或许可以与对于交响乐的理解相对照——贝多芬谱写《英雄交响曲》的时候，其最初心理动机到底是"献给拿破仑"还是"献给英雄的人民"，与今天的听众又有多大的关系呢？

　　然而，如海德格尔这样伟大的哲学家，在政治判断上却如此荒腔走板，也的确让人痛心，因为这实在太不符合公众对于人文知识分子的期待了——且不说我们对于人文知识分子"伦理底线"的期待，他们至少应该是有"常识"的吧。但这个期待是合理的吗？难道真的是"运伟大之思者，必行伟大之迷途"吗？

　　无独有偶，在海德格尔以"热脸贴冷臀"的精神试图说服纳粹高层接受他本人对于纳粹运动的哲学解释的时候，在地球的另一端，以"京都学派"为主要代表的日本哲学家与日本法西斯政权之间的合作，在层级与规模上都要更进一步。

　　说起来，京都学派与海德格尔之间真还有着密切关联：

　　其一，京都学派的哲学家大多很熟悉海德格尔以及广义上的德国哲学的脉络，其中个别人与海德格尔还有私交；

　　其二，这些哲学家与海德格尔一样，既具有深邃的哲学思辨力，又在侵华战争和太平洋战争期间有过一些令人大皱眉头的错误的政治言论；

其三，他们与海德格尔一样，对近现代资本—技术架构所展现的"现代性"抱有仇恨——只不过在"寻找替罪羊"心理支配下的海德格尔将这种仇恨发泄到了"犹太人"这个稻草人身上，而京都学派的这些哲人给自己设定的稻草人则更大：他们的首要目标是整个盎格鲁—撒克逊民族在亚洲的文化—经济—政治—军事存在，次级目标则是那些与英美势力走得比较近的亚洲民族国家（相比较而言，他们对"格局较小"的反犹议题并不感兴趣）。

现在就请读者在心中设想一个地球仪，然后以河南洛阳为中心，在保持纬度大致不变的情况下向东偏移大约一个时区——这大致就是日本京都的位置（顺便说一句，在日本古代，京都也被视为拷贝版的洛京）。下面我们就要离开海德格尔所在的弗莱堡大学，去离我们近得多的京都大学走一遭。

京都学派与"近代的超克"

那么，何谓"京都学派"？

粗略而言，京都学派乃是一个以京都大学为中心、试图将欧陆哲学的话语结构与佛教精神实质相互结合的哲学流派[5]。其核心人物为西田几多郎和田边元，其他人或多或少都受其教化或影响，立场虽然不一，但都以各自的形式发展甚至批判了西田和田边的思想，因此可以视为一个边界模糊的整体。京都学派的意义在于，一方面，它作为日本现代哲学的代表，以其迥异于西方哲学的"绝对无"的思想立场，为世界哲学的发展做出了原创性的贡献，也愈来愈受到国际学术界的重视；另一方面，京都学派的一些成员的学术旺盛期，正值日本迈向军国主义的不归之路，而他们在战前与二战期间发表的拥战言论，在当时产生了负面的影响，在战后更引发了漫长的争议。可以说，如何理解和看待京都学派，不仅是一个思想史问题，也是一个现实问题。

在前文中我们已经看到，海德格尔与纳粹的接近基本上是其个人行为，并非某种组织引导的产物。与之相较，日本人行为模式中的"组织性因素"更为明显，京都学派与日本政府的合作往往依托于某种组织作为中介。举例来说，1933年日本成立了一个叫"昭和研究会"的智库组织，实为曾三次出任首相的近卫文麿的幕僚团。这个组织大肆鼓吹建立所谓"东亚协同体论"，为日本在亚洲业已展开的侵略活动涂脂抹粉。一向被视为京都学派左翼的三木清也一度被牵涉到相关活动中去。京都学派的首席哲学家西田几多郎则和近卫文麿保持着某种特殊的私人关系（后者曾听过前者的哲学课），西田本人甚至还给裕仁天皇做过"御前哲学讲座"，大谈日本在世界历史进程中所需扮演的角色，可谓如假包换的"帝王师"。京都学派的二号人物田边元则利用自创的"种的逻辑"所提供的哲学资源，论证"大东亚共荣圈"的"合理性"，成为战时极为活跃的一位哲学家。思想更为右倾的高坂正显、高山岩男、铃木成高、大岛康正等人，以及看似云淡风轻、大谈"虚无主义问题"的西谷启治，则和日本海军的米内光政、高木惣吉等军人交往默契，成为海军方面在人文学界的铁杆盟友。在京都学派中唯一一位彻底与法西斯主义割席的哲学家乃是户坂润——不过，由于其马克思主义者的身份，他一向被视为京都学派的外围，甚至是京都学派主流思想家的最严厉的同时代批判者。

京都学派主流借以为法西斯主义辩护的核心话术是围绕着"近代的超克"（日语：近代の超克）[6]这一关键词展开的。所谓"近代的超克"，其核心命意便是通过一种综合东西方文化精髓的文化—制度创新，克服西方文化机械主义与个人主义之弊，由此揭开人类历史之新篇章。此说乍看之下颇有吸引力，尤其对于东亚知识分子而言。原因有三：

其一，作为世界历史进程中相对被动的一方，东亚知识分子的处境非常微妙：一边是西方文化带来的压力，一边又是自身传统（特别是伦理传统与审美传统）所带来的惯性，如何左右逢源并兼收其美，可谓挑战重重。在这种情况下，通过"超克"一词来试图综合东西文化之精髓的提议就会显得很有诱惑力。同时，由于"超克"的对象乃是西方文化中的某些重要特征，而"超克"的主体则被默认为东亚文化，这也会大大增加论述者的民族自尊心。

其二，西方文化对亚洲的入侵是伴随着殖民活动而展开的，而殖民活动的伦理合理性一向备受批评。因此，对于一种有别于殖民主义的全球文化传播方式的探索，也很自然地成为了东亚知识分子的思考对象，而这种探索当然也具有"近代的超克"的意味。

其三，西方文化的传播路径还与资本主义的传播路径高度重合，因此，资本主义带来的阶级分化与人伦沦丧等问题，也在相当程度上导致了"超克"心理的形成。

尽管纯粹从学理角度看，"近代的超克"这一理念的提出并非毫无合理性，但在现实历史中，日本京都学派对于这一理念的宣扬却起到了为日本帝国主义的侵略活动进行学术掩护的恶劣作用。正如日本马克思主义者广松涉在《论"近代之超克"》[7]一书中所指出的，参加日本官方在战时组织的圆桌会议的京都学派学者在批判西方的时候都遗忘了一个基本事实：日本帝国主义的资本扩张模式与西方帝国主义毫无二致，甚至在"吃相"上有过之而无不及。因此，从历史唯物主义角度看，日本军国主义的作为根本没有"超克"西方帝国主义，而毋宁说是拙劣地模仿了西方帝国主义早就玩过的一些套路。但是，在巨大虚荣心支配下的京都学派主流却在评价历史材料时犯下了"双重标准"的错误：谈西方帝国主义的时候专盯住其形而下的部分，而在谈论日本的时候却只愿意谈其形而上的部分，似乎这种纯粹主观话术上的挪移就能掩盖"资本逻辑通吃日、美"这一基本事实。

另外，在我看来，"近代的超克"论的支持者还忽视了另外一个重要的事实：在日本发动侵略战争的同时，西方帝国主义却在向更少血腥色彩的掠夺方式转型——也就是说，正因为资本主义生产体系的拓展需要相对和平的国际环境，美、英、法等国在一战后开始积极探索阻止新的世界大战爆发的国际机制。所谓"国联""威尔逊体系"与"华盛顿会议"都是这种努力的成果。从人类文明发展的大趋势看，这一转变的人道主义意蕴当然是应当肯定的——而且，"华盛顿会议"留下的外交空间，也让当时羸弱的中国获得了一段宝贵的发展时间。但对于"和平总是好于战争"这一常识，当时的京都学派主流似乎是缺乏意识的。他们更倾向于用一种浪漫主义的态度来谈论战争，其口吻就好像是球迷在谈论世界杯足球赛。

为什么会出现这种古怪的情况？我认为有三个一般性的因素：

第一，日本传统文化缺乏尊重个体生命的理论资源，"舍生取义"却成为默认的伦理规范。尤其明治以来，天皇被神化，传统信仰神道被立为国家宗教，武士道也从带有封建性的武士道德规范演变为对于天皇绝对忠诚的精神信条，成为军国主义的精神支柱。在这样的政治文化氛围中，很难出现基于对个体生命的尊重的和平主义思潮。

第二，在日本侵华战争全面爆发之前，日本缺乏类似于英、法那样惨痛的一战记忆[8]，而日俄战争的恐怖记忆此刻已被民众慢慢淡忘，当时的日本人自然就缺乏主流西方国家民众（特别是英、法）偏向和平的思想倾向。

第三，大多数京都学派成员缺乏实际的军事服役经历（甚至缺乏像克劳塞维茨那样的军事理论素养），因此，他们对于战争的残酷与不可操控缺乏感性的认识。与之相较，有过一战经历（以及西班牙内战经历）的欧洲人文知识分子却多如繁星（如茨威格、罗曼·罗兰、托尔金、麦克雷、毛姆、托马斯·曼、里尔克、萨松、维特根斯坦、海明威、奥威尔等），这对于二战前欧洲反战文化的兴起自然是大有裨益的。另外，富有讽刺意味的是，京都学派中唯一做过炮兵军官的户坂润恰恰是一位坚决反战的马克思主义战士，而曾经参加过右翼组织"昭和研究会"的三木清在被军部"发配"到日据菲律宾充军后，思想也快速转向当时依然处于地下的日本共产党（尽管这种思想转变在其过去的历史中也曾有过征兆）。从这个角度看，京都学派主流的浪漫主义战争观的形成具有一定的历史偶然性，这种战争观或许会在另外一个他们参与过实际战争的"可能世界"中被实质性修正。

上段最后一句话包含了两层意蕴：从消极角度看，至少在现实世界中，京都学派主流的确缺乏对于现代战争之可怖的感性意识，同时也缺乏对于阻止战争爆发的实际外交机制（如威尔逊体系）的理性认知。这就说明其哲学体系中缺乏必要的资源用以系统论证和平机制的必要性[9]。但从积极角度上看，京都学派主流的核心哲学观点的弹性依然不容低估，我们切不能因为其具体政治言论的错误而匆忙认定这样的错误与其核心哲学论点之间有着必然的联系（否则就很难解释三木清的政治立场会在其核心哲学论点相对稳定的前提下发生大幅度的摇摆）。我们或许可以提出这样的设想：是否可能革除这些哲学家曾经持有的错误的政治观点，而不必大幅度修正京都学派的核心哲学理论呢？就像河豚祛毒之后，依然可以作为美味佳肴被端上餐桌。对于海德格尔之为学与为人的二分法，或许也适用于对京都学派的分析。

本书当然不是历史上讨论这个话题的第一本书（尽管在汉语学术界，这应当是同题材的第一本书）。广松涉基于马克思主义对于京都学派的"近代的超克"思想的批判，给出了讨论此问题的标准的历史唯物主义解答，而本书将通过对户坂润哲学的重构对这一解答予以更细致的刻画。子安宣邦的《何为"近代之超克"？》[10]、菅原润的《京都学派》[11]、竹内好的《近代的超克》[12]也是三本值得一提的著作，它们为研究京都学派的相关思想提供了大量详细的背景信息（不过，竹内好的切入点是广义的思想史与文学史，学院意义上的哲学内容很少）。大桥良介编辑的《京都学派与海军》[13]则对京都学派在战时参与的官方圆桌会议的内容进行了全面记录。在英语世界，介入同一话题最深的书籍乃是大卫·威廉姆斯（David Williams）的《为日本的太平洋战争辩护——京都学派哲人与后白人权力》[14]与《日本战时抵抗活动的哲学思想》[15]。不过，尽管这两本书对京都学派哲人战时谈话纪要的英译工作颇有文献学价值，但评注部分的观点却堪称荒腔走板。威廉姆斯竟然将日本在二战中对美国的挑战与战后弱小民族对于美国霸权的挑战混为一谈，并认为日本的战败本身乃是建立并非由白人主导的新国际秩序的悲壮失败，却罔顾日本帝国主义对于更弱小民族横加霸凌的事实。此外，《日本战时抵抗活动的哲学思想》也夸大了京都学派与日本海军合作的积极政治意义（与愚蠢的日本陆军相比，学术素养更高的日本海军一向带给部分二战史研究者"较为开明"的印象）。真相是：没有任何有力证据证明京都学派曾积极参与过促进日美媾和的活动，遑论组织那些货真价实的"抵抗活动"（如施陶芬贝格伯爵刺杀希特勒的那种"抵抗活动"）。读者可能会对英国劳特里奇出版社能够通过如此惊悚的书籍选题而感到惊讶（英国毕竟属于二战胜利一方），但需要注意的是，在当下"白人原罪感"泛滥的西方知识界，批判白人霸权的书籍往往会被罩上"政治正确"的光环而得到立项，以至于没人注意到这种貌似左翼的言论竟然在逻辑上已陷入日本极右翼的话语窠臼。由此我们也不难看出，如果我们背离历史唯物主义聚焦政治经济学分析的方法论立场，我们的注意力就会被诸如肤色、种族、性别之类的次级话题干扰，由此犯下电影《桂河大桥》中的尼克森上校那种"丢西瓜捡芝麻"的错误 [16]。

与上面提到的这些同类研究材料相比，本书的特色主要体现在：

第一，对京都学派不同成员的不同哲学观点与政治表态之间的关系做出"就事论事"的分析，而反对通过一种抽象的态度将二者之间的关系加以固化。与此对照，广松涉的立论更偏向于全面批判京都学派，而威廉姆斯更倾向于为京都学派做整体辩护。

第二，正因为上一点，本书会以大量篇幅详细展示京都学派核心成员的"硬核哲学干货"。由此，本书自然也就带有"20世纪日本哲学导读"的功能。

　　第三，京都学派成员诸多，本书在有限的篇幅里主要提到了西田几多郎、田边元、三木清、九鬼周造、和辻哲郎、户坂润六人。这六人虽然在政治光谱上左右兼有，但都有非常深刻的原创性哲学成果，针对他们的西文研究资料也比较丰富。我个人认为他们都算得上是与萨特、梅洛—庞蒂、列维纳斯同等级的世界级哲学家（至于这一私见是否合理，请读者阅完全书后自行判断）。因此，若要详细讨论京都学派的核心哲学观点与其政治表态之间的联系，这六位思想家便是比较合适的取材对象。与之相较，由于九鬼与和辻与日本军部关系相对疏离（九鬼甚至都没有活到太平洋战争爆发），同类题材的书籍对这两位思想家都比较轻视——遑论因为传播马克思主义而入狱的户坂。顺便说一句，除了以上六人，同在京都学派的高坂正显、高山岩男、铃木成高、大岛康正却没有进入本书的讨论范围，乃是因为他们缺乏与上述六人同级别的原创性形而上学与认识论贡献，而本书的立论前提是试图将京都学派与作为一流哲学大师的海德格尔相对标。至于既具有国际哲学声誉同时又积极参与"近代的超克"相关战时会谈的西谷启治，也没有进入本书的重构范围，因为他的核心哲学工作是在战后完成的（顺便说一句，据我观察，西谷在《中央公论》等刊物上发表的战时言论，与别的谈话者并没有太大的区分）。按照同样的标准，与战争没有太大关系的久松真一、上田闲照等人的工作也没有为本书所聚焦（可能是为了避嫌，以西谷、久松与上田为代表的战后京都学派哲学体现出了高度美学化的特质，由此将自己与政治的关系拉远）。当然，一本规模更大的日本哲学导论性书籍自然应当将这些哲学家的工作囊括在内。[17]

第四，考虑到本书的大多数读者可能都缺乏日本哲学背景知识，本书的理论重构将大量援用西方哲学资源作为参考系。不过，西方哲学参考系的引入并不是为了"化日为西"，而是"以西映日"，以便通过跨文化的比较来最终展现日本哲学的特色。与之相较，处理同题材的书籍对更为广阔的世界哲学背景与日本哲学之间关系的考察是相对薄弱的。

第五，考虑到日本文化的特异性与一般中国读者的既有知识储备，本书在进行哲学分析时也适当对与日本的语言、审美、历史等相关的文化知识略作普及，以便增加全书的可读性。相比较而言，前面提到的同题材书籍都不是写给中国人看的，因此，其预设的知识背景对于中国读者来说，未必是"界面友好"的。

我筹备本书的写作已经数年，其间也发表了不少关于日本哲学的中英文论文，本想再慢慢积累几年再将此书写成——然而，最近世界上发生的一些让人难以入眠的事情，迫使我立即动笔。战争离我们并不遥远，而且，利用经过大国沙文主义的"剪刀手"拼接过的人文"知识"来为战争鼓噪的行为依然没有绝迹。当年，"同文同种""反对白人殖民亚洲""亚洲是亚洲人的亚洲""盎格鲁人滚出西太平洋"这些颇有迷惑性的口号，曾催生出"东亚协同主义""日满华三国提携""大东亚共荣圈"等野心不断升级的区域性扩张政策——而最终造就的，却是中日两国无数破碎的家庭与无数母亲的眼泪，以及两国目前尚且无法完全消除的历史心结。令人沮丧的是，正如黑格尔所说，人类从历史中学到的唯一教训，便是从不吸取任何历史教训，一些国家拿着类似的剧本在地球别的地方大肆并吞邻国土地的行径依然不绝于耳。从这个角度看，写作本书的目的就绝不是批判日本文化（实际上，广义的日本文化也好，狭义的京都学派也罢，都包含了大量与战争无关的中性要素）——毋宁说，本书所针对的，乃是某种随时会变异并重出江湖的"法西斯病毒"。这种病毒既可以在某个时刻感染日本人，自然也能在别的时刻感染任何别的人——只要后者没有打过旨在反对一切侵略扩张行为的思想疫苗。

而本书的经纬所包裹的，便是这样的一剂思想疫苗。我当然没有自恋到认为此书能起到劝止未来一切侵略行径的地步，但本书的出版无疑能多少安慰我当下不安的良心。无论这个世界变得有多糟糕，无论自己的声音有多么微不足道，哲学家都必须在大义名分与对名分的践踏之间选择前者。同时，我也将以最大的诚意向读者展现：在祛除那些可恶的病毒之后，日本哲学的本来面貌原来是如此之美，正如日本自身的民族艺术形式（庭院、插花、茶道、浮世绘、能乐、歌舞伎、文乐[18]，等等）展现出了一种与整齐划一的法西斯式审美情趣完全不同的自由心境一样。而自由心境的存在，哪怕卑微到只能低吟一句俳句的地步，其本身就是对于一切极权主义暴政的反抗，因为俳句自身的不押韵形式本身就暗示了对于集体规训企图的不屑。从这个角度看，当京都学派哲学家为战争辩护的时候，他们既背叛了自己哲学中的核心论点，也遮蔽了日本文化传统中的关键要素。而本书要做的，便是用京都学派自己的哲学，去批判京都学派成员的拥战言行。

第一章

西田几多郎

在"场所"的视域中虚无化皇室的"总舵主"

图-2　西田几多郎手绘像

西田几多郎何许人也？

2019 年夏天，我曾带领一个游学团访日。作为哲学教授，我自然想找机会向团员展示日本哲学的魅力。但哲学毕竟是非常抽象的学问，如何将哲学与实地考察结合在一起呢？难道还有与哲学家直接相关的旅游打卡地吗？

还真有。我最后选定的游学考察对象便是"石川县西田几多郎纪念哲学馆"——目前世界上最大的专为一个特定的哲学家所造的纪念馆。此馆位于今天日本的石川县河北市，总建筑面积达到惊人的 2,952 平方米，钢筋混凝土结构，地下一层加地上五层，总设计师乃是具有世界声誉的建筑师安藤忠雄。日本人愿意花这么大力气单单为西田几多郎这一位哲学家建造一座纪念馆，想必西田是一位非常重要的人物吧（顺便说一句，在西田纪念馆不远处还有铃木大拙纪念馆，但面积要小很多）！

那么，西田几多郎（Nishida Kitarō，1870—1945）到底有多重要呢？一言以蔽之，他是日本自从接受西洋哲学以来第一位本土培养的具有世界级影响的原创性哲学家。请注意"原创性哲学家"与"哲学研究者"之间的区别。譬如，日本第一个开始系统研究西洋哲学的学者乃是西周（Nishi Amane，"西"是其姓，1829—1897），而且将西文"philosophy"首次译为汉字词组"哲学"的也是他。但西周一般被识别为哲学研究者，他的任务是将西方哲学知识搬运入日本，而不是向世界反向提供原创性的哲学思想。[1] 与之相较，西田哲学却在英语世界权威的"斯坦福哲学百科全书"上有专门的词条 [2]，其在英语世界的二手研究资料也非常丰富。从这个角度看，他的确已经在西方被识别为一位非常重要的原创性哲学家。

西田同时也是京都学派的掌门人。如前所述，京都学派是以京都大学为活动中心、以西田几多郎为盟主的日本原创性哲学家的思想联盟，其中第一代京都学派哲学家的活跃期在上世纪 20 至 40 年代。该学派的基本宗旨在于会通东方佛教思想资源与西方哲学资源（特别是德国古典哲学、新康德主义与现象学），并在此基础上构造出一种对东西方问题都有解释力的世界性哲学。对于中国读者来说，京都学派很容易让我们联想起兴起于民国时代的新儒家，因为二者都有融贯东西的学术雄心。不过，与中国新儒家（冯友兰、梁漱溟、牟宗三等）的类似努力相比，京都学派的特点在于：（1）在吸纳东方思想资源时，相对而言重佛教而轻儒家；（2）学术表述尽量摈弃传统佛教的话语结构，努力使用西方哲学的话语结构，以求做到"洋皮和魂"——而不是像中国新儒家那样高度依赖"道""理""气"等中国传统哲学范畴；（3）成员普遍以德语为吸纳西方思想的第一外语，但往往兼通法语与英语——而同期中国大多数学者往往只熟悉英语；（4）很多学派成员与胡塞尔、海德格尔等当时世界一流哲学家有切实的个人交往，在获取现象学思想方面与欧洲学术前沿几乎没有时间差——而同期中国哲学界普遍不熟悉欧陆现象学；（5）尽管京都学派的思想家中有不少人政治思想倾向偏右，但京都学派也不排斥左翼思想，甚至还有像户坂润

这样一流的马克思主义专家——而同期的中国新儒家缺乏
公认的马克思主义研究专家；（6）很多京都学派哲学家在
知识论、科学哲学甚至数学哲学等偏"硬"的哲学分支也
都有很深的造诣——而此类研究并不是中国新儒家的主要
用力方向。能在京都学派这样一个人才荟萃的学术团体里
被奉为"总舵主"，西田本人的学术素养自然也是出类拔
萃的。

不过，后来成为大哲学家的西田并非出身于书香门
第。虽然他祖上也曾是加贺藩的豪门，但在他出生的 1870
年，家道早已中落。他出生于加贺国河北郡森村（在今天
的西田纪念馆附近），离日本的学术中心东京很远。他第
一次对哲学感兴趣，是在金泽市的石川县专门学校读中学
的时候。当时他开始接触宣传自由民权的进步思想，曾因
反对在学校宣读《教育敕令》[3] 而从事抗议活动，亦对其
弟西田凭次郎在日俄战争中的阵亡难以释怀。同时，他在
数学方面展现的才能也曾让他一度考虑以数学研究为人生
志业。不过，在哲学与数学之间，西田最后还是选择了
哲学。1891 年，西田进入东京帝国大学文学部学习哲学，
因为没有拿到"正式生"的身份，在读书借阅方面受到
了校方的歧视，这让这位未来的日本第一流哲学家很是
愤懑。大学毕业后他回到离老家不远的金泽，开始在数所
中学之间辗转，靠教德语糊口，并在教学间歇研究哲学。
此间，他常常和与他同岁、后来成为禅学大师的铃木大拙
（Suzuki Daisetsu，1870—1966）一起参禅悟道，同时画了
不少禅画（其中不少墨宝都保留在西田纪念馆）。不过，

直到 1911 年，41 岁的西田几多郎的名字才为全日本所知，比起 26 岁就写出《人性论》的英国哲人休谟来说，真是典型的"大器晚成"。这一年，他的哲学处女作《善的研究》正式出版，引发了学界的积极反响。1913 年，西田被正式聘为京都大学教授。他先是做了宗教学的教授，后在 1914 年成为哲学教授。从此他在京都大学的教研岗位大致就没变动过，一直到 1945 年 6 月 7 日离世为止。在他于京都大学教学期间，其麾下的京都学派渐渐成长为日本哲学研究的第一梯队。而他在课余经常散步的"哲学之道"，也早已成为京都的旅游打卡地，与德国海德堡的"哲学家小径"遥相呼应。

不过，即使到了京都大学并获得稳定的工资后，西田的个人生活依然充满苦难。他与妻子一共生下过八个孩子，其中有五个都死在西田前面[4]。连续不断的家庭变故令德语娴熟的他根本无法安排出时间赴德交流学术，尽管其他的京都学派同仁往往都有留德的经历。

然而，西田此间更多的痛苦还在于政治方面。前面已说过，他在少年时代就有朴素的自由主义思想，而这种思想显然与昭和时代严酷的军国主义思想氛围格格不入。根据美国西华盛顿大学的西田专家游佐道子（Yusa Michiko）撰写的《禅与哲学——西田几多郎思想传记》[5]提供的材料，当西田在 1941 年 12 月于病床上获悉日本航母偷袭珍珠港得手的新闻后，他的情绪变得极度抑郁和悲痛[6]。不过，他既然还顶着日本头号哲学家的名号，自然会吸引军部利用他的名声去做军国主义宣传。而为了维持京都大学哲学专业的正常运作，西田也往往在不太违背良心的情况下对这股邪恶势力做出有限的妥协。譬如，1941年1月23日（即日美开战大半年之前），西田曾为天皇做了半小时御前演讲，算是完成了官方交付的一项政治任务。然而，了解到昭和天皇之生物学兴趣的西田，也没忘记向其含蓄地展现自己的和平主义思想——此篇演讲的主题是关于生物学意义上的"生命"以及历史学意义上的"生命"之间的关系的，与战争并无直接关联，而且字里行间亦带有规劝天皇勿以国家至上之名义剥夺个体自由的意蕴。[7]

西田不仅与天皇"打太极拳"，跟颟顸疯狂的军部，他也会玩类似的游戏。1943年西田应陆军要求写作《新世界秩序的原理》一文，结果文章写得很晦涩，东条英机表示根本看不懂，要求西田重写。西田没有理睬东条，于是他的助手向陆军军部提供了一份西田原稿的摘要交差了事，东条后来又在自己的演讲中似懂非懂地引用了这份摘要，让西田很是生气。

不过，西田所写的《新世界秩序的原理》毕竟有一些明显为军国主义的扩张进行哲学背书的词句，这也的确令他战时的表现在战后遭到一些非议。此外，他于1938年在京都大学所做的系列演讲《日本文化的问题》亦貌似大肆鼓吹日本文化的优越性，这就让上述批评得到了更多文本佐证。因此，西田哲学与其真实政治主张之间的关系，便有了严肃澄清的必要。

在介绍西田哲学之前，我先做一个预先的论断：不论从西田少年时代就形成的政治倾向来看，还是从其哲学的一般特征来看，他的思想的政治底色乃是一种带有佛教色彩的自由民主主义，只是在其晚年才比较明显地转向为军国主义辩护的立场。若以“左”“中”“右”这三个政治标签来区分，西田属于京都学派中的“中派”（也就是“表面上的政治表态相当暧昧”的意思），与之相比较，田边元是右派中的摇摆分子（即至少曾经一度比较稳定而明确地支持过军国主义——尽管他战后立即倒戈），而户坂润则是标准的左派（即与军国主义斗争到底）。若以德国哲学史为比照，这三位思想家的关系或可类比于黑格尔本人（中派）与老年黑格尔派（右派）与青年黑格尔派（左派）之间的关系。换言之，无论在日本的案例中还是在德国的案例中，中派的一些含糊其辞的表达，只要稍加变通就能变成右派或者左派的言论。不过，正因为如此，西田哲学也为理解别的京都学派哲人的思想提供了一个相对不偏不倚的参照系。

盲剑侠的“场所”

　　西田的哲学论述方式以晦涩著称，甚至还衍生出了一些学术冷笑话——其中一则是这样的：一位在夏威夷大学做西田与威廉·詹姆士思想比较研究的日本研究生曾抱怨说，他作为日本人，在夏威夷苦读西田与詹姆士数年，詹姆士的思想已完全掌握，西田的书却还是看不懂。西田真有这么难懂吗？为了帮助中国读者能够比较顺畅地进入西田的哲学世界，我将从好莱坞动作片与日本武士电影的比较出发，来为西田哲学提供一番最通俗的说明。

西田哲学的核心哲学概念乃是"场所"。什么是"场所"？是指工作场所、学习场所，还是娱乐场所，抑或是两个武林高手对决的场所？"场所"究竟是一个地理概念还是人文社会概念？为何西田哲学要从这个概念出发展开其逻辑推演？作为一种初步性的讨论，我们只要记住以下几点就可以了：其一，"场所"是一种抽象的哲学概括，它可以被具体化为（be instantiated by）诸如"工作场所""学习场所"等等，但不能被还原为（be reduced to）上述概念（正如"大象"可以通过"亚洲象"得到示范，却无法被还原为"亚洲象"一样）；第二，"场所"兼有地理与人文的意蕴（比如，比武的场所肯定有特定的地理坐标，但假若没有比武的侠客的参与，这一场所本身也就不存在了）；第三，同时也最重要的是，"场所"是主—客分裂意识消融之所。

上述第三点听上去最玄乎，所以特别需要加以说明。要理解什么叫"消融主—客的分裂"，我们就得先来说清楚什么叫"主—客分裂"。现在我就以个人非常喜欢的好莱坞动作片《伸冤人》（*The Equalizer*）中的一段武打戏为例来说明。在电影中，丹泽尔·华盛顿饰演的美国退休特工罗伯特为了打击在美国境内为所欲为的俄国犯罪集团，深入虎穴，在贼巢干掉了好几个武装到牙齿的俄国黑帮分子。罗伯特消灭敌人的方式非常富有个性：他会先扫视一下周围任何一件可以利用的器具——如开瓶器、钥匙、钢笔——构思出用此类器具杀死敌人的最佳路线图。然后，他打开秒表，按照前述路线图施展动作，在极短的时间内将一个个悍匪送下地狱（因为他的动作实在太快，竟没有一个敌人来得及在死前开枪）。最后，他会回头看看自己的秒表，评估这次战斗的效率是否达到了自己的预期。

这一段描述与主—客分裂可有干系？

有！实际上，罗伯特的战斗方式（或者说，作为西方人的好莱坞制片商所展现出的罗伯特的战斗方式）就是主—客分裂的。首先，他将敌人视为他之外的事物，由此分裂了"我"与"敌"，也就是"主"与"客"；其次，在他的战斗模式中我们也可以看到那种亚里士多德式的"目标"（即灭敌）与"手段"（即灭敌工具）之间的二分，这种二分依然是主—客分裂的某种变形（目标是主体投射的产物，而手段则是客观存在的）；最后，罗伯特对于时间的态度也是主—客分裂的：他将对于客观时间的计量诉诸钟表，然后用这样的器具反过来评估自己的主观时间体验。

那么，日本的武士电影又是如何表现战斗场面的呢？以系列电影《座头市物语》（又译为《盲剑侠》）为例：作为电影的主角，剑士座头市竟然是一个盲人，所以，他在与对手对打时无法依赖自己的视觉，只能依赖听觉、触觉以及所谓的"第六感"。而且，与那些依赖盲道走路的一般盲人不同，在战机稍纵即逝的生死决斗中，座头市是没有时间通过盲杖接触路面的声音在脑海中重构出关于周遭环境的画面的。他必须依据本能而运作，而不能依据推理——因此，他就无法容忍在任何惯常推理中都会存在的如下二元对立："主体所暂时明了的前提"与"其所暂时不了解的结论"之间的对立。换言之，他必须时刻准备着，通过某种直接的领悟，从前提一下子"跃迁"到结论上去。

那么，座头市是如何完成这种跳跃的呢？

按照日本文化作家内田树先生的叙述 [8]，一个优秀的日本剑士（无论他是否是盲人）需要将自己的环境视为自己的一部分。套用到座头市的案例上去，他要在决斗中获胜，就不能将他听到的落叶与清风视为他身体之外的一部分，而要反过来将自己视为包含着落叶与清风的周遭场所的一部分，才能减少自己肉体反应的滞后。这种说法乍一看似乎令人震惊，因为从生物学的角度看，落叶与清风当然不是人体的一部分，但一个按照这种方式感知周遭的武士，却能够经由这种意识的转变而减少环境的变化带给自己的惊讶感，并由此施展出更加自然与流畅的挥剑动作。

这种境界的自然后果便是"无敌"。按照日本剑道的精神，"无敌"指的是这样一种状态：任何你所想克服的困难——从眼前杀气毕露的对手到武者自身的某种生理缺陷——都将不再被视为"困难"，而是被视为自然的一部分。换言之，你得像庄子笔下的庖丁看待他眼前牛身中的关节一样，将运刀过程中所可能遇到的每一次阻碍视为自然的一部分。说得更彻底一点，座头市必须像普通人接受自身没有翅膀一样，自然而然地接受自己没有可视之目这一事实——唯有如此，他才能消除对"我为何是盲人"这一点的恨意，并由此积极运用其环境中任何可资利用的元素去获得决斗的胜利。

现在我们已经来到了西田"场所"理论的大门口。座头市的"场所"既有主观的一面（即把周遭环境视为自己的一部分），又有客观的一面（即把自己视为周遭场所的一部分），而且，这两面又彼此不可分：因为这说的是一回事。由此，基于"场所"的立场出发，一种消除西方哲学主—客分裂的新哲学就有希望应运而生了。

这里的讨论是基于盲人的视角的。西田的"场所"理论显然不仅仅限于对盲人的意识与活动的描述。为了让其理论更具普适性，我们需要第二层的理论导引——日语，即日语的特殊表达方式所自带的哲学意蕴。

在日语自带的"虫子视角"中展开的"场所"

为何我们在了解西田哲学之前最好要了解点日语呢？

说什么"西田本人毕竟是用日语进行写作的"，固然能够为本节论及日语提供一个理由，但这么说还是过于简单。正如前面提到的，西田哲学的核心特点之一便是试图消融主—客分裂，但诸如黑格尔、威廉·詹姆士、杜威、恩斯特·马赫、海德格尔这样的近现代西方哲学家也试图消融主—客分裂，西田在这方面又有何不同呢？假若我们在回答这个问题的时候只是抽象地说"西田的主—客消融法带有佛教色彩，而西方哲学家的类似做法没有佛教色彩"，那么，到底什么叫"带有佛教色彩的主—客消融法"

呢？何为"西方版本的主—客消融法"呢？

海德格尔曾说过："唯语言才使存在者作为存在者进入敞开领域之中。在没有语言的地方，比如，在石头、植物和动物的存在中，便没有存在者的任何敞开性，因而也没有不存在者和虚空的任何敞开性。"[9]换言之，对于存在的领悟必须借助特定的人类语言来进行。从这个角度看，一位以日语为母语的哲学家对于主—客消融的理解自然不同于一位以西方语言为母语的哲学家。要了解西田思路的特点，我们不妨从日语呈现世界的方式入手。

不过，日语是一种如此复杂的语言，对于不懂日语的读者，又该从何下手呢？面对这一问题，西田研究者中村雄二郎在阐释西田思想时曾诉诸日本语言学家时枝诚记的"语言过程说"[10]。我自觉是理解中村先生的用心的：他需要时枝的理论作为某种中介来为西田"祛魅"——此中介既要有潜力与日语的特殊形态发生关联，又能与哲学研究的抽象思辨彼此接续。不过，考虑到时枝的理论仅仅针对日语而缺乏真正的普遍性（而西田自身的哲学显然是一种普遍性的哲学），我决定在借鉴中村的阐述思路的同时，将时枝的理论替换为植根于英语世界的"认知语言学"（cognitive linguistics）。

"认知语言学"是二战后发端于英语世界的一个新颖的语言学研究流派[11]，主张从语言言说者的认知角度看待语言构成——根据此说，你是如何认识事物的，你就会如何言说事物。[12]比如，如果你将"通货膨胀"默认为是一个具体的对象，你就会说"通货膨胀是目前经济稳定的最大威胁"，其思维方式就好比说"曹操是对于汉室的威胁"那样——尽管实质上"通货膨胀"并非一个人。那么，我们为何会按照这种或者那种方式去认识事物呢？认知语言学家主张从"具身"（embodiment）的角度来解释这个问题。比如，大多数人之所以将人进取的状态说成是"向上"，便是因为我们人类起床的时候身体是从躺平转向直立的。你如何想问题，归根结底取决于你的身体习惯的具体样态（譬如，喜欢拿榔头的人就会倾向于将一切问题视为"钉子"）。显然，不同民族的身体习惯以及与之相关的思维习惯不一定一样（比如，印度人摇头就是表示"是"，恰与很多民族相反），因此，注重特定身体习惯的认知语言学家就不会像乔姆斯基派的语言学家那样，从抽象的"转换生成语法"的角度去把握语言的"普遍性"[13]。从哲学角度看，认知语言学一方面整合了欧陆现象学与牛津日常语言学派的某些思想预设，另一方面又比这些哲学流派更切近各种经验语言的概念图式研究，因此更适合用于解析某些带有特定民族特色的哲学流派的理论框架。

　　在诸多学者努力下，从认知语言学出发研究日语，已经取得了一定成果。[14] 加拿大蒙特利尔大学的金谷武洋的认知语言学科普著作《连英语中也曾没有主语：从日语语法到语言发展的千年历史》[15]，便用通俗活泼的语言，揭示了日语中不可被西方主流语言学理论所消化的诸多特色，并由此戳破了西方主流语言学理论之"普适性"的虚妄本质。类似的讨论若被牵引至哲学平面上来，可以帮助我们更好地理解西田哲学不同于西方主流哲学的"日本特色"（实际上金谷氏本人在书中也提及西田哲学与日本语言学前辈三上章之间的思想关联）。下面便是金谷氏之著所提到的几个足以引起哲学家之兴趣的日语特点：

第一，很多日语的句子都可以缺省主语。比如诺贝尔文学奖获得者川端康成的名著《雪国》中的头一句话——"国境の長いトンネルを抜けると雪国であった"（"穿过县界长长的隧道，便是雪国"）——就是一个无主语的句子。若要将其翻译为英语，英译者就将不得不在译文中为其添加一个主语，譬如下面这种译法："The train came out of the long tunnel into the snow country."（"火车开出长长的隧道，驶入了雪国。"在此，"火车"显然是一个在日文原文中没有的主语。）仔细体会一下就可以感受到日文原文和英文译文带来的不同的阅读体验。借用电影术语来说，日语原文给出的是一个从主人公视角出发的"主观镜头"（由此，读者和主人公一样体验到了脚下的火车驶入雪国的场景），而英文译文给出的则是一个从旁观者视角出发的"长镜头"（由此，读者观察到了载着主人公的火车驶入了雪国）。金谷氏本人则进一步用所谓的"虫子的视角"和"上帝的视角"来说明二者之间的区别。概言之，"上帝的视角"预设了一个本身不动的时空坐标系，而任何变动（无论是火车驶入雪国，还是主人公登上火车）只有依赖于它才能够确立意义。而"虫子的视角"则采用了一种观察者（如《雪国》的读者）和被观察者（如《雪国》的主人公岛村）合一的新颖的坐标系：根据这种坐标系，主人公视角的变动将自然地连带观察者视角的变动——

除此之外，没有什么东西是绝对不动的。[16] 需要注意的是，不同的时空坐标系之间的差异实际上也是身体习惯的差异，因为这牵涉到观察者从何种角度与方式去移动自己的视线，或者在观察事物的时候是否需要想象一个他人的视角来看待自己的身体。

第二，上述所谓的"上帝的视角"和"虫子的视角"之间的对比，同样体现在日语对于自动词（而非他动词）的高度依赖之上。所谓"自动词"，即可以独立完成对于主语之谓述功能的动词，如语句"窓が<u>開きました</u>"（窗儿[自个儿]开了）中的画线部分；而所谓"他动词"，则是必须和宾语配合才可以完成对于主语之谓述功能的动词，如语句"三木さんが窓を<u>開けました</u>"（三木先生开了窗）中的画线部分。在加拿大长期教授日语的金谷氏发现，日本人在造句时喜用自动词，而初习日语的西方人则喜用他动词。譬如，面对这道填空题"風［　］窓［　］開［　］た"，日本人的答案往往是"風で窓が開いた"（窗儿借着风开了），而以英语或法语为母语的加拿大学生的答案则往往是"風が窓を開けた"（风吹开了窗儿）。这也就是说，即使是粗通日语的西方人，也倾向于将"风"和"窗"之间的关系视为主—宾关系，并以一种居高临下的态度来面对作为人工制品的"窗"；而以日语为母语者，则倾向于以一种与"窗"平行的"虫子的视角"来对待窗，并在一定程度上赋予"窗"以某种生命力。[17]

第三，日语中复杂的敬语体系，亦体现了"虫子的视角"支配下的日本人对于世界的理解方式。在英语"Please

give me a cup of tea"（请给我一杯茶）中，得到预设的乃是在"上帝的视角"的支配下施惠者、受惠者与恩惠本身三者之间的平等关系，而在大致表达相同意思的日语句子"お茶を下さい"中，"下"这个汉字似乎就暗示了受惠者与施惠者之间的某种不对等关系。而与同样具有类似的敬体式动词词尾变化的语言——如德语——相比，日语敬体又可分为"尊敬语"与"谦让语"两类（前者通过抬高别人来表示自身地位的低下，后者则通过贬低自身来表示自身地位的低下），这就令日语包含了德语所未能包容的对于社会等级结构的丰富表征能力。[18] 换言之，日本人在描述各种貌似客观的事物关系的时候，也不忘记通过对敬体的使用而表述出说话人与听话人之间的社会关系。由此，说话人与听话人之间的主—客对立，也消融在对于社会环境的整体意识之中。

第四，在时空表述方面，日语中的"今"或者"今度"并不完全表示汉语中的"现在"或"这次"，因为日语中的"今"或者"今度"可以根据说话者对于语境的主观把握，而包含比"现在"或"这次"更为宽广的时空范围（譬如，在有些语境中，"今度の日曜は何日ですか"这句话就必须被翻译为"下星期日是几号"，而非"本星期日是几号"）。也就是说，日语言说者并不试图从"上帝的视角"出发来均匀地区分时间，而更倾向于从"虫子的视角"出发，凭借其对于语境的主观理解，以一种更灵活的方式来将"当下"区分于"过去"和"将来"（此点在后文西田对于"永恒的现在"的讨论中，还会继续阐发）。[19] 因此，日语中的时间表述可能就不仅仅包含对于客观时间信息的表述，而且也包含了说话主体对于时间长短的感悟。

结合金谷氏所罗列出的日语特色，我们便能更容易理解西田几多郎所提出的最具"西田特色"的哲学理论——"场所逻辑"——的思想意蕴。"场所逻辑"与"虫子的视角"之间的关联是：二者都试图从感知者的主观感受出发去描述自己眼中的世界，与此同时，试图悬置俯瞰众生的"上帝的视角"。需要注意的是，尽管西田本人通常并不被视为一位语言哲学家，金谷氏却敏锐地意识到，西田晚年对于"主语和谓语的包摄关系"的讨论，完全可以站在认知语言学的立场上加以重新考量。[20] 现在我们就对这一思路作进一步发挥。

"场所逻辑"初解

本节的关键词自然是西田于1926年提出的"场所逻辑"概念。不过，这个概念还有一个前身，即西田在1911年出版的《善的研究》中提出的"纯粹经验"概念。现在我先对"纯粹经验"概念进行最简要的说明。

让我们先从一些最平常的经验开始讨论：闻到的花香、听到的鸟语、品到的热茶、抚触的织物、看到的落叶，等等。这些经验显然是东方人与西方人都能轻易获取的。但如何描述这些经验，不同的哲学家则各显神通。主流西方哲学的经验分析方式乃是将经验获取的主体（我）、经

验获取的方式（闻、听、品、触、看，等等）以及经验的
对象（花香、鸟语、热茶、织物、落叶，等等）做出区分。
譬如，当笛卡尔说"我思故我在"的时候，他已经明显地
在经验获取的方式与经验的对象之间划出了一条界限（顺
便说一句，在笛卡尔看来，经验的对象是可以被怀疑的，
经验获取的方式则可豁免于这种怀疑）。但这显然不是西
田的想法。在西田看来，经验获取的方式与经验的对象是
彼此糅杂在一起的，而经验的主体则根本没有在这个过程
中浮现出来，或用他自己的话来说，"当人们直接地经验
到自己的意识状态的时候，还没有主—客的区分，知识
和其对象是完全同一的"[21]，这便是纯粹的经验。显然，
西田的这种描述是基于前文所提到的"虫子的视角"，也
完全可以通过金谷氏对于《雪国》第一句话的分析而得到
更生动的说明，甚至在盲剑侠座头市精准的挥剑动作中亦
可得到彰显。不过，需要指出的是，基于"虫子的视角"
的纯粹经验当然不是人类经验的全部（比如，一个日本学
生在做物理学题目的时候，也不得不采用区分主—客的第
三人称视角以便完成受力分析图），而只是人类各式经验
的基础。至于纯粹经验又是如何衍生出人类经验的其他各
种面相的，西田在《善的研究》中进行了详细的讨论，相
关细节这里就不细究了。

　　有人或许会觉得西田的"纯粹经验"概念所描述的
非常像禅宗大师入定后的感受。这种理解固然不算错，但
需要注意的是，作为禅宗大师铃木大拙好友的西田本人在
《善的研究》中却一直回避直接引用禅宗术语体系，而坚

持用某种准西方哲学的术语来表达反对西方传统哲学的思想。这就说明西田在做一种与中国的冯友兰、金岳霖、熊十力、张岱年等学者旨趣不同的哲学思想实验：用西方人可以理解的哲学概念来表达某种亲近于佛教与道教思维的哲学观念，以便这种新哲学可以与已成为世界主流的西方哲学进行思想交流。从某种意义上说，西田接续的其实是叔本华的道统（后者曾用标准的德语以及西方哲学术语向德国人传达佛教与印度教的思想）。

不过，随着时间的推移，西田越来越对"纯粹经验"这一表达感到不满。他觉得这个说法过于偏重体验，心理学的色彩比较浓，而缺乏西方哲学的表述所常有的逻辑外观（譬如黑格尔的《哲学全书》所展现出来的那种恢宏的体系性）。那么，如何使自己的哲学表述既能具有西方哲学的逻辑外观，又能不失"纯粹经验"的本意呢？西田沿此方向苦思的结果，便是"场所逻辑"。

"场所"这个词，在日语中可兼指空间位置、时间位置、情境、社会地位等多重含义。而西田"场所逻辑"的核心命意，就是强调判断活动的展开对于此类"场所"的依赖——或用他自己在1926年发表的论文《场所》[22]中的话说，这就是对于某种让"'意识现象'得以内在产生的东西"的本体论承诺。[23]既然对于"场所"自身的辨识需要认识主体的亲自体认（比如，主体需要亲自进入相关的场域来体会脚下的火车如何驶入雪国，或去亲自体会自我与他人之间的尊卑或亲疏关系，或去亲自把握"今"的范围究竟是有多大），那么，"场所"本身就肯定不是一个类似"大阪关西国际机场"之类的纯然客观概念，而必须带有兼摄主、客观的双面相特征。若用西田自己的话来说，"场所"乃是某种"将'自我和非我的对立'内在地包含的东西"[24]。若再套用金谷氏的话术来说，"场所"乃是从"虫子的视角"出发才能够看到的东西（与之相对比，从"上帝的视角"出发，我们能够看到的仅仅只是纯然客观的空间坐标系）。

不难想见，一种从"场所"出发的认识论以及本体论理论，显然会带有对于"实体"概念的疏离态度，因为肇始于亚里士多德的"实体"概念，本来就从属于一个基于"上帝的视角"而被杜撰出来的关于世界描述的基本框架——根据该框架，总是有某些事物（即实体）可以经历各种"场所"（即偶性）层面上的流变而保持自我同一，并因此成为世界构建（以及与之对应的知识构建）的基本砖石（譬如，无论西田是否在京都大学，是否去过医院，是否与铃木一起喝过茶，是否骂过东条，今天穿的是和服还是西装，西田本人总还是西田本人）。从语言哲学的角度看，这种贯穿于西方哲学主流思维方式的"实体观"，将不可避免地引入这样一种隐喻：用钉在墙上的"挂钩"（即由主词所表达的实体）挂上各种"挂包"（即由谓述所表达的偶性）。而且，由于"挂包"与"挂钩"之间的数量关系往往是"多对一"，本着"物以稀为贵"的原则，"挂钩"所代表的主词就会被自然地视为判断的核心（请参看图-3）。从这个意义上说，西方传统哲学，乃是一种"主语逻辑哲学"。

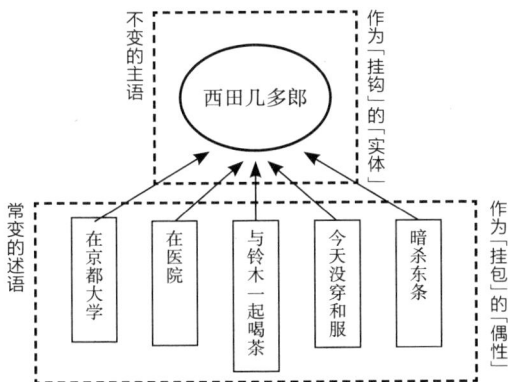

图-3　亚里士多德式"主语逻辑"示意图

按照上述西方传统哲学的理路，凡是能够成为谓述的，基本上都是分类词，比如说某人是"男人"（或"亚洲人"，或"高个子"），就是将此人分置于不同的概念抽屉之中。然而，概念层级若不断向上，则必然会导致由此给出的分类词也愈加抽象。比如，你可以非常笼统地说："这是一个'事物'"，"这是一个'东西'"，云云。而哲学家还能说得更抽象一点："这是一个'存在者'（being）。"在基督教哲学的脉络中，不可再被上溯的"超级存在者"就意味着上帝——因为据说是上帝创造了所有可被清楚分类的事物。既然上帝的言说是一切言说的基础，那么在上帝那里我们就能找到最终的确定性。这种最终的确定性在西方传统哲学中是通过某种"超级实体"（即黑格尔所说的"绝对精神"）概念来表达的——这指的就是那些通过自己（而非他者）就能找到自己存在之确定根据的存在者。

　　而西田"场所逻辑"的思路则与之相反。若继续借用上面这个隐喻来说,他关心的既非"挂钩",也不是各种"挂包",而是在怎样的"环境"或"场所"中一些特定的包被挂靠在了一个特定的钩子上。比如,当你说"这西装的料子好挺括"的时候,这样的主—谓判断就暗示了你需要一件体面的西装去参加某项社交活动,或将其送给某个对你颇为重要的人,也就是说,它暗示了说话人的生活方式、经济能力与社会关系等"场所性信息"。由此,西田进一步问道:你能不能将这些隐蔽的条件一件件罗列出来呢?或许只能罗列一部分吧!或换个比方:那些使得字面上的判断得以完成的背景性条件其实就类似竹子留在地下的彼此交错的竹根——你难道能够数清楚这些根系的数量吗?还是,干脆就将其保持在"不可说"的状态,使其自我显示出来?

　　但在传统的西方哲学家——如黑格尔——看来,或许还真存在着关于竹林根系数量的知识。诚然,任何一个具体的人类个体的确永远无法获得这种大全式的知识,但是构成此知识的根本原则却已经被包摄在上帝之中(顺便说一句,黑格尔所说的"绝对精神"其实也就是他心目中的上帝)。与之针锋相对,西田的问题则是:你们西方哲学家为何一定觉得需要虚构出某种大全的知识,以及对于大全的知识的掌握者?这只是说明你们痴迷于超越当下感性范围的超级确定性。但为何我们不反其道而行之,放弃那种对于超越感性范围的超级确定性的追求呢?京都郊外岚山的枫叶,姬路城那被覆盖着白雪的巍峨的天守阁,以及小樽运河的小舟上默默依偎彼此的情侣，难道不正在你小小的视域中向你展现出一个个真正的世界吗？是的，我们在这个世界中也看到了某种主—谓的联结（比如一个合格的游客显然知道他所看到的这座天守阁属于姬路城而不是大阪城），但谁又会在欣赏这些景色的时候执着于将使得这些主—谓联系得以可能的先验条件全部罗列出来呢？毋宁说，这些条件都在西田式的"场所"中以缄默的方式彼此交错，并以一种很难用理智手段研究的方式彼此汇合。与黑格尔类似，西田也认为人类的各种判断所牵扯的种种背景都属于一个统一的大背景——但与黑格尔不同的是，西田认为这一最终的超级背景的存在只能是领悟的结果，而不是理论反思与各类基于分辨的言说的结果——而且，一种强力的直观亦能够帮助我们在当下就发现这一超级背景的存在（尽管这种终极的"场所"可能只是以或隐或现的方式在浅层"场所"后面绽现自身）。这也就是他将这一背景称为"绝对无"的道理（"无"在此指"不可说"）。

顺便说一句，旨在强调自己的哲学的世界性的西田认为这一基于"场所"的思想在古希腊哲学中亦偶尔有所表达，譬如柏拉图在其《蒂迈欧篇》（49aff）中所提出的"理念的受容场所"（chōra）这个概念，指的就是一个自身虽不可被规定，却使得理念得以被表述的缄默场域（这里的"理念"即共相的意思）。[25] 但西田引用的此类西方哲学资料的确相对边缘，可见他是刻意将西方哲学家偶然想到的念头主题化了。就这一点而言，他重新编辑处理哲学史资料的方式的确很容易让人联想起叔本华（叔本华也通过重新编辑柏拉图哲学与康德哲学而将其纳入佛教思想与印度教思想的理路)。

上面的叙述还遗留了一个重要问题:西田的"场所"究竟是"一"还是"多"?如果说是"一",为何会有做此事的"场所"与做彼事的"场所"之间的分别?如果说是"多","多"本身难道就不意味着可被言说、可被分辨吗?而"绝对无"本身难道不正又意味着不可被言说与分辨吗?面对上面的矛盾,我的解释是:西田的"场所"是有层级结构的,即通过不同的"场所"的彼此叠加而渐渐过渡到不可说的"绝对无"的"场所"——这一点自然会给读者造成西田的"场所"时而是单数、时而是复数的观感。毋宁说,即使是复数的"场所"也映照着单一的"绝对无"的影子,正如"绝对无"的"场所"也时刻包含着从中复原出多样性"场所"的可能性。关于从"多"的"场所"到"绝对无"的"场所"的具体过渡,因为涉及技术细节比较多,有兴趣的读者可以详读下节的补充说明。现在让我们暂且假设已经了解相关细节,并对"绝对无"所处的那层最深的"场所"的意蕴进行深挖。

"绝对无"所处的"场所"在论文《睿智的世界》[26]中又被西田称为"睿智的世界"(英文译法一般为"intelligible world")——而这个提法本身则既会让熟悉西洋哲学的读者回想起柏拉图说的"可知世界"(与"可感世界"对应),又会让其回想起康德所说的"本体界"(与"现象界"对应)。但需要注意的是,西田却没有在"睿智的世界"与"非睿智的世界"之间划出一条柏拉图式的或康德式的楚河汉界。在他看来，不同层级的"场所"之间的关系是层层递进的，彼此之间又存在着各种缓冲（或换个说法：世界的"真如"并不是以非此即彼的方式被开启或被遮蔽，而是逐层展开自身）。西田由此区分出"自然界""意识的世界"与"睿智的世界"这三个世界：

> 　　以判断为先导的知识，或许能够被称为共相的自我规定；为了使得某些事情可以被思想，共相就首先必须得在其自身之中规定自身。就共相而言，三个发展阶段可以被区分出来，由此，三个世界亦可得到定义。首先，乃是判断之共相：凡是在这一共相中皆有其位置并由该共相所规定的万事万物，均从属于最宽泛意义上的自然界。其二，乃是那个包容了前述判断之共相的共相：它包容了那些超越了谓述之底面的东西——这就是自我意识的共相。任何在该共相中占据位置并由此共相而得到规定的东西，都属于意识的世界。其三，乃是甚至将自我意识的共相也包容于其中的共相：它包容了某些甚至连吾辈之意识自身也予以超越的东西。任何一个在这最后一个共相中具有位置并由其所规定的东西，都从属于睿智的世界。[27]（**着重号为引者所加**）

　　这里所提到的这三个世界，在有些文献——如威尔金森（Robert Wilkinson）的《西田与西方哲学》[28]——中被分别称为"存在的世界""相对无的世界"与"绝对无的世界"。用更通俗的话来解释,他们分别对应于(甲)自然科学、(乙)常识心理学与(丙)宗教或者艺术所描述的世界。关于这种"多级场所说",还需要补充以下四点:

第一,西田所说的"绝对无的世界"本身"共通于知、情、意",却"不属于知、情、意的任何一方"。[29]由于西田眼中的"意志"与道德意识相关,"情感"与审美情趣相关,所以,"绝对无"对于知、情、意这三方的汇通其实就已经以一种西田的方式预报了后世普特南(Hillary Putnam)关于"事实与价值的二分法必须崩溃"的看法[30]。可见,西田的"绝对无哲学"压根儿就不是什么"虚无主义"(nihilism)——"虚无主义"的要点是怀疑一切价值,而西田哲学的要点却恰恰是要从"无"中生出百姓日用的各种价值。与其说他是在"化有为无",还不如说其是在"从无化有"。[31]

第二,虽然西田时刻声明他的学说乃是克服了主—客对立的,但在《答左右田博士》一文的末尾处他还是这样写道:"我所说的'场所',是客观思维背后的反思性共相……它大约对应于康德主义所说的'认知主观性'。"他还特别明确地指出:"我所说的'场所',并不是某种以客观方式(对象的)而被加以考量的东西……而据本人之揣度,左右田博士之所以会得到这个[错误]印象,乃是因为他已然将我所说的'场所'设想为某类形而上学对象了。"[32]在解读这段引文时,需要特别注意的是:尽管从表面上看来,西田在意识领域内看待"客观"的路数,的确有点类似于康德主义在意识中构造客观的思路(这在上述引文中已得到他本人的确认），但是二者之间依然有着重大的分歧。概言之，康德主义所说的"客观"是被构造出来的，而"构造"活动本身就预设了一个"认识形式加诸感觉质料"的过程。但西田在《场所》一文中说得很清楚："迄今的认识论，都是从主、客对立的思想出发，并且将'认识'视为'透过形式来构成质料'。我提出的试图取而代之的想法则是：我想要试着从'在自我之中映照自我'这种'自觉的'思想出发来看问题。我认为，在自我之中映照自我，才是认识的根本含义。"[33] 这也就是说，康德的思路是"由主造客"，西田的思路是"主中见／映客"，前者强调的是思维的加工机制，后者强调的是对"心物一如"的心境的体悟，两条思路实为貌合神离。

第三，西田虽然强调主—客融合，但他毕竟还是要说明日常语言中为何有主—客的分离——譬如，他虽然不赞同笛卡尔对"我思"与"所思"的区分，但他也无法否认：日本人完全可以通过日语来了解笛卡尔的相关思想。为了解释这一区分为何会产生，西田所依赖的哲学资源其实也就是前面提到的多级"场所"说。这也就是说，虽然在"绝对无"的层面上主—客是完全融合的，但在日常语言的层面上，主—客的区分却依然会存在。

第四，也正因为上一点，西田显然还需要额外解释从主—客分离的状态走向主—客融合状态的动力学结构。为了解释这一动力学结构，西田所提供的隐喻式表述乃是"从作动者到见者"（働くものから見るものへ，一般英译为"from the actor to the seer"）。借用康德哲学的术语来说，

"作动者（働くもの）"即去除笛卡尔式思维主体后所残存的纯粹思维活动（如没有主语的"看""听""闻"，等等），而所谓"见者（見るもの）"，也就是进一步消除"思维活动"自身的"主观性残余"之后留下"纯粹样态的世界"或"无本体的样态世界"（这也就更类似于西田早年所说的"纯粹经验"）。[34] 西田同时还提供了"映照者"这个隐喻来进一步说明"见者"的地位："映照者让物得以在其内在中产生，对于物来说，它并不是作动者。"[35] 若用语言哲学的框架来转述，西田的意思即是说：以主语形式被言说的某物会在其投影面上被自动显现为用以言说它的谓述的一部分（譬如，"亚洲象是一种哺乳动物"这句话的主语"亚洲象"的投影"大象"会自动成为原语句的谓述"哺乳动物"的一部分），就像被镜子映照的一轮明月会在镜子中成为镜子的一部分一样（与之相比照，"作动者"则不妨在同一隐喻中被视为将明月投射到镜子上的那个活动）。[36] 而在前文所论及的那种主、谓完全重叠的"绝对无"状态中，甚至"镜映"这一隐喻自身的局限性也会得到扬弃："因为镜子本身也是一种'有'……它只能扭曲地来映照物，它依然是作动者。"[37] 而为了摆脱这种"以语言来言说不可被言说者"的根本困境，西田本人的提议则是不要将镜子视为"有"而是视之为"无"，并以此消除镜子本身的"映照"活动所具有的主观意味。或换用禅宗公案的话语来说，将镜子从"有"转换为"无"的过程，就略等于从神秀的境界（"身是菩提树，心如明镜台。时时勤拂拭，勿使惹尘埃"）进阶到了慧能的境界（"菩提本无树，明镜亦非台。

本来无一物，何处惹尘埃"）。

　　以上便是对于"场所逻辑"的大致解释。不过，上文中反复出现的"投影""映照"等隐喻或许还是会让一些读者感到困惑，下文我会再详细解释。

对"场所逻辑"的几何学图示

　　基于对西田作品的阅读体会，我将"场所逻辑"的核心命意图示为一个多棱锥复合体（参看图-4）[38]。

　　此多棱锥复合体，大致可分为三个层面来看。在第一个层面上我们可以看到"主甲""述甲"与"主甲′"这三个圈，分别代表某个特定的主语（如"这个苹果"）、某个特定的谓述（如"红色的"），以及某个同样可以被上述谓述所描述的另外一个备份的主语（如"那个苹果"）。之所以要在"主甲"之外再标注出"主甲′"，则是为了将前文谈及的"主词逻辑"所倚重的"多谓述均系靠一主词"的旧框架（参看图-3），反转为西田所倚重的"多主词容纳于同一谓述"的新框架。这个层面同时也是我们日常语言的表面语法所呈现出来的样态。

　　而在此多棱锥复合体的第二个层面上，我们看到了"主甲"得到了两个投影：一个是忠实反映"主甲"原有意义范围大小的"主甲影"，一个是比"主甲"原有意义范围更为扩大的"主乙"（如比"这个苹果"的意义更为宽泛的概念"苹果"）。至于"主甲影"处在"主乙"的范

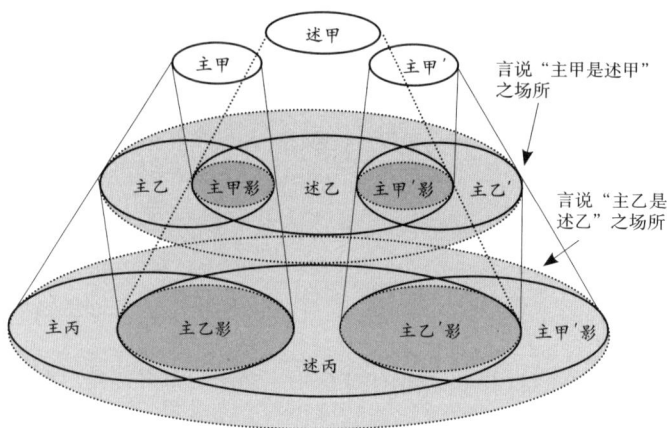

图-4 西田"场所逻辑"示意图

围之内这一点就足以说明，"主乙"（"苹果"）本身已经
包容了"主甲"（"这个苹果"）——从这个意义上说，"主
乙"本身也可以被视为对于"主甲"的一种"纵向谓述"。
在第二个层面上，我们还看到了"述甲"（如"红色的"）
的一个扩大化的投影，即"述乙"（如"暖色的"）。"述乙"
本身也可以被视为对于"述甲"的一种"纵向谓述"。至
于之所以"主甲影"（"这个苹果"）也被判定处在"述乙"
（"暖色的"）的范围之内，则是缘自下述推理：既然"主
甲"（"这个苹果"）被"述甲"（"红色的"）所包容，"述甲"
又被"述乙"（"暖色的"）所包容，那么，"主甲"就自
然会被"述乙"所包容——因此，"主甲影"就自然会出
现在"述乙"的范围之内。而上述整段的分析，亦可以被
施加于"主甲′""主甲′影""主乙′""述甲""述乙"之

间的关系（至于第三个层面和第二个层面之间的关系，则是第一个层面与第二个层面之间的关系的复演，由于篇幅关系，在此亦不赘述）。

对于此图之几何学结构的哲学说明如下。前面所说的"挂钩在怎样的环境中与挂包发生关系"这个问题，在此图中被转化为了"一个主词在怎样的投影面中被一个谓述所包容"这个新形式。也就是说，按照西田的意思，我们若要看清楚在"层面一"上几个看似彼此分离的词项之间的真实逻辑关系，我们就得看看它们映照在"场所"中的影子——在那里，我们会发现它们各自的"圈晕"其实是彼此交叉、重叠或包容的——这才是事实的真相。[39]而随着"场所"的整个截面积的不断扩大，"场所"中各个"圈晕"的范围自然会随之不断扩大——最后必然导致表示"主语"的圈晕与表示"谓述"的圈晕之间共享的部分不断增大，直到在某个阶段，这两类圈晕完全重合（因为版面关系，我无法在图-4中描绘出这种状态，敬请读者自行想象）。而这种主、谓合一的状态，就被西田称为"绝对无"。再次提醒读者注意的是，这里"无"并不是说这种状态不存在，而是说，该状态根本无法被言说。

上文中最让人摸不着头脑的，可能是"主语的投影在谓述的投影中得到包摄"这一隐喻式表达。幸好前文已经提到的认知语言学资源能够帮助我们从日语的思维模式出发来重新理解西田的上述思想。从认知语言学角度看，西田所言及的"场所"的边界，其实就可以被视为日语中格助词"は"（念"wa"）所标注的范围。为了说明这一点，月本洋在《日语是讲逻辑的语言》[40]一书中引用了三上章曾讨论过的一个语例予以分析：象は鼻が長い。

此句当被直译为"大象么，就其鼻子而言，是长的"。若译为"大象的鼻子是长的"则不妥，因为与后者直接对应的日本表达是"象の鼻は長い"——而以日语为母语者却偏偏不习惯这么说话。对此，月本洋的解释是："象"在此指涉的是一个"场所"，"鼻"是"场所"中的一个亚"场所"，而整个句子就是对于一个大的"场所"中的亚"场所"的特征的提示（参图-5）[41]。与之相对比，"象の鼻は長い"则给予了我们一种以"象"为中心进行谓述层级结构之搭建的印象，旨趣与上述以"象"为"场所"的思路迥异。

同样的道理，日语语句"私は日本語が上手なんです"这句话也必须翻译为"我么，就日语这方面而言，不拿手"，而不是"我的日语是不拿手的"（虽然后一句汉语是对这句日语的惯常译法）。或说得再概括一点，从认知语言学的角度看，日语的基本陈述句句型"X は Y が Z である"（汉译为"X 么，就其 Y 方面而言，即 Z"），所真实表达的是这个意思：在 X 所包含的 Y 的论域中属性 Z 的浮现，而不是像西式主词逻辑所展示的那样，先将属性 Z 指派给对象 Y，再将具有属性 Z 的 Y 指派给 X。

上述关于日语中名谓结构关系的逻辑描述，被月本洋称为"容器之喻"[42]，因为关于论域"之内"的提法本身，就预设了格助词"は"之前的语言成分的容器地位。这个思路，显然是与西田的"场所逻辑"是暗合的，因为正如前文所展示的那样，西田也试图将某层面上的主词投影为

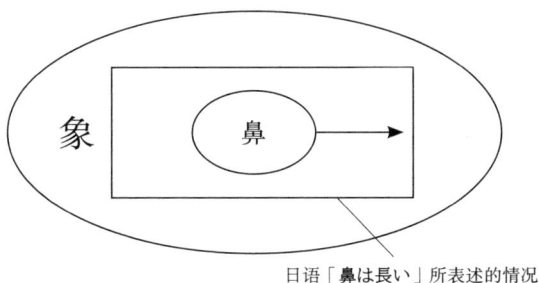

日语「鼻は長い」所表述的情况

图-5 日语语句"象は鼻が長い"的认知图式

下一个层面上的谓述，并通过这种投影关系来体现谓述对于主语的包容。此外，"包容"这个词在西田哲学文本中亦有很高的出场频率，这似乎也说明了月本氏的"容器之喻"对于西田哲学的呼应意义。

此外，西田"场所逻辑"对于主——谓言说方式的消解意义，亦可以通过日语言说者对于场域内的整体时态（而不是某个对象）的聚焦习惯而得到新的注解。请参看池上嘉彦所提到的一个例子[43]：当英语言说者要表达"一等奖花落西田先生"这层意思的时候，一般会说"First prize went to Mr. Nishida"，而日本人则会说"一等賞西田さんのものとなった"。后一个句子的汉语直译其实是"'一等奖成为西田先生囊中物'这事儿发生了"——由此不难看出，它实际上具有"某某事件发生"这样的二阶逻辑结构，而在这种结构中，英语句子中对于"一等奖"（first prize）的点状聚焦，已经被扩散到了对于整个事件所在的场域的聚焦，而这样一来，英语言说者对于个体对

象的高度聚焦已经被高度稀释。此外,作为二阶动词的"な
る"(例句中末尾出现的"なった"为其过去式),自身就
颇有汉语"(自然地)生成"之意味,而并不具有西语中
常见的二阶心理动词——如"believe"(相信)、"know"(知
道)——所常有的主—客分离(特别是相信活动与被信之
事的分裂)之意味。从这个角度看,西田的"场所逻辑"
对于"见者"的重视,以及对于"作动者"的扬弃,或许
便可从日本人对于"なる"的语用偏好而得到提示。

对于西田哲学最硬核部分的学术介绍就到此为止了。
现在我们就从东西比较哲学的角度来做一些小结:

一、与亚里士多德以降的西方哲学传统类似,西田也
做主—谓分析,但其目的却相反。他做此类分析的目的是
放弃基于主语的点状思维,强调基于谓述的投影式思维或
场域式思维。

二、与康德哲学类似,西田哲学的"场所逻辑"也是
一种从意识出发的哲学。但西田哲学的基本原则是直观,
并强调寓思维于直观之中,而反对像康德那样割裂直观与
思维。

三、与黑格尔哲学类似,西田哲学也承认谓述的层
级结构必然会导致某种超级谓述。但他否定存在着一种关
于这种超级谓述的超级知识。相反,这种超级谓述乃是只
能意会而不能言说的。这同时也就意味着这样的超级谓述
超越了一般知性预测所能覆盖的范围。换言之,"绝对无"
意味着对于解释一切的终极执着的放弃,而"绝对知识"
却恰恰意味着这种执着。

　　四、不过，对于解释一切的执着的放弃，不等于放弃对于真、善、美的追求，而只是强调这种追求的根基乃是在现象学的界面中能够得到呈现。套用法国大革命的例子来说，这就是罗伯斯庇尔与丹东的区别：烂熟卢梭的罗伯斯庇尔像电脑程序一样执行他对于自由、平等与博爱的理解，但在情感上他并不真正爱人（在签署对于各种"敌对分子"的死刑判决书时，他可以连眼皮都不眨一下）——而同样烂熟卢梭的丹东却愿意充满热情地拥抱他的法国同胞。显然，西田哲学鼓励的是一种感性之爱，而非字句之爱。由此，我们也就能更深刻地理解西田的下述名言的微言大义了："哲学并非源于对世界的惊异，而是源于深沉的人生之悲哀。"惊异指向对于未知者的求知活动，悲哀则指向对于被哀者的关心。与海德格尔一样，西田也认为，对于人类的基本生存状态而言，植根于感性领域的关心活动本身要优先于理智层面上的求知。

　　上述第四点，似乎已经暗示了西田哲学的政治哲学意蕴。现在已经到了正式展开此意蕴的时机了。

"场所逻辑"视域中的天皇制

　　虽然西田哲学并非不鼓励感性之爱，但他的其他面相也的确容易让人觉得他具有一种疏离于一切政治实践活动的皮浪式的（或庄子式的）冷漠态度。这一判断本身，又关联于"场所逻辑"与一般政治实践活动之间明显的逻辑冲突。前文已提及，该逻辑的基本结论有：

（1）主语（或者由其所表征的实体）并不是判断发生的真正枢纽，真正的枢纽乃在于使主—谓联接得以可能的更为深刻的"场所"。

（2）"场所"本身不能够被进一步的"场所"合理化为某个高阶的"主语"，而只能通过言说者的领悟才能够以缄默的方式而被把握。

（3）"场所"之间的跃迁乃是某种牵涉诸多因素的神秘过程的副产品。

与之相比较，一般的政治实践活动却需要预设：

（1）在时空变迁中能够保持自我同一性的政治实体——如国家——当然具有跨时空（即跨"场所"）的同一性。

（2）这些政治组织的对象当然可以进入语言而成为言说的对象，否则政治活动中的基本操作——如对于敌、我的分辨——就会因为失去主—谓判断的媒介作用而变得无法实施。

（3）关于政治活动的特定语境的特征，必须在"祛私人感受"的前提下被识别，并由此具有客观的标准并进一步成为群体行动的指南。

据此，我们或许会得出这样的结论：西田哲学或许无法为任何一种政治哲学提供滋养——它既不能被用以为法西斯军国主义张目，也不能被用以反对法西斯军国主义，因为无论是对于军国主义的赞成还是反对，都会不可避免地引入一种与内植于西田哲学的"虫子的视角"迥异的"上帝的视角"。

不过，更为仔细的观察可以帮助我们发现，在其学术生命的大多数时间内，西田哲学的内在政治取向实际上还是偏向于军国主义的对立面，即民主体制。其背后的道理不难理解。第一，虽然民主政体也会给出某些关于特定政治实体的本体论承诺，但是在民主契约论的话语框架中，人们往往会对个体—国家之间的关系采取一种较为平衡（并略偏向于个体）的观点，而不会像军国主义者那样一味将天平倒向国家一方。而从西田哲学的准佛教立场上来看，民主政治对于国家的执着程度无疑更低，因此也就更接近"绝对无"的真谛，实属"两个烂苹果中相对不烂的那个"。其二，"场所逻辑"所追求的那种"心物一如"的至高境界，本身便预设了追求者根据自身的"灵性"在宗教、艺术、科学方面进行自由探索的可能性，而比起军国主义体制，民主体制显然更能够为这种自由探索提供制度保障。虽然很难说西田的"内圣之学"本身就能够顺当地开出现代民主制度的"外王之政"，但是其与民主体制的"兼容指数"，显然要远高于其与军国主义体制的"兼容指数"。

而西田后来思想的发展线索（抛开其晚期思想不谈），也印证了上面的判断。实际上，到了20世纪30年代，在田边元、三木清、户坂润等弟子不断在自己的哲学中加入历史—政治思考的做法的刺激下，西田也开始在自己原本"不问世事"的"场所"哲学中添加类似的因素。为了让这些新的"宏大"要素能够在自己原有的意识哲学的"螺蛳壳"里得到安顿，西田的哲学叙述方式也开始向黑格尔式的辩证法妥协。但尽管如此，"场所逻辑"所不可摆脱的意识哲学特征，依然让此间西田的哲学描述方式并不具备标准的"宏大叙事"风格。

　　一个明确的证据就是西田对于历史时间与意识时间之间关系的阐述。众所周知，历史时间的表述方式往往带有宏大叙事的风格，而诸如"昭和十三年"之类带有天皇纪年的时间表述方式更是暗示了一种利维坦式的政治权力的存在。而西田本人则试图努力削弱历史时间的这种宏大气势。在发表于 1935 年的文集《哲学论文集之一：构建哲学体系之企图》中，西田专门写了一篇叫《世界的自我同一与连续》（世界の自己同一と連続）的文章，并在其中提出了"永恒的现在"（永遠の今）的观点[44]。根据此说，"现在"才是连续性的创作活动发生的第一"场所"：该"场所"的绝对呈现已经将历史折叠于其中，因此，它便是历史发生的唯一"场所"（不过，其运作也不被历史所完全规定）；同时，这样的"现在"还将未来作为自己的无限可能性来加以包容。"永恒的现在"之所以是永恒的与绝对的，乃是因为其通过否定时间而包含了无限的时间。

　　现在我们就用"场所逻辑"所提供的话术来更清楚地说明西田的上述论点。当一个日本文人面对京都满地的红叶试图吟诵俳句抒发情感的时候，他的这一"当下"自然已经渗透了历史：松尾芭蕉、小林一茶、正冈子规等俳句大师对此人的影响将在"当下"之泉中自然地喷涌而出。然而，若不经过意识之"场所"所提供的中介，这一历史就会变得毫无意义——举个例子，假若因为某种奇怪的原因，松尾芭蕉的俳句完全没有被流传下来，那么这些思想资源就无法进入任何一个当下日本人的意识"场所"并继续成为活的东西。[45] 同样，当这个文人已经想出俳句中的头几个词，并思索如何将其在十七个音节规定的篇幅内予以结尾的时候，不同的日语单词的排列组合的可能性也在当下的"场所"中展开了。[46] 因为这些可能性也唯有在"现在"这一"场所"中才能得到将自己转变为现实的根据，"现在"就具有了统摄过去与未来的基础性地位。此外，因为这种基础定位已否定了"过去—现在—未来"的线性时间观，因此，"现在"这一"场所"也就等于否定了一般人所说的那种时间。

这一时间观的政治哲学意蕴是非常明显的。前面已经说过，官方意识形态的灌输乃是通过客观的线性时间构架来进行的，西田却指出，这一灌输是无法不先通过"场所"这一过滤网而无中介地起效的。显然，这一过滤网的存在客观上大大削弱了官方意识形态的传播力，并在相当程度上捍卫了个体的尊严。因此，即使在西田开始重视现实问题的 20 世纪 30 年代，他在少年时代就已经形成的自由主义反骨依然没有被军国主义的政治压力所压弯。

最能反映这一时期西田的自由主义倾向的政治表态，莫过于他对于"美浓部天皇机关说事件"的私下表态（巧的是，这事也发生在 1935 年）。美浓部达吉（1873—1973）乃是京都大学的宪法学家，他曾在中国辛亥革命逼退清帝此一重大历史事件的启发下，于大正时期提出"天皇机关说"。根据此说，天皇本人并不具备"神格"，而只是一个代行统治机能的"机关"而已。若用西田—金谷式的话语来"翻译"美浓部的观点，我们便可以说：天皇作为政治领域内的判断语句的绝对主语地位应当被取消，而随之应被取消的，则是从天皇的视角出发审视一切政事的"神的视角"。保守派人士（特别是曾经在"九一八"事变中上蹿下跳的陆军大臣林铣十郎）当然对此说咬牙切齿，因此而遭遇全面政治攻击的美浓部氏则不得不于1935年离开京都大学。对于此事，西田在给朋友的私人信件中以愤怒的笔触评论道：

> 就宪法的问题而言，陆军大臣林铣十郎究竟要做什么？他是否要建立报界所说的对于宪法的"标准国家解释"？政客与立法者必须让学者能够按照自己的理解去解释宪法。除非他们能让学者自由地从事学术研究，否则，我并不认为宪法的逻辑基础——它必须通过货真价实的学术权威来加以维持——会在任何时候出现。[47]

需要注意的是，对于天皇地位的解释，本身是带有鲜明的时间哲学与历史哲学的向度的。日本的官方意识形态将天皇的万世一系视为日本立国的基础，这些意识形态机器的掌控者自然希望能够将这一"历史"灌输到每一个日本国民的"意识场所"中去。但美浓部则试图将这一历史虚化，或者干脆将"天皇"视为一个空洞的政治符号，让其勉强在当下的政治活动"场所"的边缘存在。从这个角度看，日本官方与美浓部之间的斗争，与其说是对历史解释主导权的斗争，还不如说是针对个体之"当下"之基础性地位的攻防战。而在西田与友人的上述通信之中，西田本人甚至还提出了一种实质上比美浓部更为激进的观点：就对天皇的地位加以规定的日本宪法而言，如果它不在个别学者的意识"场所"中得到充分的领悟，就纯然是僵死的东西——因此，本就不该存在那种不经过个体意识之咀嚼而自然成立的对于日本宪法的标准解释方案。显然，这一观点已然将美浓部对于天皇地位的怀疑拓展到明治宪法体系的各个方面去了。

当然，西田在私人信件中表述的这些"大逆之言"，在当时是无法公开出版的。但即使在能够公开出版的文献中，被美浓部的斗争精神所激励的西田，依然大胆地针对官方对于天皇地位的标准解释方案提出了自己的见解。他于1938年在京都大学进行公开演讲《日本文化的问题》（该演讲稿在润色后于1940年正式出版）。在这份文献中我们可以找到这样一段话：

回顾几千年来以皇室为中心生机勃勃发展而成的我国文化，它作为整体的"一"和个别的"多"之间的矛盾的自我同一，完全存在于"制作"之中——这种制作，乃是一种从被制作者转变为制作者的过程。作为整体的"一"而在我国历史中充当主体的存在，经历了诸多变迁。远在古代，苏我氏与藤原氏接踵掌权，到明治维新之前，先有镰仓开幕，后有足利与德川两幕府。而皇室则是超越此等主体性的存在，它所占有的"位置"，乃是对自己自身加以限定的"世界"，这个"世界"是主体性的"一"和个别的"多"之间的矛盾的自我同一。[48]

西田甚至下了这样一个判断：

在我国历史之中，皇室完全是"无之有"，是矛盾的自我同一。[49]

明治大学的日本思想史专家岩野卓司先生将西田的上述表态视为对于美浓部达吉的"天皇机关说"的一种呼应，并认为此番言论其实已经预报了日本战后新宪法的虚君主张[50]——对于岩野的这一判断，我是基本认同的（不过，我不赞同他关于"西田的天皇说已经预报了战后的虚君主张"这一过于拔高西田的观点，理由见下节）。然而，我还是想利用"场所逻辑"的话术，对西田的虚君论进行一番新的表述。西田在上述引文中已经指出，在日本古代史中，苏我氏、藤原氏、诸幕府将军及强势贵族往往扮演历史的主体角色，而天皇则处于背景之中——换言之，皇室的存在便是诸军阀之间的争斗得以发生的意识"场所"。举个例子，在"天正十年，明智光秀在本能寺杀死织田信长"这个历史判断中，真正的主角乃是明智光秀与织田信长，尽管此二人都意识到此事发生在"天正十年"（1582

年），而"天正"又是正亲町天皇（1517—1593）的年号，
代表某种潜在的"场所"。需要注意的是，此刻的西田并
不愿意将这一潜在的"场所"描述为某种可以被明述化的
绝对主词，因为真正与诸军阀的"多"对应的"一"并不
是皇室，而是日本之整体。因此，皇室的地位只能是"绝
对矛盾的自我同一"，说得更通俗一点：正因为在诸军阀
的争斗与日本的统一之间的矛盾长期无法解决，所以各个
军阀都需要天皇这个幌子来加强自己的统治——由此，皇
室反而得到了长期存在的机会。显然，西田的这种刻意让
人回忆起日本古代史之漫长内战传统与皇室之长期弱势
地位的叙述方式，与其说是在为天皇制度唱赞歌，还不如
说是在暗自削弱当下日本极权政府统治模式的合法性。当
然，西田的批评者也可以反驳说：西田说的那些历史已经
进入"过去"，因此并不属于 1938 年这一"永恒的现在"
所统摄的范围——然而，西田也完全可以将球再踢回去：
既然 1938 年的日本人大都还记得皇室在历史上的虚弱传
统，那么，这一历史也已经进入了"永恒的现在"，并能
在一定程度上引导我们对于日本战后新宪法的展望。

西田哲学的政治是非辨析

关于西田哲学能说的好话，便是以上这些了。出于平
衡立论的考量，我们也要来看看硬币的另一面。必须指出，
西田本人表述的含糊与抽象，也使得其哲学具有被多重利

用的可能。从国家主义甚至军国主义方向利用西田哲学的机缘如下：

第一，上文所展现的西田对于天皇作为"无之有"的地位的描述，既可以被解释为一种有利于民主主义的虚君论，也可以被解释为一种对天皇制度进行无限拓展的努力的辩护——换言之，正因为作为"无之有"的天皇能够最大程度地包容"多"与"一"之间的矛盾，所以，这一制度似乎就不应仅仅局限在日本的范围内，而要向全世界推广。而这种阐述方式显然可以与军国主义的意识形态需求对接。

第二，西田对于"永恒的现在"的强调，以及这一强调对于客观物理时间的排斥，也会在特定语境下产生对于自由主义思想的排斥。其相关理路如下：自由主义对于抽象个体的抽象权利（特别是物权）的确定毕竟是在客观的物理时空中进行的，因为与自由主义所配套的法治机器的运作也需要在同样的物理时空中进行。而作为国内法的物权原则在国际上的拓展，威斯特伐利亚体系（Westphalia System）[51] 也充分肯定了维护任何一个国家的领土与主权完整的重要性——显然，对于特定国家之领土的度量显然亦必须在物理时空中进行。同时，衍生于该体系的对于一切国家（无论其大小、强弱）各自平等的外交权利的肯定，也需要一种超越"虫子的视角"的"上帝的视角"的介入。从这个角度看，若任意扩大基于"虫子的视角"的"永恒的现在"的适用范围，将不可避免地导致对于威斯特伐利亚体系的威胁，而这一威胁的现实结果就是对于"以大欺小"的侵略战争的辩护。

第三，"永恒的现在"这个说法还包含了另一个向度上的消极意味：由于这个说法削弱了面向可能性的"未来"这一时间维度，这在客观上就带有了"认命"的非批判色彩。比如，一个加入黑社会已久的青年，或许就会将他正在参与的犯罪行为视为"永恒的现在"的一部分，由此自动丧失对于未来的新生活的想象力。

很不幸，到了1943年，在30年代末尚且还敢曲折表达"虚君说"的西田已经进入另一个"永恒的现在"。30年代末，日本尚且只有一条腿陷入侵华战争的泥潭，到了1943年，日本的整个下半身已经陷入太平洋战争的沼泽。此刻日本国内的舆论空间也已被压缩至极限。逐渐屈从于这一"永恒的现在"的西田，亦试图将他原本哲学叙述中的危险意蕴加以发挥，以便以一种更切近于当下意识形态的方式来传播他的核心思想。相关的代表性文献便是他发于1943年的"命题作文"：《世界新秩序的原理》。若将这份文献中的一个段落与他在1940年发表的《学问的方法》中的另一个段落做一番比较的话，我们就能迅速发现西田哲学在不同政治背景中嬗变的可能性。

在太平洋战争爆发之前的1940年，西田写道：

> 在深入西洋文化的根基，并将其充分掌握的同时，吾辈更要深入东洋[52]文化的根基，把握其最底层有别于西方文化的展开方向；我想，只有如此，人类文

化本身那广阔深邃的本质方能得以彰显。这既非凭借西洋文化否定东洋文化，也非凭借东洋文化否定西洋文化。这也不是在某个"一"之中将另一个"他"包摄进来。相反，这是通过找出比过去更深邃更宏大的根基，让两者共同沐浴在崭新的光曜之中。[53]

显然，若在纯粹的学问领域中，对于东方学问中的西洋成分的包容，以及在西洋学问中对于东方学问的包容，显然能够促进一种具有世界形态的新哲学的形成。读到这里，我们似乎没有发现任何政治问题。然而，下面一段写作于1943年的文字的意蕴就不一样了：

> ……由于如上所示之我国国体之精华，故此，具有世界性之世界的形成，并非是要失去我国家之主体性。毋宁说，恰恰是具有世界性之世界的形成，才能展示出我国特有的主体性原理，此即：空无自身，包摄他者。随之而成立者，亦无非是我国体之精华在世界中的发扬。可以说，今日之世界史课题的解决，当从我国体之原理着手。英美自必当服从此原则，诸轴心国亦当效法之。[54]

这一段文字固然也有"学习他者，包摄他者"的意思，但却刻意强调日本国体之精华。西田甚至大言不惭地说，日本国体的这种世界性意蕴，无论是作为当时日本之敌的英美，还是作为日本之轴心国盟友的德、意，都需要仔细领会与学习。这一傲慢的态度显然已经与他自己所说的"空无自身，包摄他者"这一貌似谦虚的说法产生了矛盾——也就是说，如果将汇通东西文明的主体从个别的学者（无论他是不是日本学者）置换为日本国的时候，一种值得称道的学术雄心就一下子变成一种令人担心的民族沙文主义言论。

而上述这种"移花接木"之所以发生，又是因为此刻的西田已经将天皇作为"绝对矛盾的自我同一"的巨型容器的包容范围从日本一下子拓展到了世界。他写道：

> 《神皇正统记》称"大日本者神国也"，此番话语，于他国中无有相类者；在以此为本的我国国体之中，包含着绝对的历史性世界。我皇室作为万世一系，乃是永恒之过去向永恒之未来的延展，此过程并非单纯之直线，它作为永远之现在，亦应完全同吾辈的初始与终焉等同而视。"天地之始乃是今日之始"这一道理，亦可从此引出。慈遍云："神代在今，莫谓往昔"（语出《旧事本纪玄义》）。日本精神之真髓，全系于一事，即，超越者乃是内的，内在者乃是超越的。"八纮一宇"作为具有世界性的世界得以形成的原理，乃是在此世界之中使得"君臣一体、万民翼赞"的原理。我国体不可被认为是家族性的国家，亦不可被认为是单纯的家族主义性质之物。于所即之处，内即是外，外即是内，此方为国体之精华。亦可谓：义乃君臣，情兼父子。[55]

抛开这一段文字所表露的几乎会让所有非日本人皱眉头的日本优越感不谈，我们不妨以西田自己的核心哲学理论为武器，来质疑上述论述的合理性：

第一，为何基于日本神话记录的日本历史能够成为包容世界各文明的超级容器呢？难道日本神话自带的民族性，不会阻碍其成为世界文明之超级容器吗？或者也可以这样问：假若日本皇室这一特殊的"有"能够成为"绝对无"的话，对于万世一系的天皇制度的肯定难道不会污染这种"绝对无"吗？

第二，就算日本皇室的时间存在样态乃是"永恒的现在"——换言之，是"天地之始乃是今日之始"——但将自己的当下执政根据推至遥远的当下，以便由此使得当下成为"永恒之当下"，难道不正是在各国历史中一直发生的现象吗？譬如，王莽将自己的执政方式看成是对于周公的致敬，祖先来自希腊的克丽奥佩特拉依然觉得自己是古埃及法老的传人，沙皇与德皇的名号直接取自古代的"恺撒"，就连年轻的美国的参议员的名号（senator）也取自古罗马的元老院，难道不都是此类案例吗？为何只有日本人有权说日本皇室具有"永恒的现在"的特征，而别的民族国家却不能用同样的话术来包装自己的历史呢？仅仅说"只有日本没有发生实质上的改朝换代，而他国历史之延续性仅仅是窃号自娱的结果"，还是不足以回答上述质疑，因为对于"天皇万世一系"这一点的确定所需要的实证态度恰恰会反逼我们超出"虫子的视角"去知人论世，并由此脱离"永恒的现在"的管辖范围。

然而，此刻的西田不管上述的理论困难，硬是要用这种以日本为中心的眼光去俯视世界。他写道：

> ……各国家民族，在依循自己的同时，亦要超越自己，形成一个统一的世界（一つの世界），这并非是否定、轻视各国家民族。相反，它是要各国家民族通过回到自己自身、自觉到自己自身的世界史使命，从而相互结合，形成统一的世界。我所称"世界"者，即如此这般的综合统一。否定各国家民族的抽象世界，是非实在的，从而也并非"世界"应有之意。因此，我特意用"世界性的世界"进行称谓。过去之"世界"是抽象的，非实在的。今日之世界方是具体的，实在的。在今天，任何一个国家民族，都无法单独凭借自己自身而存在，若不投身入同世界的紧密关系之中——或者毋宁说，若不在全世界之中占有自己自身之位置——它将无法生存。世界并非仅是"外"。今日之世界乃是实在的，这是当前世界战争的原因；无视此问题，当前世界战争的问题，亦无从解决。因我所言之世界有如上意义，遵循地域传统，便亦是世界性世界形成的题中之意。如若不然，具体的世界也无法形成。我所谓之具有世界性世界形成，同将他者殖民地化的英美帝国主义与联盟主义正相反对，是基于皇道精神的八纮一宇的世界主义。抽象的联盟主义，于其内面，已同帝国主义暗通款曲。[56]

请注意西田在这里所使用的话术。从表面上看来西田似乎说了一些颇有道理的话：各国历史的具体性不容被否定，世界各国之间亦必然存在着一种紧密的联系。但问题是：为何这种联系就必须在"八纮一宇"[57]的名号下进行呢？原因是西田对于基于威斯特伐利亚体系的既有国际体系的否认："抽象的联盟主义，于其内面，已同帝国主义暗通款曲。"这也就是说，当他肯定各国历史的具体性的时候，其真实目的是拒绝赋予不同国家以抽象的平等外交地位，以便为日本建立"大东亚共荣圈"的侵略行径提供辩护。而所谓的"同帝国主义暗通款曲"一语，貌似是在批评西方列强，实际上表达的也只不过是"为何尔等初做列强时不带吾玩"之类的嫉妒之意。严格地说，这一说法显然又是对于"虫子的视角"的一种误用：若站在日本看列国，列国固然有强有弱，正如从街道一隅看高楼，自然是鳞次栉比；然而，一国之主权之地位并不类比于一国的外部观感，而更应类比于不同建筑的邮政代号（从邮政代号中，本是看不出建筑本身的高度与建造年代的）。但这种抽象的邮政代号又是不可或缺的，否则邮政部门的工作将不堪重负——同理，若一国仅仅以自己国力更强盛、历史更悠久为理由，就可以随意凌霸他国，国际秩序亦会陷入大乱——因为别的国家也可以通过自己的历史学家将自己的历史"发明"得更长一点，或者通过国际结盟输入高精尖武器，由此迅速改变国与国之间的军力对比。

不过，上述所说，并不意味着基于"虫子的视角"的研究方法是没有价值的。恰恰相反，若将这种研究方法局限在特定的限度内，我们就能看到从"上帝的视角"看不到的大量的经验细节——而西田在学院哲学范围内所做的工作，也证明了这一点。因此，我们就需要在"虫子的视角"所适用的最大边界进行划界，以便拯救出西田哲学里的"活东西"，摒弃其"死东西"。

我认为，西田的学生户坂润在对于空间的"此性"进行阐发时，就已经完成了这一划界。具体而言，户坂润在继承西田哲学对于意识经验之直接性的叙述理路的同时，又灵活运用历史唯物主义的方法，对劳动者所面对的日常生活背后的政治经济运作机制进行冷静的分析，由此为一种单纯基于"虫子的视角"的哲学纠了偏。而经过这种方法论嬗变的户坂润，在政治上也采取了非常坚定的反法西斯立场（详见本书第六章）。

不过，西田哲学的高度抽象性，也自然允许别的思想家在更偏向国家主义的方向上发展他的思想。譬如，西田的学生田边元在战时就曾一度将"绝对无"的概念与国家概念相互捆绑，引申出为"大东亚共荣圈"辩护的思想。京都学派的最右翼也由此构成，与户坂润所代表的京都学派的最左翼两相对峙（详见本书第二章）。

此外，从纯学术的角度看，西田的"场所"就像一个超级思想培养皿，为京都学派别的哲学家各自的哲学探索提供了启发。譬如，"场所"本身所带有的图像性特征，启发了西田的弟子三木清发展出了一种基于"构想力"的新哲学（详见本书第三章）；"场所"所自带的空间性意蕴，以及其向特定地理空间的投射力，引发和辻哲郎提出了他的风土哲学（详见本书第五章）；而作为"永恒的现在"的"场所"在代表"过去"的"必然性"与代表"未来"的"可能性"之间的媒介地位，启发九鬼周造提出了他的偶然性哲学（详见本书第四章）。从这个角度看，西田哲学的确是整个京都学派哲学当之无愧的思想枢纽。

　　关于京都学派之"掌门人"西田的思想，就介绍到这里了。在下章中，我们讨论该学派的"二当家"：田边元。

第二章

田边元

一时糊涂上了贼船的佛版黑格尔主义者

图-6 田边元手绘像

田边元何许人也?

　　田边元(Hajime Tanabe, 1885—1962)是京都学派的第二号人物。他在东京大学读书时本是学理科的,后改学哲学,并于1918年获得哲学博士学位。同年,得到西田几多郎本人提携,获得京都大学的教职。在整个20世纪头十年,田边的工作重点都集中于数学哲学与物理哲学,而学界也一般认为此刻他的思想乃是处在西田哲学的影响之下的。到了20世纪20年代,田边的工作重点转向对于黑格尔哲学的解读,而事实证明,此间他对于黑格尔哲学思想的消化对他自己以后的思想发展起到了至关重要的作用。这里需要特别提到的是,1922—1924年,拿到文部省资助的田边元还远赴德国进修,其间他与胡塞尔、海德格尔等德国当红哲学家都产生了积极的思想互动。由此,德国现象学的资源也进入了田边的哲学视野。

　　无论对于田边本人还是他身处的日本来说,20世纪30—40年代都可谓一个充满大变动的时代。日本从相对安稳的"大正民主时代"进入杀气腾腾的"暴乱的昭和时代",而田边本人则从西田思想的追随者变成了西田思想的批判者。在他看来,西田哲学的核心问题在于:沉湎在意识分析的小天地中,而缺乏对于人类历史真实展开进程的足够强的说明力。他甚至认为同样的毛病也出现在当时方兴未艾的欧洲现象学思想之中:主流现象学家对于"被给予的现象"的痴迷使得他们无法处理那些处在"现象"之外的事项,比如经济、民族国家、人类历史,等等。相对而言，当时已在日本得到广泛传播的黑格尔哲学之"包罗万象"的特征则似乎更符合田边元的胃口。

不过，虽然黑格尔哲学的辩证法方法对田边影响很大，他的哲学趋向依然与黑格尔非常不同。黑格尔的哲学毕竟以基督教为底色，因此，他的核心哲学观念便是作为"上帝"之代名词的"绝对精神"。而田边哲学的底色乃是大乘佛教（特别是净土宗思想），其核心哲学观点则是佛教味浓郁的"绝对无"。初学者或许很难一下子把握"绝对精神"与"绝对无"的差别，因为这两个概念听上去同样抽象。为了让读者对上述差别先有一个概略的认识，我想请大家思考一下基督教教义与佛教教义之间的根本不同。根据前者，万事万物的存在都有一个可以被理性说明的根据：你存在是因为你父母生了你，人类存在是因为上帝创造了人，上帝是一切存在的总的根据，而上帝本身的存在亦可以通过专门的哲学技术加以证明，等等。与之相较，从佛教视角看，万事万物的存在都是因缘所致，很多事情的答案并非理智思索所能穷尽。毋宁说，认为万事万物之存在都可以通过理性来解答，这本身就是一种"理智执着病"——既然是病，就要治疗，而最重要的治疗手段就是"去执"。从心理学的角度看，"去执"的本质就是消除为万物寻找支撑点的心理习惯，让患者意识到"找不到支撑点"才是常态。由于这种思维方式包含了对于"存有"的普遍性的否定意味，也就自然将人们的注意力转向了"绝对无"——或用隐喻的方式来说，是引导人们将注意力从齐白石画在宣纸上的虾转向了宣纸上的留白。

我们前面已经提到，田边哲学试图讨论西田哲学所忽视的现实社会问题，而它又是以佛教味浓郁的"绝对无"为底色的，这两个要素结合在一起，会产生什么样的化学反应呢？在正式介绍田边哲学之前，我们或许会猜想：田边哲学应当不会赋予各级社会建制（家庭、公司、国家）以足够坚固的实在性，因为它们的存在根据会随着一种基于"绝对无"的思考的展开而被虚无化。我们不妨再展开这样的思想实验：假若在暴乱的昭和时代的日本海陆军集体接受了这种思想，他们还会发动致力于维护民族国家之生存与拓展的侵略战争吗？他们恐怕更应该去反思民族国家的同一性的基础，并由此走向反国家主义的立场吧！

但很不幸，田边哲学留给历史的刻板印象却恰恰是"军国主义的帮凶"。在日本侵华战争正酣的1939年，他曾对京都大学学生发表演讲，直接鼓励学生为国家赴死。[1]他还在太平洋战争爆发后的1942年以日本海军智库成员的身份做过一个讲座，题目是《共荣圈的逻辑》[2]，试图为日本在太平洋地区的扩张活动进行哲学背书。在战后不久，他又出版了名著《忏悔道哲学》[3]，对其战争中的作为进行了反省——当然，此类反省也证明了他在战争时期的确与军部走得太近了。这就引出一个问题：一种佛系的哲学究竟如何引申出对于军国主义的辩护呢？

抱着这样的疑问，我再次阅读了田边的演讲《共荣圈的逻辑》的理论基础——在1935年完成的《种的逻辑的社会存在论构造》[4]，得出的结论是：要从这份文献中引申出一种支持军国主义的理论，其实非常牵强，换言之，田边在战时演讲《共荣圈的逻辑》中对于他的基础哲学理论的政治运用带有浓郁的命题作文色彩，而不具有本质性的理论意义。在这个问题上我们固然可以批评田边的骨气不够硬，没有选择与军部势力斗争到底，但这种批评却无害于田边哲学的核心价值，否则我们恐怕会有更强的理由去贬低作为纳粹党员的海德格尔的哲学思想价值了。

此外，如下三个事实，似乎也向我们暗示了田边哲学与军国主义思想之间的实质性分歧：第一，1933年，京都大学法学部的教授泷川幸辰（1891—1962）因发表自由主义言论被文部省开除，田边当时的态度是明确声援泷川的（这种公开表态会带来政治风险——与之对照，海德格尔对纳粹政府的反犹行径从来没有发表过公开批评）。第二，田边致力于反思战争罪恶的名著《忏悔道哲学》在战后立即出版，可见其思想酝酿期应在战时。第三，1950年田边获得日本政府颁发的文化勋章，足以说明经过民主化改造后的新日本政府亦并不视其为"前朝丑类"。

下面，我们就来介绍田边的社会政治哲学的核心思想——种的逻辑。

"种的逻辑"概说

如果说"场所逻辑"乃是西田哲学的招牌硬菜的话，田边哲学的招牌硬菜则是"种的逻辑"。"种"这个词是针对"类"来说的。概言之，"类"在田边的语境中指的就是全人类，"种"指的则是人类的某个层次的社会建制——一个家庭、一个自然村落、一家公司、一所大学、一个俱乐部、一个棒球队、一个国家，不一而足。显然，任何一个人类个体，都必须同时是"种"与"类"的具体化：首先，他会是一个家庭的成员、一家企业的雇员、某国的国民；其次，他也必然是一个抽象意义上的人，并因此具有人类一般所应当具备的特征，比如具有某种超越于种族藩篱的同情心（或用中国人通常的俗语来说，"做人得有人味"）。那么，个体所同时具备的"种"的特征与"类"的特征之间的具体关系又是什么呢？（这个抽象问题的具体化形式之一便是：若一名侵华日军士兵的国家认同与他对于被侵略民族的同情发生冲突，他该如何抉择呢？）——以上，便是"种的逻辑"所要回答的问题。

田边的"种的逻辑"显然是对于黑格尔在《法哲学原理》里对"伦理社会"之描述的发挥与修正。作为田边哲学的先导者，黑格尔也认为个体本身是作为某些共相的实现者而存在的，而他本人则将那些附着在社会成员之上的社会共相具体区分为三个层次：家庭、市民社会（即个体的职业生涯所展开的场域）与国家。据此，一个典型的现代人在家里就是某人的丈夫／妻子与某人的父母／子女，在公司里就成了一名职业经理人，在选举时则成了一位选民——这三重身份根据语境的需要可以随时切换。在黑格尔看来，一个运作良好的现代国家应当为个体的三重身份之间关系的和谐提供制度保障。具体而言，一个丈夫养家的钱来自市民社会的正常运作，而市民社会自身运作的保障则来自国家的保护，至于使国家机器得以运作的资金，则来自家庭与市民社会所缴纳的赋税。

不过，从田边哲学的角度看，黑格尔的社会模型显然高估了各级社会建制的整合力，同时低估了社会内部差异性因素所起的作用。换言之，黑格尔哲学并没有充分的理论资源来应对一个复杂国家内部出现的语言、文化分歧以及意识形态方面的撕裂——譬如今日美国民主党与共和党之间的理念撕扯。毋宁说，黑格尔的社会—政治哲学更适合用以说明单一民族国家在相对稳定的运作条件下的自我整合机制。这种对于稳定性的追求甚至也出现在黑格尔主义者心心念念的"正—反—合"辩证模式中。按照这个社会发展模式，任何社会样态的进化都会从"肯定面"转向"否定面"，并在一个更高的层面上达到一个新的"肯定面"，也就是所谓"合题"。譬如，在《法哲学原理》的叙述逻辑中，家庭建制所含有的"爱"的原则就完成了对于家庭成员的整合，由此成为"伦理生活"的第一个"肯定面"——但它会立即遭遇基于"利"的原则的市民社会运作逻辑的反抗，因为后一运作逻辑会鼓励家庭成员为了扩大个体利益而卸载部分家庭责任。这二者之间的冲突则会在国家这个"合题"中得到弥合，因为国家既能像一个大家庭一样给予每个国民以情感的温暖，又能在利益层面上保障国民的安全。显然，在黑格尔的这个叙述逻辑中，辩证法虽然包含了否定的因素，而否定的目的毕竟还是为了在更高层面上实现一种肯定，换言之，否定环节只是起到了"抛砖引玉"的作用，而不是真正的指导性原则。因此，黑格尔哲学依然是一种用"同一性"压倒"差异性"的哲学，同时也是一种用"存在"压倒"虚无"的哲学。

以"绝对无"的概念为思维基点的田边元自然对黑格尔的上述思维模式感到不满。从某种意义上说，黑格尔主义对于同一性的迷恋其实已经将哲学家的主观幻想当成了现实——换言之，是黑格尔主义者需要资产阶级的国家承担其弥合家庭与市民社会之间冲突的责任，国家才被描述为这样的超级整合者——至于现实历史中那些弥合上述冲突失败的案例，黑格尔主义者才管不着呢（好吧，黑格尔死于1831年，他应当没机会看到雨果于1862年发表的《悲惨世界》）。但对于这些事情，生活在20世纪的田边元却不能视而不见。具体而言，在田边构思"种的逻辑"的时代，日本国内资产阶级与无产阶级之间的斗争已经变得如火如荼，而激进的军方势力为了转移国内矛盾对外发动侵略战争的冲动也日益变得不可遏制。与此同时，作为对黑格尔主义最重要的批判性资源的马克思主义的思想，也在日本左翼青年中间得到广泛传播。田边元本人虽然不是马克思主义者，但是马克思主义对于黑格尔式的国家信仰的批判显然也在田边的"种的逻辑"中得到了应和。

有了上面的说明，我们也便能理解为何"否定"——而不是"肯定"——这个概念在田边哲学中扮演如此重要的角色了。用他自己的话来说：

> 不管怎么说，我想对下述事实的必然性予以强调：作为一个连续的整体的种会对个体构成否定，但在进

行这种否定的同时，否定活动也反映出了那种催生于
这些个体的基础性媒介——这样的种，也就是社会的
基质之所在。种既使个体的生得以可能，又将个体杀
死了……不过，被吾辈称为"种"的东西依然是抽象的，
因此，它依然无法展示出具体生活的基质。这一基质
只有作为逻辑的否定环节才能被把握，而不能依赖其
自身的力量而出现在诠释学的立场之中。……毋宁说，
从表达上看，此类的种是以被否定的、被空虚化的方
式而被预设于对于基质的描述之中的，因此，它们自
身是不能进入对于理解活动的诠释学图景的……[5]

　　我现在尝试着用大白话解释一下田边的意思：一个人
要进入社会，就无法不成为一个家庭成员，进入一家公司，
成为某国的公民，并因此预设了他自己与诸多"种"的黏
合关系——但个体与每个"种"的黏合本身就意味着某种
否定。譬如，当《悲惨世界》里的沙威警长选择与"巴黎
警务系统"这个"种"黏合之后，他就很难选择成为革命
者的同情者；同理，当电影《南京！南京！》中的日本青
年角川的身份被打上"日本军人"这个"种"的标签之后，
他也很难选择向别的日本军人开枪。因此，一个个体对于
特定的"种"的标签的占有，本身就意味着对与之冲突的
一些别的"种"的标签的排斥——反之亦然：特定的"种"
的标签对于个体的"绑架"就会自动排除其进入别的"种"
的场域的逻辑空间。因此，进入特定的"种"所规定的社
会角色空间固然是人之社会化的必然性步骤，但这一步骤

本身却同时就意味着某种虚无化进程。基于这种分析，在这段引文中田边元还特别厘定了"种"自身的本体论地位：鉴于特定的"种"只有与更具体的个体相互结合才能展现出其威力——譬如，"日本陆军"这个"种"的标签若不与任何一个具体的日本青年相互结合，将不具有任何现实意义——所以，"种"自身就无法在脱离个体的情况下独立存在。从这个角度看，正如我们无法在不面对任何一只具体的鸡的情况下去讨论抽象的鸡一样，我们也无法在不找到任何真实历史主体的情况下去抽象地讨论阶级与民族。因此，田边的"种的逻辑"与其说是一种强化"种"的地位的学说，还不如说是在弱化它。这一运思方向几乎是与重视共相的黑格尔南辕北辙的。

不难想见，一种更重视具体的个体的政治—社会学说显然会更重视附着在个体之上的偶然性，而不是其所扮演的社会角色所带有的必然性维度。这就引出了基于"种的逻辑"的田边氏的自由观。我们知道，在德国古典哲学特别是黑格尔哲学的理路中，个体的自由往往意味着对于自身偶然性的克服——比如，一个受到贿赂诱惑的法官如果能够压制自己偶然升起的贪念并秉公执法的话，他就是"自由"的。但这种对于自由的认识往往与常识相悖——常识往往认为能够按照自己的意愿（甚至坏的念头）去行事才是自由的。面对德国式自由观的这种反常识性，英美自由主义者试图在常识的自由观与德国式的自由观之间达成某种平衡，提出了一种消极自由观：只要你做的事情不对别的社会成员构成妨碍，你就能按照自己的意愿去做任何事情。不过，即使是英美式的自由观，对个体选择意愿的提及依然是非常形式化的，因为"在不妨碍别人的情况下尽可自由行事"这一表达并未对特定选择的伦理学内涵进行充分的挖掘。举个例子来说，一个富翁可以选择不对非洲饥民捐一毛钱，但也可以选择捐款一亿美金——这两种选择显然具有不同的伦理学意义，但在形式上都符合"在不妨碍别人的情况下尽可自由行事"这一空洞的要求。此外，与本就僵化的德国式的自由观类似，英美式的自由观亦缺乏充分的思想资源去回答下面的问题：当诸多社会规则发生动态冲突之时，个体当如何自处？（在这个问题上我们切不能高估"不妨碍别人"这一抽象标准的指导价值，因为该标准的松紧度往往会在特定的历史语境中发生动态变化。譬如，在某个时刻，用冷僻汉字给孩子起名就是妨碍别人的自由，在另外的时刻，这种妨碍功能却被认为是不明显的。[6]）面对西方主流哲学的自由观的这种形式主义弊病，田边的自由观所强调的，便是在特定历史语境中的个体在面对不同规则的相互冲突时所进行的选择的特殊性——而这种聚焦个体的自由观显然无法回避个体行为所不得不具有的偶然性。

但"偶然性"毕竟是一个过于缺乏伦理学维度的字眼。恐怕没有人会认为张三偶然决定去吃意大利面（而不是旋转寿司）这件事具有任何重大的伦理学意义；与此同时，一个暴君也会因为偶然产生的好心情而决定去做一件好事——当然，这样的选择也是缺乏充分的伦理学意义的。而在田边的语境中，自由选择虽然带有偶然性，却不得不负载特定的伦理学意义——但这一点又是如何可能的？田边的答案是：个体的特殊选择的伦理学意义是通过对于"类"的领悟而得到充实的。

前面已经说过，"类"是一个与"种"对立的概念，大约就是指人类之整体。这里需要注意的是，就像"种"的出现带有强烈的否定性意味一样，"类"的出现也并不是基于某个对于人性的正面的、静态的定义。毋宁说，人类的"类"的边界是通过基于处于特定的"种"之中的个体的自由探索而渐渐浮现的。比如，在电影《与狼共舞》中，美国军官邓巴通过与作为印第安人一支的苏族人的密切接触，接受了苏族的文化，由此拓展了自己对于人性的理解。从这个案例来看，人之"类"所展现出来的广大逻辑空间，就是通过这种动态的文化交流而耙平了"种"之间的差异性——譬如，白人与苏族人之间的差异。而田边元的"自由"概念的真意正在于此：当一个个体能够通过基于其意愿的探索而在人之"类"这个大天地中放弃对于其原本从属的"种"的执着的话，那么，这个个体就是自由的，而且，他所开拓的"类"的范围越大，他的自由程度就越高（至于个体自由所自带的偶然性因素，则高度关联于怎样的历史机缘能够使探索者得以进行此类探索）。若用上面提供的自由标尺去衡量，电影《与狼共舞》中的美国军官邓巴就比那些对苏族人毫无理解的美军同僚更加自由，而电影《阿凡达》中主人公杰克的自由度甚至更高，因为杰克已经将心目中的"类"的概念拓展到了外星人之上。

由此看来，在田边勾勒的"个体—种—类"的三层架构中，"种"与"类"各自提供了两层思想的台阶，以帮助个体拾级而上，渐渐拓展自己的伦理视野，最终放弃其对于"小我"的执着，而以人类之"大我"为心中的归旨。这种立场怎么说都不会引向军国主义，因为军国主义思维的基本前提就是对于特定的"种"——特别是国家——的高度执着。具体而言，在这种执着态度的作用下，任何一个日本人都必须具备为国而死的觉悟，而无论其所从事的这场战争对于人类的整体有何伤害。因此，一个被"种"的思维绑架的日本飞行员在向重庆的平民投掷燃烧弹的时候，脑子里可是不会闪过这样的念头的："这下面的人可是我的同类啊！"与之相较，田边所强调的却恰恰是：对于国家利益的强调若缺乏基于"类"之思维的正义原则的背书，自身便是不成立的。用他自己的话来说：

> ……与此同时，国家力量可不仅仅就是对于国家实力的度量。这是因为，如果有一种关系通过某些自然的或物质的力量去干扰某个个体的生活，并由此威胁其生命，这种做法其实并没有真正确证该个体，而是否定了该个体，而且这种行为所否定的，还是个体的整体的统一性。这种做法可不能促成类的构成，而只能停留在种的层面上。因此，我们当然不能设想上面这种权力竟然可以为国家所具有。正义必须成为权力之施展的根据。即使是纯然的实力，也会在外部的自然力面前显得无能为力，而这种实力自身是缺乏伦理意义的。因此，国家权力即便是一种实力，也必须

成为伦理事项的强制化形态。若我们以上述方式进行思维的话，那么我们就只能以下述方式理解权力的本质了：权力就是一种强制性的统治力量，以便以否定的方式为"绝对的类所具有的个体平等性"与"种的特殊规定性"提供媒介……[7]

但这样的一套反对国家机器肆意破坏个体自由的田边哲学，又是如何与军国主义思维发生正面联系的？对这个问题，日本哲学专家廖钦彬先生的评论是：

> 田边在当时的帝国主义、国家绝对主义的风潮下，原欲建构的是反国家主义的哲学体系，即包含存在与实践哲学的"种的逻辑"。然而，该哲学体系却在当时国家的非合理性暴行与宗教慈爱荡然无存的情况下，遭遇失败，继而转变成为国家主义的思想。我们不得不高度警惕在此思想里所潜藏的危险性。[8]

诚哉斯言。在下一节我们将展现田边将"种的逻辑"固有的政治意蕴"偷梁换柱"的具体做法。

田边元对于"共荣圈"理念的哲学辩护

我们在讨论海德格尔哲学与政治之间的复杂关联时已经提及，哲学词汇的抽象性其实为特定语境中的读者对于它们的不同解读提供了丰富的可能性。与文学相比，哲学给予读者的二次创作空间其实更大。在田边的案例中，他本人也成为他自己发明的"种的逻辑"的二度（甚至三度）创作者。具体而言，在战争期间他给出了一个对于该理论的偏向军国主义的再创作版本，而在战后他又立即给出了一个关于该理论的以反战为指向的再创作版本。

本节将主要讨论田边是如何强迫自己的理论体系为军国主义服务的。在此我不想深入讨论田边这么做的私人动机（到底是趋炎附势，还是一时脑子糊涂，或是为了刻意与西田哲学"对着干"而最终强化了哲学叙事的国家主义成色），而是想讨论"种的逻辑"本身究竟有何客观的理论特征可以为这种军国主义改造所利用。我最终辨识出如下三个理论接口：

第一，虽然田边抽象地声明国家权力的运作必须受到正义原则的制约，但关于怎样做才符合"正义原则"，却会在具体的历史语境中产生巨大的分歧。譬如，日本侵华当然是非正义的，但是按照日本当时的官方意识形态的宣传，推翻以英美为依靠力量的蒋介石政府，并在滇缅公路切断西方援华军火运输线，恰恰是为了将中国从白人的统治下"解放"出来，因此，日本政府发动所谓"圣战"的目的恰恰是为了实现"正义"。这里需要注意的是，与纳粹对于犹太人字面上的贬低不同，日本官方的"大东亚共荣圈"的意识形态叙事并没有明确将日本之外的亚洲各民族视为劣等民族（而仅仅将其描述为有待日本指导的后进民族），这种模棱两可、混淆是非的叙述自然会使得相当一部分不明真相的日本人对日本军国主义的意识形态本质产生误判。而作为哲学家的田边元在获取关于战争的报道之时也与普通日本人一样是日本信息管制机制的受害者，因此，我们不能排除他被日本战时官方的宣传机器迷惑的可能性。

第二，田边意识到对于人类的"类"的拓展本身是交通技术大发展的结果——比如，大航海时代的到来为全球意义上的人类的"类"的概念的形成提供了技术条件，由此让真正意义上的"世界地图"进入了一般人的意识。而作为海洋国家且在科技上正在快速追赶西方的日本，显然对于参与这样的全球大探索抱有热情，或用田边自己的话来说，"我们可以设想，通过那种使我们摆脱土地束缚的海洋航行自由的拓展，国际法也能得到发展，而今日科学旨在驯化自然的努力也会进一步为上述发展提供基础"[9]。田边在此虽然没有明说，但他对于日本强化海洋航行自由的热望显然会在客观上鼓励日本海军的全面扩军，由此为旨在重新瓜分世界海权的太平洋战争的爆发预埋下火种。一种旨在拓展人性视野并由此促进世界和平的学说，也可能会在特定的历史条件下为海军军费预算的增长提供哲学根据，这也是一件颇具讽刺意味的事情。

第三，田边在对黑格尔式辩证法进行改造时，虽然强调了"否定性因素"在其原本的正—反—合架构中所发挥的作用，但辩证思维的复杂性却使他很难同时清除那些"肯定性因素"的影响。因此，只要这种对于国家政权架构中肯定性因素的偏重超过了一定比例，田边的"种的逻辑"就会出现向黑格尔哲学的倒退。

而田边以日本海军军官为听众的战时演讲《共荣圈的逻辑》，就是这种思想倒退的结果。

"共荣圈的逻辑"第一个环节乃是对于家庭的逻辑地位的描述。依据"种的逻辑"的既有思路，家庭被田边元视为个体的人类的"种"，或是一种"种的构造"：

> 去断言一个社会体或社会组织具有一种"种的构造"，便意味着那个被讨论的社会体将自然地且不可避免地将从其自身之中发生分裂与崩解。特别就作为共同体的家庭而言，它自己并不具有什么简单的结构以使自己豁免于上述崩解。恰恰相反——家庭的特征在于：它既有一个复杂的等级，或者说一个纵向的动力学结构；又有一个横向的，即半均化的动力学结构。为了满足其在空间中抵制时间流变的需要，家庭联合了时间与空间。所有的这一切都被包含在了家庭的种的构造之中，并保证了其形式上的复杂性。[10]

通过阅读上下文可知，田边元在上述引文中所说的"纵向的动力学结构"，更多地是指父母辈与子女的关系，而所谓"横向的动力学结构"，更多地是指夫妇之间的关系。就二者与时间以及空间的关系而言，前一种关系具有比较鲜明的时间维度，因为长辈与子女的关系本身就意味着"过去"对于"未来"的一种统摄；而后一种关系具有比较鲜明的空间维度，因为夫妇原来各自所从属的家庭本就已经处在空间上的并列关系之中了。也恰恰因为家庭本身就统摄了这两种关系，田边元才在上述引文中说"家庭联合了时间与空间"。为了进一步说明家庭内部这两种要素之间的斗争，田边元甚至还动用了黑格尔在《精神现象学》中讨论古希腊悲剧《安提戈涅》的思想资源，将家庭视为"人的法律"与"神的法律"进行斗争的场所——说得更具体一点，家庭中的夫妇关系是经由所谓"人的法律"的背书，而对缺乏直接血缘关系的男女之间的自然关系的一种社会学再肯定；与之相较，家庭中的父子关系则是在"人的法律"之外，直接经由所谓"神的法律"而完成的对于既定的血缘关系的肯定。显然，按照这种叙述逻辑，家庭自身的和谐，将取决于家庭成员是否能够在代表"横向动力学结构"的"人的法律"与代表"纵向动力学结构"的"神的法律"之间找到完美的平衡点——在田边看来，恰恰是因为达成这种平衡很困难，家庭所自带的"种的结构"便在根本上具有一种不可克服的不稳定性。不难看出，由于田边元已经预设了整个宏观社会结构本身应当是具有真正的稳定性的，所以，从逻辑上看，上面的观察很容易就催生这样的结论："就那种将家庭视为更大的共同体或社会集合之原型的提议而言，我非常怀疑其合理性。"[11]这也就是说，在田边看来，更大的社会学与政治学单位的构造，必将不以家庭的构造为其母型。

这样的思路引导田边元转向了对于国家的讨论。在此时的田边元看来，国家并不是家庭的一种扩大版或类比物，而是以"类"为自己的形而上学出发点。那么，为何在作为"类存在"的国家与作为"种的存在"的家庭之间，存在着根本的不同呢？田边本人的解释如下：在一个国家之中，固然存在着家族之间的冲突与马克思主义者所说的阶级斗争，但"严格来说，不同集团之间的斗争若彼此之间不具备任何共通处，便是完全不可被设想的。斗争的来源，恰恰就是人们通过联接而进行彼此协作的那种潜能"[12]。这也就是说，双方进行的斗争本身就预设了双方都属于某种共通的"类存在"："没有这些类，对于此种与彼种的对比也就会成为不可能之事"[13]。因此，"一个真实的类就不是一个更大的种，并不是诸个种在彼此进行斗争时所处的那种极限状态……而必须是某种未被表达出来的东西"[14]。正是在这个意义上，田边将"类"这个概念与更具神秘色彩的哲学概念"无"相提并论（因为真正的"类"像"无"那样是不可言说的）："……在人类社会结构的基底处，我们能够发现'绝对无的统一性'，而对于这种统一性的考量可不能够采纳基于种的立场。"[15]

说到这里，我们似乎还看不出田边的叙述逻辑有着明显的军国主义的气息——但实际上，此时的田边对于作为"绝对无"的"类"与国家的捆绑实际上已经改变了其原始版本的"个体—种—类"三分法的架构。换言之，原本只能出现在"种"的层面上的国家的哲学地位被提升到了"类"的层面，而这一做法自然就使国家进入了"类"所提供的概念保护而豁免于各种批判的威胁了。顺着这种维护国家尊严的思路，田边下面的叙述思路自然也就慢慢转向了对于国家权力的纵向管制机制的讨论上，并由此开始与军国主义的思想靠拢。

　　上文展现的田边对于国家之形而上学基础的描述依然非常抽象，而此类抽象描述若要与真实国家的经验形态发生关系，还需要时空因素的介入作为媒介——因为真实的国家毕竟是存在于时空之中的。与家庭对于时间与空间的联合机制相类似，在田边看来，类似的机制也在一个更复杂的层面上出现于国家之中，或用他自己的那种黑格尔风格浓郁的话来说："这种'类'一定要将那'把所有空间性转换为横向关系的时间性'与那'把所有时间性转换为纵向关系的空间性'加以联合。"[16] 用更容易为常人理解的话来说，在田边所描述国家架构中，"时间性"是以自上而下的政治管制方式出现的（因为"管制"本身就意味着传统力量对于当下力量的压制），而"空间性"则是以国家公民形式上的互相平等为其表现形式的（因为彼此平等的公民在空间上是彼此并列的）。不过，与家庭对于"时间性"与"空间性"的松散结合方式不尽相同的是，在田边所说的国家形式中，纵向的管制形式被赋予了更为明显的主导性，否则在他看来，国家自身就会立即解体。[17]其背后的理由是：在家庭结构中，本来可以在一个更小的尺度中存在于横向关系之中的自然凝结力（如夫妇之间的自然吸引力）会在一个更大的尺度上被高度稀释，并由此转而成为一种更强烈的斥力——而要与这种斥力相抗衡，国家自身的纵向控制力就必须被高度强化——尽管在这种强化后，公民之间的形式上的平等（以及作为其制度保证的民主制度）依然需要作为一个必要的环节而在现代国家的整体架构中得到一定程度的保存。[18] 换言之，在田边此刻所描述的理性国家模型中，国家权力的强化已经被视为一个当然的建议而被肯定了下来。这显然已经非常接近军国主义的言论了。

然而，田边元决定要走得更远一些。进一步的思索让他发现：即使在国家层面上，依然存在着某些使得其和谐性难以被保证的"不安定因素"，因为任何国家所植根的社会基础依然是带有"种的结构"的,而任何"种的结构"都是不稳定的（这种不稳定的社会结构也被他称为"种族社会"——大家不要将其望文生义地理解为"种族主义的社会"）。他写道：

> 然而，由于一些人力不可控的因素，大多数国家只要达到某种最起码的统一性之后，就会开始分裂。这一点是没有例外的。与之类似，国家一旦发生分解就会开始重建自身，但只要其一开始巩固其权力就会开始分解自身。国家分裂的趋向又是受到权力自身荣衰之驱动的……换言之，国家存在的理由，乃是其巩固权力、维护统一的能力——与此同时，这一点同样也是适用于种族社会的。国家在巩固权力方面所取得的成就，并没有使来源于国家的种族性根源的横向分裂倾向得到遏制。而那使种族社会之上的国家得以维持其统一性的唯一措施，便是去限制那些来自诸种族社会的威胁——而要做到这一点，除了在国家之上再设置一个更高级的控制力之外，别无办法。[19]

上述引文中提到的"国家之上的更高级的控制力",便是田边所描述的"共荣圈"。尽管田边没有明说,但结合其发表相关文本的历史背景,它显然指的是近卫文麿所试图建立的、由日本领导的泛亚太地区的"大东亚共荣圈"[20]。很明显,按照上述引文所给出的理路,该国家联盟中的各个国家之间的关系不可能是彻底平等的,否则,所谓的"国家之上的更高级的控制力"也就会变得无所依托。这种理论意蕴自然就为日本在"共荣圈"中的所谓"领导地位"的"合法性"提供了理论依据。然而,就像在国家层面上田边曾允许横向的平等关系依托某种受限的民主制度而存在一样,在他设计的"共荣圈"中,他亦允许"圈"中的较为"后进"的成员在某种程度上享受与更为"先进"的成员(这当然暗指日本)类似的平等地位——不过,这种新层面上的"横向关系"依然只能在整个"共荣圈"的结构中占据辅助地位,而这种地位显然是无法抵消"共荣圈领导者"的纵向支配地位的。

撇开田边上述所论的"政治不正确性"不谈,仅就哲学来说,我认为田边在这一段时间内的思考成果是缺乏深度的。原本意义上的田边的"类"的概念是自带一种超越特定国家与种族的跨文明气质的,而在"共荣圈"的逻辑中,"类"的概念则被局限到了民族国家以及民族国家联盟的狭小范围之内。同时,对"类"的边界进行探索的主体,也从个体被偷换为了国家,这就使得整个基于"类"的自由主义叙述被全面边缘化了。因此,被如此改造过的田边哲学,仅仅成为黑格尔的国家学说的一种拙劣的模仿,纯然没有考虑到后黑格尔时代的思想家（特别是克尔凯郭尔与马克思）对于这一陈腐体系的批判，甚至连黑格尔哲学本有的自由主义因素也被阉割了。从常理上说，一位优秀思想家的思维水平在这么短的时间内就发生如此全面的退化，乃是非常难以理解的。或许田边本人在1946年发表的《忏悔道哲学》中的一段声明，可以为他战时言论的荒腔走板进行一番勉强的解释。[21] 在这段文字中，田边特别强调了他本人所经历的战时精神分裂（这种分裂的哲学意义即"种"与"类"之间的分裂）：一方面，作为一个日本人，他觉得有不可抗拒的国民义务使得他利用自己的哲学专长为日本政府服务；另一方面，作为一个哲学家（而不仅仅是日本的哲学家），他也忍不住会去琢磨那些会在战时使得他遭受"叛国"罪名之指控的想法——如何消除日本民族与世界其他民族之间的纷争，以便真正拥抱世界和平的到来？不过，战时严厉的言论管制让田边的后一种思考根本得不到发表的机会——直到日本战败后的1946年，情况才发生了戏剧性的变化。[22] 在这一年，他发表了他的后期思想名著《忏悔道哲学》。

"忏悔道哲学"与生死辩证法

既然说到"忏悔道哲学"，我们首先就要解释一下"忏悔道"这个田边自创的术语的含义。这个术语的英文表达是"metanoetics"（此英译由田边的大弟子武内义范确定），其字面含义是对理性批判的前提进行某种超越理性层面的反思。当然，这个词本身的基督教含义也在暗示我们：就像教徒进行忏悔的时候要对超越性的力量保持绝对的谦卑一样，一种具有忏悔道精神的哲学也要对理性的能力的界限有着清楚的意识（顺便说一句，田边哲学的宗教底色虽然是大乘佛教，但他也试图将基督教的某些资源整合到他的思想体系之中）。我想用改编自三田纪房同名漫画的日本电影《阿基米德大作战》的剧情来为这一思想进行更具象化的解说。

在这部电影中，被称为"日本阿基米德"的天才数学家櫂直本该赴美进修，却被时为日本海军内部的"航母派"的代表山本五十六苦劝留下。山本欺骗他说，他可以利用他的数学才能证明海军试图建造的大和号战列舰预算超标，由此使得整艘军舰的预算案无法通过国会审核，以此来阻止战争的爆发。厌恶战争的櫂直接受了山本的邀请。他在没有获得大和号技术参数的情况下通过惊人的估算能力算出了此舰的实际预算值，顺利完成任务。然而，他不知道的是，山本利用他的真正目的是获取更多的预算去制造更有技术前途的航母，因此，他的辛勤工作最终并未阻止战争的爆发。

在櫂直的悲剧中我们看到了理性思维的某种限制。櫂直具有天才般的数学才能，这使他能洞察军方所制定的虚假预算案的所有破绽。同时，他也具备某种人类基本的道义良心，具备朴素的反战思想。但是，他对人性的邪恶缺乏足够的意识，妄想用一个数学家的真诚来应对整个日本军部的集体作恶。这部电影最终带给观众一种压抑的气氛，让我们看到个体的理性与善良在巨大的历史洪流面前的高度脆弱性。

而"忏悔道"的概念要向大家揭示的，恰恰就是个体的理智努力与道德觉悟的巨大局限。换言之，"忏悔道"所要"忏悔"的对象乃是个体对于"自力"的执着，而"忏悔"的目的则是让个体意识到"他力"对于自我救赎的不可替代的意义。

"自力"与"他力"的区分来自大乘佛教的净土宗思想，前者强调的是修道过程中本人的修行所起到的作用，后者则是指个体修行者从佛陀那里获得的借力。在哲学讨论中借用这些宗教的说法或许会让读者摸不着头脑，现在我就尝试用非宗教的方式对田边想表达的意思进行一番转述。概而言之，一个相信自力的人会像榉直那样主要借助自己的力量与邪恶势力做斗争——这种斗争虽然很悲壮，但多少也带有一种堂吉诃德式的滑稽。至于田边所倡导的对于他力的依赖，并不是对于"借助于自力"这一做法的简单的否定，而是鼓励我们换个角度去看问题，即意识到任何一种自力背后都有一种他力在默默起效。譬如，当一个数学家意识到他的数学才能是几个世纪以来数学界的集体努力的历史成果的时候，他就会将他的才能视为某种"他力"的个体化，并由此克制自己理智的傲慢，意识到自己努力的边界究竟是什么。显然，假若榉直能够顺着这种"借助他力"的思路而意识到自身理性能力的局限，他本该抵制住山本五十六的诱惑，坚定地执行自己原本制定好

的出国进修的计划。倘若他以后有机会将其数学才能贡献
给反法西斯阵营的话（正如奥本海默与冯·诺依曼所做的
那样），那么，在正确的"他力"所提供的正确的平台上，
他反而能对快速结束战争、解放日本人民做出更大的贡
献。从这个角度看，田边对于"他力"的强调并不是要
鼓励个体放弃努力，彻底"躺平"，而是要强调大家在一
种"无我"的谦逊心态中看待自己努力的价值，将自己视
为某种更强大力量的一分子。

不过，"将自己视为某种更为强大的力量的一分子"
也是一种充满危险的说法，因为军国主义者也可以利用这
套说辞，将个体绑架到军国主义的战车之上，让其成为随
时可以被牺牲的炮灰。在这里，"种的逻辑"所自有的"个
体—种—类"的三分法将重新起到为军国主义思维进行解
毒的作用。也就是说，他力的思维指向的是"类"，而不
是"种"（国家本身也仅仅只能处在"种"的层面上），因此，
个体必须通过与作为"绝对无"的"类"的关涉而祛除对
于个体或者个体所从属的民族国家的立场的执着。这种
与"类"的关涉的具体情感通道便是悲悯与爱：具体而言，
通过对于人类其他成员处境的悲悯与爱，个体甚至能够战
胜对于生死对立的恐惧，最终意识到人类整体之长存的恒
久意义。或用田边自己的话来说：

> 当个体转变成了某种中介者，以便完成了那种旨
> 在抛弃了生死对立的绝对转变之后，个体就自然转换
> 成为了"大悲行"的见证者。这也便是为何我们将忏

悔道的核心说成是对于"大非即大悲"或"无即爱"这一点的意识的理由。由此，自我也从由其自身之决定所导致的死亡中得到了复活，并由此将自身抬高到一种超越生死的新生命的水准上，或者说，是一种"死中之生"。……也正是在这种情况下，基于绝对无的大悲行便通过自身的超越性力量而使相对性的自我得到复活，而且，这种大悲行也就由此实现了其作为绝对媒介的特性：它使得那些具有相对性与依赖性的存在者成为了某种"方便法门"，以便实现其自身的"大非"所起到的作用；与此同时，它又使得个体的相对存在能够成为一种为绝对的他力的中介者而服务的某种"他者"。[23]

在上述引文中，田边明确提到了死亡。死亡的哲学意义便是对于个体的存在的最极端的否定，但假若个体死亡本身是为了维持人类整体之存在，这种死亡便是新生。显然，对于这样的死亡叙事的恰当注解，就不可能是那些单纯为特定的民族国家而牺牲的个体（如二战中日本神风特攻队的队员），而应当是那种为了全人类的利益而牺牲的个体——而且，其穿越民族国家之藩篱的动作幅度越大，其为"类"而死的意蕴也更明显。从逻辑上看，这种面向"类"的叙事架构在逻辑上就是反对民族国家之间的战争的，因为旨在维护特定民族国家利益的战争将不可避免地阻止个体进行跨越民族国家藩篱的大幅度运动。

在 1950 年代，田边又在新的历史语境下重新展开了

他的这种死亡叙事。该历史语境由三个要素构成：第一，
广岛与长崎所遭到的原子弹轰炸给全体日本人留下的惨
痛记忆依然新鲜；第二，1954年3月日本渔船"第五福
龙丸"号遭受美国在比基尼群岛引爆的氢弹的波及，船上
的无线电通讯员久保山爱吉不幸身亡（此人也成为了人类
历史上第一个被氢弹杀死的人），此事所引发的全日本的
舆论海啸最终导致1955年世界反核大会在广岛的召开；
第三，田边元在德国的老师海德格尔在战后也展开了对于
以核技术为典型代表的现代技术的严厉批判。在献给海德
格尔70岁大寿的论文《一种生的本体论，抑或一种死的
辩证法？》中，田边写道：

> 原子时代可以说就是"死之时代"。我们不得不说，
> 现在我们已经看到了那种以"生"为核心，并以对于
> 现代科技之万能伟力的积极信仰为基点的现代生活的
> 终结。然而，只要作为科技之温床的生活的目的论结
> 构保持着其观念论立场，那么，这种目的论结构就不
> 可能做到为了逃避死亡而将科技给控制住……不过，
> 即使核子大战真爆发了，大多数人类物种的成员也都
> 因此死亡了，总还是有一小部分人可能逃脱死亡并活
> 下来的。在这种情况下，我们就不能说下述情况是不
> 可能发生的：一小部分人的经由他们的菩萨行为而意
> 识到前面我所言及的全人类的协同联合的积极意义。
> 当然，这不是说我们要肯定经由核战而进行的种族灭
> 绝——我们当然要不懈地努力，以杜绝战争。但关于

这样的反战努力是否会带来实效，既无担保亦无承诺。只要在面对人类的种种矛盾时，人们还是要为了保存目的论的理想主义而去重申主观观念论的思想，那么，人类解放的希望就不存在——除非经由对于存在性协同的爱而使这一切得到改观。通过这种爱，人类整体作为一个统一的物种得到新生，也不会成为不可能之事了。我们如果真要实现这些希望，那么就只有先经历一种菩萨式的死亡—复活的辩证法。[24]

在核战威胁的阴影下，田边在这段文字里赋予了其生死辩证法以新的含义。他以悲凉的笔调提到人类中的大多数在核战中死亡的可能性——但他同时认为这是幸存的人意识到人类的"类"之意义的宝贵契机。这种貌似肯定核战的某些积极效果的言论固然会让人惊讶，但若将其放置到"忏悔道哲学"的"他力"说之背景中来看待，其理路依然是可以理解的：正是因为"他力"的神秘性，所以个体是无法预知"他力"向个体展现历史真理的确切方式的。以核战争为代表的技术灾难在这里就扮演了一种基于"他力"的"天启"的作用，以使得那些不期而遇的灾难能够像"上帝之鞭"那样狠狠抽打人类骄傲的自尊——而这种自尊的学术名称，便是上段引文里面提到的"基于目的论的主观观念论"，或换言之，对于"自力"的迷信。从这个角度看，生死辩证法的展开本身就需要灾难的发生作为媒介，即通过真实发生的死亡（而不是斯多葛派哲学家心心念念的心理层面上的"练习死亡"）而获得新生。

田边的这种主张显然不是西方主流知识分子所主张的和平主义论调，因为田边在积极呼吁止战的同时，也充分意识到了促使战争（或类似切尔诺贝利核泄漏这样的技术灾难）爆发的客观历史力量的不可阻挡。因此，他的学说就带有一种难以排解的宿命论悲观情绪。不过，他的主张更不是国家主义性质的，因为他清楚地意识到核战的毁灭性后果会消灭既有民族国家的现存形态，并让幸存的人迅速抛弃对于民族国家的执着。由此，核战所带来的死亡叙事就构成了某种复杂的"双重打击效果"：此论既打击了肤浅的和平主义者对于善良的道德愿望的高估，也打击了国家主义者基于民族国家所掌握的核力量的"民族骄傲"。

然而，也正是因为田边的死亡叙事过于"另类"——比如，他竟然直截了当地谈到了人类人口中的大多数迅速死亡的可能性——这种叙事方式就会带给人们一种"田边不珍惜个体生命"的片面观感。而这种观感若与军国主义对于个体生命的蔑视产生共振，则会很容易让田边的生死辩证法在其他语境中构成军国主义化发展方向。为了让读者更清楚地意识到这种风险，我想再引用田边元在1939年发表的一段曾引发重大争议的言论，以便与其在战后发表的上述两段引文进行对比：

> 个体只有通过其为了国家的自我否定与自我牺牲，才能获得一种肯定性的存在。这种牺牲并不仅仅是为了另外一个人的利益，因为那个自我所为之牺牲的国家才真正包含了自我的生命资源。毋宁说，为国

牺牲乃是一种自我转向更真实自我的过程。这样一来，自我否定就转向了肯定，而那个与自我对抗的整体又反过来将自己与自我联合到一起了。而在为国家服务、服从命令的过程中，那种关于自主性自由的伦理学非但没有消除自我，相反，还使得真实的自我成为可能……[25]

很明显，在上述引文中，田边通过强行禁止对于民族国家的地位的批判而将民族国家自身强行改造为了"绝对无"的替代者，从而将国家视为个体牺牲所为之服务的对象。不过，这种改造毋宁说是一种哲学上的僭越——田边错误地将有限的存在者（民族国家）与无限的"绝对无"混为一谈。用他战后形成的"忏悔道哲学"的话语来说，这种做法在本质上依然高估了有限的理性主体（包括国家主体）的能力限度，并由此放弃了对于此类主体自身的理性得以形成的边界条件的终极反思。因此，这种叙事方式完全忽略了特定之民族国家之"自力"之外的"他力"所构成的历史语境。不过，这样的哲学错误并非不可修复，因为田边的"种的逻辑"本身就包含着扬弃民族国家之同一性的辩证资源，而"忏悔道哲学"只是对于上述哲学资源的全面发扬罢了。同时，核武器的出现，也为动摇田边曾经持有的对于民族国家的执念提供了说服力极强的新技术语境。从这个角度看，田边本人虽然必须对其战时发表的国家主义言论负起责任，但这些言论所带来的污点毕竟不是他的哲学思想的本质部分。可以说，田边哲学的核心思想依然包含着一种非常宝贵的（但同时也是"非主流"的）人道主义资源，非常值得后人深挖。

田边哲学的人道主义内涵

人道主义是几乎所有版本的反战主义思想的题中应有之义，但不同版本的人道主义的核心命意却彼此不同。西方主流的人道主义思想建立在对于个体的实体性地位的肯定之上——换言之，按照这种思想模式，每个人都被视为一个自足的从事理性思考与道德判断的个体。而所谓的"启蒙"的意蕴，便是让每个人都意识到自己理性能力的这种潜在的自足性，并将这种潜在性转换为真正的现实——而任何一种阻止个体发挥其理性潜能的力量，则会被视为"蒙昧力量"。然而，这种西方主流人道主义叙事的主要问题，便是无法消化我们在社会学与进化论中发现的那些基本事实：人类个体在生物学与心理学意义上的脆弱性，令其根本无法脱离别的社会成员的帮助而单独存活。因此，人类的个体的生存论结构就应当不是一个经典自由主义者所描述的"自足的理性主体的联合"，而本就应当是某种每个单元均彼此嵌套的复杂蜂巢。意识到这一矛盾的黑格尔采用了一种机智的说法来调和启蒙主义的思想成果与人的社会本性之间的冲突——在他看来，人类社会进化的方向便是为在社会中的个体彼此承认提供可能——换言之，这种理想的社会将既承认个体的独立性，又试图通过彼此的联结来构成社会整体的有机性。

田边的思路则与之不同。在他的模型中，一开始就未预设个体的自主性，换言之，个体必须通过服从于"种"与"类"而完成对于自足性的双重否定。由于否定性本身就是田边式辩证逻辑的基本动力，所以，他的整个哲学体系最终只能止步于不可言说的"绝对无"，而不是绝对的肯定。这种阶梯式的否定最终不会导向任何对于人性本质的正面阐述，而只能诉诸个体在面向"类"的探索时所自动呈现出来的各种人类学图景的细节。因此，与其说田边式人道主义的本质乃是对于人的本质的确定，还不如说是对任何关于人的本质的片面化观点的不断否定。

而以否定自我为特征的田边学说又能为改善我们这个世界的道德处境做出怎样的正面贡献呢？在我看来，田边学说的价值在于破除每个文明体自身的执念，意识到在文明之间的接触过程中自己的立场所可能具有的褊狭之处，由此破除基于特定文明之视角的民族骄傲。需要注意的是，在二次大战中，德、意、日三国法西斯都通过对于自身文明历史的重新塑造而全面夸张了本民族在世界历史中的地位，刺激了相关国家国民的虚骄之气。而即使在这种历史骄傲缺场的情况下，西方主流的人道主义文明的实体主义思维也会使得相关的执思者想当然地认为，自身所秉持的启蒙主义人道观天然地普适于任何文明，由此失去了向别的文明学习的精神动力。而这种态度又会引发一种更深层次的傲慢态度（以及对立面文明体所产生的逆反心理），并由此为某些军事冲突的爆发埋下心理诱因。

不过，田边的人道主义的反实体主义意蕴，并不意味着他是一个"宽容一切"的文化相对主义者。他对于悲悯与爱的强调，足以说明有一些重要的情感是能够贯穿于人类各个文明的——只是对于这些情感的实体主义描述往往会重新褫夺"类"的真相罢了。这里需要注意的是，悲悯与爱本身就意味着一种对于自身之局限性的意识，因为对于悲悯与爱的对象的聚焦本身就意味着某种忘我。此外，与基于实体主义思维的跨文明道德批判行为相比，这种基于忘我的同情感往往会带来非常不同的心理体验与行为模式。譬如，当一个充满道德骄傲的西方人看到某国政府禁止女性上大学的新闻后，他或许首先会为自己没有生活在那个国家而感到"小确幸"，并在确定自己的安全处境的情况下对这个国家的境况发表居高临下的道德批判（显然，这种批判的前提便是批判主体与批判客体的分裂）；不过，假若他经受过田边哲学思想的洗礼的话，他首先感受到的应该是某种深深的怜悯，并意识到发生此类事件的国家其实离自己所在的国家并不遥远。由此，他或许能深切感受到那些不幸的女性所遭受的现实威胁，而不会急于为了体现自己的道德优越感而去发表某些刺激性的言论。从这个角度看，貌似抽象的田边哲学，其实是具有促进文明对话并由此降低冲突之可能性的巨大实践价值的。

第三章

三木清

政治变色龙的"构想力"

图-7 三木清手绘像

三木清何许人也？

　　三木清（Miki Kiyoshi，1897—1945）是京都学派诸位哲学家中政治身份最为暧昧的一位。他是兵库县揖保郡平井村生人（此地现归龙野市，今天龙野市的白鹭山公园还有三木清纪念碑）。三木虽是农民出身，却天资聪慧，后考入京都大学。他在大学读书时曾得到过西田几多郎与田边元的学术提点，并在1922年获得远赴德国进修哲学的机会，游学的赞助人是日本著名出版机构岩波书店的大当家岩波茂雄。在德国海德堡大学进修时，他参加了新康德主义大师李凯尔特（Heinrich John Rickert，1863—1936）的讨论课，在那里，他还成为海德堡大学历史上第一位有能力用德语发表学术报告的日本学生。此后他转到马堡大学跟着海德格尔学起了现象学，并与海德格尔的犹太裔助手洛维特（Karl Löwith，1897—1973）成为学术好友（顺便说一句，同样结识洛维特的另一位京都学派哲学家九鬼周造日后曾积极帮助洛维特赴日研究，以此躲避欧洲的反犹运动）。此刻他也开始研究尼采、克尔凯郭尔与帕斯卡的思想，并一度在巴黎小住，还顺便掌握了法语日常会话。在归国后的1926年，三木清发表了处女作《与帕斯卡有关的人类研究》[1]——这本书采用海德格尔式现象学的分析方法，亦被视为用日文写作现象学—存在主义著作的开山之作。1927年，他在法政大学获得教职，并在那里开始系统接触马克思主义。1933年希特勒上台，三木清开始系统抨击德国纳粹的种族主义理论，甚至还公开批评他曾经的老师海德格尔当时的亲纳粹行为。
而他在此期间与日本共产党的秘密联络也引起了日本秘
密警察的关注。1930年，他因资助当时处于非法地位的
日本共产党，被当局判入狱四个月。出狱后，他继续从
事理论耕耘，在马克思主义、现象学、存在主义、诠释学、
亚里士多德哲学等多个领域发表作品，可谓"长袖善舞"
的哲学全才。同时，基于扎实的西方哲学功底，他对于
马克思主义的解读亦大大提高了日语世界马克思主义研
究的天花板。

　　读到这里，不了解三木清生平全貌的读者或许会觉
得，三木真是一个才华横溢的左翼思想家呀！但这话并不
全对。三木的才情固然让人惊叹，但他的"左翼"成色却
非常可疑。现在就让我们来看看三木清的另一面："昭和
研究会"的成员。

　　成立于1933年，并于1940年解散的"昭和研究会"
是曾三次出任首相的日本政客近卫文麿的私人智库，具体
负责人是近卫的私人军师后藤隆之助。该组织的职能是笼
络各界知识分子，讨论当时日本所面对的经济、政治、军
事、社会、工农业与文化问题，最终形成意见以供近卫本
人参考。1938年，三木清也进入"昭和研究会"的文化
研究部门，一度还很活跃。次年初，他发表了日后引发巨
大政治争议的宣言《新日本的思想原理》[2]，为日本军国
主义在中国的侵略行动进行哲学辩护。三木写道：

　　　　从空间角度看，支那事变[3]的世界历史意义乃是

通过对于东亚的统一而使得整个世界的统一成为可
能……从时间上看，支那事变的意义乃是让资本主义
的扩张得到终结……而在这些时间问题与空间问题之
间亦有大量的相互作用，因此，除非资本主义的问题
得到解决，东亚的真实的统一就不可能真正实现……[4]

　　这段文字或许会让读者感到震惊。日本军国主义的侵
略目的，难道不正是为日本资本主义的扩张提供海外的原
料基地与市场吗？这种侵略怎么能被说成是为了终结资
本主义呢？三木所接受的左翼思潮，怎么可以通过这样一
种牵强的方式与军国主义思潮结合在一起呢？

　　更让人惊讶的事情还在后面。三木的这些在中国人看
来纯属信口雌黄的表态，竟然没有让他成为日本军部心目
中真正的"自己人"！ 1941 年 10 月，对侵华战争爆发
负有不可推卸的政治责任的近卫文麿被更加疯狂的东条
英机夺去了首相宝座，从此，日本这台失控的巨型战车就
开始朝着发动太平洋战争的方向全面加速。而失去近卫势
力保护的三木清因其左翼底色重新成为日本秘密警察盯
梢的对象。他被日本陆军征兵，发配到日占菲律宾的军方
宣传小队（这是日本军部对于不听话的文人的一种惯用的
惩罚手段），由此失去了像田边元那样成为海军智库成员
的机会。1945 年 3 月，他人生第二次——也是最后一次——
入狱，罪名是资助逃出监狱的左翼思想家高仓辉（1891—
1986）。三木清虽然熬到了战争结束，却因肾病而在 1945
年 9 月 26 日死于狱中（由此可窥见他人生最后几年物质

待遇之差）。至于得到他帮助的高仓则安全活到了战后，并以日本共产党员的身份于1946年被选为众议院议员，又在1950年当选参议院议员（尽管这一当选马上因为基于反共立场的美国军事占领当局的干涉而变得无效）。

三木的悲情之死让他在战后收获了大量的同情，而他临死前的政治选择又反过来促使人们反思他在"昭和研究会"时期所发表的言论的真意。那么，三木清真实的政治面目究竟如何呢？他究竟是日本共产党的朋友，还是日本军国主义的朋友呢？对此，我并不想给出一个简单的回答，因为事情本身的复杂程度可能已经超过了任何"非此即彼"的二元化表述之表达力的上限。毋宁说，三木的左翼思想倾向与他对于军国主义的辩护可能是同样真实的（尽管肯定不是同样正确的），而他对于这两种思想的嫁接则是通过他所提出的一个叫"构想力的逻辑"的哲学框架。因此，不理解三木的"构想力的逻辑"，我们就很难理解他在战时做出的复杂政治选择背后的动因。

不过，正如我们在讨论田边元的"种的逻辑"时指出的，一个哲学家特定的政治立场未必是从他的基本哲学立场中推导出来的，而很可能是该哲学立场与哲学家本人的"思想私货"产生化学反应后的特殊产物。同样的道理，三木的"构想力的逻辑"也未必会先验地推出拥护军国主义的具体政治立场，而三木本人在这两者之间的嫁接或许也是特定历史条件下的某种权宜做法。这一判断当然并不是为了推卸三木本人应当承担的政治责任，而是试图在哲学体系自身的意蕴与哲学家对于该体系的政治运用之间划出一条界限来。

下面我们就来讨论三木的"构想力的逻辑"。

"构想力的逻辑"概述

1939 年，三木清出版了其哲学代表作《构想力的逻辑：第一部分》(『構想力の論理 第一』)，而该书的第二卷要到 1948 年才以遗稿的方式出版。[5] 顾名思义，这是一本以构想力为主题的哲学著作。读者或许会问：构想力难道不是心理学的话题吗？这个话题的哲学意义又是什么呢？

对康德哲学有所了解的读者或许知道，构想力——或者也可以被勉强翻译为"想象力"——可是一个四两拨千斤的哲学问题。[6] 康德知识论的基本观点便是预设了知性与感性之间的区分：前者类似我们做月饼时候的模具，后者则类似被镶嵌到模具里的馅料，二者要互相配合才能构成完整的月饼（在此指知识）。不过，康德的麻烦也来了：知识的形式与质料既然是彼此异质的，又怎么可能毫无瑕疵地结合在一起呢？所以，他就需要某些中介来协调二者的关系。而且，这个中介必须既像知性范畴那样具有初步的形式，也能像感性材料那样可以在时空中延展。康德最终找到的这位"月下红娘"便是"想象力"。换言之，感性材料需要想象力的预加工，才能向知性的形式输送。

若读者觉得上述说法还是过于抽象的话，我就拿教育心理学中的案例来做说明。一个老师如果要向一个幼童展示简单的加减法，那么，他就需要在幼儿质朴的心智与抽象的数学符号之间找到某些中介。这一中介便是类似积木这样的教具——换言之，积木彼此累加的图景既是感性的，又能为更加抽象的符号运算提供雏形。而在经过一段时间的算术训练后，积木叠加的图景就能内化为一种内在想象的对象——而我们之所以有时候会说"某些天文数字是难以想象的"，恰恰也是因为日常生活中想象力的练习一般不会触及这些大数。

不过，康德以想象力为知性与感情搭桥的做法毕竟是"分而后合"，还是有"亡羊补牢"之嫌。更彻底的做法是将想象力视为知性与感性的共通根据，重构康德的知识论体系。而这一努力在海德格尔的名著《康德与形而上学疑难》[7]中得到了初步展现。与之相较，三木清则试图进一步凸显想象力——或者用他的术语来说，即"构想力"——的基础地位。他在《构想力的逻辑》中写道：

> 在构想力中，知性成分是与感性成分结合在一起的。根据里博（Théodule-Armand Ribot）[8]所言，构想力总是包含知性要素和感性要素，是两者的内在的统一。在构想力自身之中，包含着内在性且生成性的知性的要素，在这一点上，构想力是同感情有别的。因此，构想力的哲学，既非单纯的理性主义，也非单纯的非理性主义。构想力的逻辑，与其说是感情的逻辑，毋宁说是形象的逻辑。形象是动态发展之存在。构想力的逻辑并非静态的逻辑。之所以说"形象是

动态的发展", 是因为它本就是通过综合感情与知性、
主观与客观而生成的东西。[9]

对上述引文也可以结合三木在 1939 年发表的一篇叫
"历史的理性" 的演讲来解读（顺便说一句, 他进行这次
演讲的历史背景乃是从 1939 年初夏绵延到当年秋天的苏
日诺门罕战役）。[10] 三木在这篇演讲中批评了那种黑格尔
式的唯心主义历史哲学的理论: 具体而言, 黑格尔将个体
视为世界理性展开自身时所使用的工具或者木偶, 却全然
忽略了个体的意志、热情与欲望在历史发展中所扮演的角
色。在历史中真正起作用的毕竟是那些具身化的、能够实
施行动的个体, 因此, 黑格尔的历史模型只能说是一个完
全离地空转的车轮。但是, 尽管三木通过对黑格尔的批判
进一步拉近了与尼采式的唯意志主义的距离, 他还是对意
志之外的逻辑因素在文化建设中所起到的作用予以肯定。
他提到了西方文化中两大要素之间的隐秘联系: 其一乃
是 "逻各斯"（希腊文 "λόγος", 日语假名写法 "ロゴス",
意思是 "理论思维力", 亦与语言有关）; 其二则是 "帕索
斯"（希腊文 "πάθος", 日语假名写法 "パトス", 意思是
"情绪感染力"）。为了兼收 "逻各斯" 与 "帕索斯" 之
美, 他的路径就是诉诸 "构想力" 这个概念。构想力一方
面当然是带有情绪性的, 但并非与语言以及逻辑无关（譬
如, 作家的构想力就显然是在特定语言逻辑的约束下进行
的）。此外, 构想力的 "造像能力" 亦使得被造出的 "像"
超越个体的层面, 成为集体行动的黏合剂（譬如, 一个人

的梦想在某些历史机缘下能成为一个民族的梦想）——这就使得一种基于构想力的哲学可以自然地衍生出社会哲学与政治哲学的维度。这种基于构想力的哲学甚至还具有科学哲学的维度，因为很多天才的科学理论恰恰是在构想力的推动下产生的（如门捷列夫在梦中对于元素周期表的构想，以及凯库勒在梦中对于苯环的构想，等等）。

这里需要注意的是，在三木的思想发展过程中，原本构成“逻各斯”与“帕索斯”之共通根源的概念并不是“构想力”，而是借鉴自西田几多郎的“纯粹经验”的“基础经验”概念。不过，受到马克思主义影响的三木一开始就试图在一个更为接近历史唯物主义的向度上理解“基础经验”，而相关的思想探索的时间大约是在 1928 年。[11] 对于三木与西田各自的“经验”观，独立学者斯庄巴克（Dennis Stromback）曾做出过一番非常仔细的比较[12]，对我的启发也很大。结合他的研究成果，我做出如下判断：三木的“基础经验”概念乃是对西田“纯粹经验”概念进行马克思主义化后的产物——而随着时间的推移，为了进一步彰显自己的思想与西田之间的差异，他放弃了“基础经验”这个提法，开始使用“构想力”这个更新的概念。因此，弄清楚西田与三木各自的“经验”观的差异，能够为我们打开一扇窗户，以便理解三木的“构想力”概念与马克思主义之间的渊源，并进而理解三木思想左翼特征的哲学基础。

现在先让我们来回顾一下西田的“纯粹经验”。概言之，这是一种在禅宗式的冥想练习中达到“物我两忘”的特殊精神境界。而西田在成熟期形成的"场所逻辑",则是对这种"纯粹经验"的逻辑特征的补充性描述。需要注意的是,与三木的"构想力"概念一样,西田的"纯粹经验"亦含有统摄主—客对立——甚至是"逻各斯"与"帕索斯"之对立——的意蕴(具体而言,其"逻各斯"的一面体现为"场所逻辑",而其"帕索斯"的一面则体现为其与禅宗式的宗教审美体验之间的密切关联)。因此,与扮演同样功能的三木的"基础经验"或"构想力"概念相比,西田的这个概念可谓是个恼人的理论竞争对手。

而三木与该理论对手竞争的方式倒也并不复杂——他直接亮出了他心目中的"纯粹经验"的阶级属性,发明了一个叫"无产者的基础经验"(**無産者的基礎経験**)的新表达:

> 使无产者的基础经验的构造从根本上得到规定的,便是劳动(さて無産者の基礎経験の構造を根源的に規定するものは労働である)。无产者通过特定的交互方式,即感性的存在,同存在进行交涉。在这时候,如若劳动要维持其本质,那么那些劳动者所持有并与之共同劳作的东西就不能是像"物在心中之映像"这般观念性的东西。在其存在之中,实践本质地必然地要求:实践对象乃是同进行实践者不同的独立的存在。[13]

三木在此所说的"经验"并非禅宗高僧在茶室里获致

的那种与现实隔绝的神秘宗教体验，而是直接来自普通劳动者挥汗如雨的乡间与车间。由此，两个重要因素进入三木的"基本经验"概念的统摄范围：（甲）具身性——是作为劳动者身体之一部分的双手与相关劳动工具的实际运作，才使得主观的意识与外部物质世界达到统一；（乙）特定的社会建制——正因为现代工业条件下的劳动肯定是在复杂的社会分工模式下进行的，所以，劳动者所产生的基础经验内容就不可能不打上具体历史条件的深刻烙印。而这两项要素都是西田的"纯粹经验"概念所缺乏的，却又分别对应三木本人心心念念的"帕索斯"与"逻各斯"（身体天然与情绪相关联，而任何分工形式亦天然具有一种内嵌的分工逻辑）。

由于三木的"经验"观与马克思主义的"实践"观之间的共鸣，三木哲学与历史唯物论也分享了下述洞见：劳动主体在实践活动中确定了实践对象的客观存在，并由此使得费希特式的主观观念论露出破绽。三木写道：

> 在其存在之中，实践本质地必然地要求：实践对象乃是同实践者不同的独立的存在。正是因为如此，即使是最彻底的观念论者费希特都认为，自我为了展现其自身"实践性的"本质，也必须去要求不是自我的东西来充当自己必须克服的"阻力"，从而自我就必然地到达对"非我"的确立。毋宁说，费希特正是从自我实践的根本规定出发，对感觉——也由此对感性的世界——进行了演绎。只要人类在进行实践性的

交涉，那么他所涉及的存在，就不可能在其存在之中成为空无的影子。不过，对费希特而言，实践自始至终都是一种智性的活动，由此，他也就有理由认为，作为"自我"自身的阻力而被确立起来的"非我"，也并不会更进一步地失去其观念性的特征。与此相反，对于我们而言，由于作为劳动的实践其自身就是人类的感性活动，在如上所述的交涉方式之中彰显其存在性的存在，最终必会是独立的，成为感性的、物质性的存在。劳动使所有的观念论都成为了不可能。费尔巴哈说，"观念论的根本缺陷，在于它单单只是从理论的立场出发，却提出了并试图解决与下述议题相关的问题：世界是客观的还是主观的？是具有实在性抑或不具有实在性？——然而，实际上，由于世界就是与那个同存在和万事万物相对的意志的客体，它从来就一直都是知性的客体"。"心之外的世界是否实在？""这一世界是感性的还是物质的？"这些思辨性的问题，对于在劳动中同存在进行交涉的人而言，根本不会成为一个问题，而仅仅只是一个在原始的事实之中就能得到解决的事情。[14]

不过，带有"实践哲学"特征的三木哲学与带有"意识哲学"特征的西田哲学之间的距离也不能被无限扩大。与西田哲学的意识哲学特征相一致，三木也特别看重劳动者作为历史主体的情绪与欲望对于其身体的支配作用——换言之，在三木的语境中，身体不是作为生理学研究的客观对象出现的，而是作为一种精神力量的"帕索斯"的实现者而出现的。因此，如果身体的运作与个体的激情、冲动、希望、恐惧无关，就无法在三木的思想体系中占据任何位置。这亦使得三木心目中的马克思主义叙述模式与主流马克思主义的"经济决定论"叙述方式有所差别——我们知道，在后一种叙述方式中，对于个体劳动者的欲望的分析是处在一个非常边缘的位置的，因为该叙述的重点毕竟是对于整个社会的政治—经济动力学结构的分析。这对三木来说，既是一个好消息，又是一个坏消息。好消息是：三木的这种基于个体能动性的马克思主义解释，其实呼应了西方马克思主义者基于对马克思《1844 年经济学哲学手稿》的解读而形成的新马克思主义观，而这一点亦足以说明三木本人已经赶上了当时国际马克思主义研究的最前沿潮流；而坏消息是：三木对于主流政治经济学研究的忽视，为其陷入为军国主义辩护的泥潭预埋下了思想伏笔，这点稍后再作解释。

在三木将自己的核心哲学概念从"基础经验"转向"构想力"之后，两个新的因素也进入了他的理论视野：其一是基于神话的特定民族国家的历史，其二则是模仿的力量。先来看第一个要素。为了理解"构想力"与特定民族历史之间的关联，我想请大家先思考一下美国学者本尼迪克特·安德森（Benedict Anderson）在其名著《想象的共同体——民族主义的起源与散布》[15] 中所提出的观点。安德森指出，即使是一个很小的民族国家，如果没有集体想象力的参与，便无法在观念上成型——举例来说，尽管一个生活在北海道札幌的日本拉面师傅可能一辈子都没有见过住在福岛县的日本渔民，但他依然会在观念上将一个住在福岛县的不知名的日本渔民视为他的同胞。而他之所以能够这么做，是因为他已经接受了"日本之为日本"的集体想象。从某种意义上说，安德森的这一思想已经被三木所预报，而其具体的预报形式则是三木对于神话问题的讨论。

显然，神话所提供的想象，为民族国家的形成提供了重要的支点。具体到日本这个特殊的国家案例上，《日本书纪》对于"天御中主尊""可美苇牙彦舅尊"等神之神谱的描述就对统一日本国民的民族意识起到了莫大的作用。而在一个更抽象的理论层面上，三木清楚地意识到神话的各种副产品——如相同的图腾崇拜、相同的神名、相同的神话叙事结构、相同的宗教音乐，等等——在凝聚人心方面所起到的作用，恰恰是这些作为中介物的观念副产品的存在，才将那些未必能够有直接物理接触的个体有机地联系起来。用三木自己的话来说，即：

　　所谓神话，便是这样一种活动：在试图对不再存在的共同体进行确保的前提下，神话能够带来一种媒介性的力量，以便将一种不再被直接感受到的社会参与变得现实；神话是一种对于关联的表现：此种关联将社群与其自身之过去相联系，也将其与周遭的别的社群相联系；神话还为维持这种关联提供情感，由此使得这种关联自身被不断更新。[16]

再来看第二个因素：模仿。既然三木是在个体之间彼此协同的语境中讨论构想力的，他就无法不提到模仿，因为构想力所构成的"像"的社会学传播离不开一个个体对另一个体的行为的模仿——而为了使得这种人传人的模仿不至于走样，特定的社会规则（特别是语言表达的规则）就需要被确定下来。因此，与神话所带来的"天马行空"色彩——同时也是一种"帕索斯"色彩——相比，模仿活动便天然就具备"逻各斯"的面相。关于模仿活动所应当具有的逻各斯形式，三木特别提到了一些貌似很符合文化保守主义者胃口的字眼，比如"习俗""习惯""惯例"（日语"慣習"），等等[17]。不过，他亦强调对于法则的尊重与创新之间的辩证关系，因为在他看来，任何技术创新本质上都是人类的个体欲望（帕索斯）在既定社会建制（逻各斯）的帮助下所实现的。或用他自己的话来说：

> 尽管自然法则总是在自然界中起效，但是自然本身却不能促成电灯或者电力汽车的发明。为了使得这些东西被发明出来，关于电力的法则就必须要先被发现；而这些法则要被发现，人类的欲望就首先要被导入。这些技术形式本身之被创制出来，其实就是作为客观法则与人类主观意志的综合体而出现的。任何历史事物的出现，概莫如此。[18]

换言之，是特定民族的求知欲，导致了相关科学规律的发现；而利用这些发现去改善生活、发财致富的欲望在一定社会范围内的普及（这种普及本身又会造成类似新教伦理之类的新惯例），则会进一步推动技术革命的发生。

读到这里，读者或许有这么一种感觉：三木清所试图给出的，似乎是一种非常抽象的关于人类的构想力如何促成历史演进的理论。这种理论并不一定是关于日本的，也可以是关于美国的，当然，也完全可以用来说明古巴比伦或者古埃及的文明。而三木在昭和研究会时期对于日本军国主义的辩护，则是关于一个特定历史境遇中的某些具体问题。那么，三木的抽象哲学理论与其具体政治表态之间又有什么关系呢？

三木战时言论解析

从上面的讨论中我们不难发现，与西田哲学及田边哲学类似，三木哲学也有一种克服各种分裂与对立的强烈欲望。概言之，无论是主—客的对立，还是"帕索斯"与"逻各斯"的对立，都需要在一种新的哲学框架中加以融合——至于进行这种融合的哲学平台究竟是"场所逻辑""种的逻辑"还是"构想力的逻辑"，则因特定哲学家的判断而异。从西方哲学史的经验来看，凡是有这种融合趋向的哲学体系，都会比具有反向趋势的哲学体系在政治哲学的向度上具有更强的国家主义倾向。一个鲜明的例子便是康德哲学与黑格尔哲学之间的对比：具体而言，致力于在知识与信仰、现象与本体之间划出界限的康德，在政治哲学上也全面淡化了民族国家对于各种分裂的整合作用，并将人类未来的希望寄托于某种作为历史进步之"范导性原则"的"世界和平"理念；与之相较，致力于消除知识与信仰、现象与本体之间裂痕的黑格尔，则在其政治哲学中明确地将民族国家视为尘世中的上帝，并希望世俗国家能够在此岸世界就实现哲学家心心念念的"自由"理念（顺便说一句，在黑格尔的思想理路中，"自由"便是指诸社会个体在复杂社会架构中的相互承认）。从宏观上看，京都学派的主流倾向是亲黑格尔并远康德的，也就是说，更倾向于做"分裂融合者"而不是"分裂制造者"。因此，大多数京都学派哲学家对于民族国家都寄托了非常厚重的哲学希望。但需要注意的是，在他们借鉴黑格尔的思路的同时，黑格尔在《法哲学原理》中的一个重要论断却也被有意无意地忽略了，此即：黑格尔的国家哲学乃是对近代国家之一般形态进行哲学反思的结果，这一反思并不针对某个特定的民族国家。[19] 或说得更通俗一点，当黑格尔主义者说"要爱国"的时候，他们并不一定就是指要去爱普鲁士或德国——这一点也就解释了为何黑格尔死后，黑格尔式整体主义的衣钵竟然也可以被英语世界中的鲍桑葵、布拉德雷与罗伊斯所继承。与之相较，当大多数日本京都学派哲学家谈论民族国家的时候，他们最后所谈的就是日本。

在这个问题上，三木在自己的"构想力的逻辑"与特定政治立场之间的贯通工作可谓一个典型案例。与田边在"种的逻辑"的框架中对于民族国家牵强的褒扬相较，三木试图从其"构想力的逻辑"过渡到其特定政治立场时，寻找到了更多的理论中介点，这就使他自己的"构想力的逻辑"与特定历史背景的关联变得更难被切割了。不过，抱着学术研究的态度，我们还是有必要将三木从其一般哲学立场中引申出特定政治立场的理路努力梳理出来。

三木的具体思路如下：他首先非常一般地肯定，任何文明形态都是神话与模仿的结合体，因此都同时具备"帕索斯"与"逻各斯"的成分。但在不同文明中，这些要素的配比却是不同的：在有的文明（特别是东方文明）中，"帕索斯"的成分占优势，而在有的文明（特别是西方文明）中，"逻各斯"的成分则占优。喜欢卖弄德语的三木还在前面提到过的那篇叫《新日本的思想原理》的宣言中引入了两个新词来表述西方社会与东方社会之间的这种不同：西方文明乃是所谓的"法理社会"（德语"Gesellschaft"，三木一般将其转写为片假名形式"ゲゼルシャフト"）的代表，而东亚社会则是所谓的"礼俗社会"（德语"Gemeinschaft"，三木一般将其撰写为片假名形式"ゲマインシャフト"）（顺便说一句，三木在该语境中对于东亚社会的讨论，是暂时不区分中国与日本的）。这也便是我们通常所说的"法治社会"与"礼治社会"的区别。[20]

按照常理来说，法治社会与礼治社会既然各执"逻各斯"与"帕索斯"之一端，二者本该相互学习、互补短长才对，但三木却对西方的文明形态有更多的贬损之词。他在发表于1941年的一篇叫《自由与自由主义》的文章中，以一种明显敌视康德式自由主义（国际主义）的笔调写道：

> 与其说国际主义是一种错误，还不如说国际主义因为其抽象性而具有思想上的缺失。换言之，国际主义具有一种不以民族国家为媒介的抽象性。作为个体主义的自由主义在涉及社会与个体的关系时将个体放置于前台，由此将社会视为个体的外在累加所构成的和，却不涉及个体之间的内在关系……[21]

显然，若三木对西方社会的这种描述是正确的，西方社会就需要一种根本性的改造以加强其社会的有机性。而东亚社会自带的"帕索斯"气质与作为"帕索斯"和"逻各斯"之共通根源的"构想力"之间有着更密切的关联，这种改造就不应当走"以西方社会为基干，并加入东方社会要素"的路线图，而要走"以东方社会为基干，加入西方社会要素"的路线图。换言之，东亚社会的某种具体形态，就必须承担起这样的世界历史责任：以自己的"礼俗社会"特征为黑格尔式辩证历程的"正题"，并以西方社会的"法理社会"为自己的"反题"，最后在某种依然以"礼俗社会"为基调的"合题"中消化上述反题。唯有这样的文明形态才能够在世界上得到有力的传播，人类才能在保持其"构想力"的活力的前提下拥抱现代科技文明。[22]

那么，三木心目中能够承担此历史大任的具体东亚社会形态是什么呢？恐怕读者已经猜出了：这就是指日本。读者或许会追问：为何一定是日本？为何不能是中国？

好像预见到中国的读者可能会对自己对于中国文明

形态的贬低表示不满一样，三木在发表于 1935 年的一篇
关于中国与日本之间的思想比较问题的文章 [23] 中指出，
日本与中国当时爆发的冲突（这大约指的是"九一八事变"
与"七七事变"之间的"长城抗战"等冲突）具有一种巨
大的思想史意义，而不能仅仅从军事视角去解读。令人震
惊的是，本身具有左翼思想倾向的三木在此竟然以肯定的
口吻认定日本在华北的军事行动是为了帮助中国革除布
尔什维克主义对于中国青年的影响 [24]。为了解释三木的
此种表态与他自己的左翼色彩之间的尖锐矛盾，三木研究
专家哈灵顿（Lewis E. Harrington）认为这是三木在日本
新闻审查机关的眼皮子底下所玩弄的"以退为进"的修辞
策略。[25] 具体而言，三木是先退一步承认日本官方所说
的"在华北进行去布尔什维克化"活动的"正当性"，然
后突然质问日本官方：为何日本至今都没有完成自己所设
定的任务呢？这难道不正说明日本文化的影响力不如官
方所预期的那么大吗？紧接着，三木指出：日本官方目下
所采用的通过纯粹的武力展示来散播日本文化的做法，必
然会在中国遭遇到巨大的思想反作用力，而日本对于军力
投入的无限扩张也会让其迟早面临灭亡的命运。[26]

　　读到这里，读者或许又糊涂了：三木的球到底是往哪
边踢的？开局时貌似是向中国的方向射门，怎么踢着踢着
又故意将球往日本的球门带了？好吧，下面三木的传球方
向的改变则会让读者再度感到惊讶。需要注意的是，三木
在这篇文章中丝毫没有怀疑日本文化对于中国文化的相
对优越性（尽管他对日本文化的既有形态亦有批判）——

他反对的，主要是日本官方通过野蛮的军事入侵来展现其文化优势的做法。

三木对中国文化的相对贬低，与他对于儒家文化的看法颇有关联。众所周知，中国传统文化的根基乃是儒家思想，而日本传统文化的根基则是佛教与神道教（相比较而言，儒家思想在日本文化中占据的地位相对边缘，正如佛教文化在中国文化中的地位也相对边缘一样）。这就造成了三木心目中的中日文化之间的某种根本不同：中国文化就其主流形态而言，缺乏一种宗教与哲学的深度，"儒家文化既非纯宗教的也不是纯道德性的，而毋宁说就其根本特征而言就是一种政治意识形态罢了，抑或同时是一种道德的与政治的意识形态"[27]。同时，按照三木本人明显带有日本优越感的观点，儒家文化的地域性也很难与佛教文化的世界性相竞争，其接近常识的特性亦使得其难以匹敌于佛教文化自带的思辨气质。用"帕索斯—逻各斯"的二分法所提供的话语结构来说，中国文化中"帕索斯"的比例实在是太高了，以至于其很难顺畅对接西方文化中的"逻各斯"成分，并由此完成对于"礼俗社会"与"法理社会"的真正综合。比较而言，日本文化只要克服掉某些极端的日本主义者的盲目自信态度，便更有可能被改造为三木心目中理想的世界文化。

需要注意的是，这篇文章毕竟是发表在日本侵华全面开战之前的1935年，因此，三木对于日本军事侵略的批评文字尚且还能勉强发表。而在1939年（即日本侵华战争全面爆发后的第三年），已经成为昭和研究会成员的三

木的口风就立即转向更偏向于（尽管依然不是等同于）军
国主义的方向了。在上文已经提到过的《新日本的思想原
理》中，他不加掩饰地写道："支那事变提供了机会，以
便将本来锁闭在日本列岛之内的日本文化的影响散播与
拓展到整个亚洲大陆之上。"[28] 换言之，原本还敢含蓄地
表达反战态度的三木，此刻对于日本侵华战争爆发的既成
事实已经抱有一种"认命"的消极态度，并试图在这一历
史背景中重新思考构造作为世界文化的日本新文化的可能
性。而据此理路，"日本必须在东亚新秩序的假设中处于指
导地位。这当然并不意味着日本对于别的国家的武力征服，
而是说，日本必须为东亚诸民族的融合提供契机"[29]。

那么，日本文化的什么特征，让三木认为其能够担
当起融合东亚诸民族的大任呢？三木提到了如下几个特
征[30]：第一，包容性。日本文化兼容中、印、西三方文
化的精华，可以并行不悖地使用中国汉字，领会印度佛教，
积极学习西方科技与文化艺术。与之相较，中国近代引入
西学时却引发了洋务派与保守派之间反复的文化战争，并
浪费了大量时间——这种无聊的争执在日本近代史上则是
不明显的。第二，进取心。日本文化的兼容并蓄的特点，
乃是植根于日本人宽广的文化胸怀，因为心胸狭隘的人是
很难放弃对于传统的执着而去积极学习外国文化的。第
三，实践性。日本人有将高深的学理与日常生活结合的特
殊才能，譬如在园艺、茶道、花道等日常生活实践中领会
禅意的能力。这也就是说，日本文化具有一种在日常生活
中贯穿形而上学思维的惊人文化穿透力。相比较而言，典

型的西方人对于生活的客观态度则无法将主观的精神力量贯穿到生活细节之中去，由此造成主—客的分裂。

不过，仅仅说到这一步，三木的这种对于日本文化的褒扬态度还远远没有达到军国主义所要求的口径标准。道理非常简单：日本完全可以通过和平的方式向世界展现日本文化的美好，正如战后的日本通过其流行文化（如音乐、漫画）的全球化商业传播所做的那样。而三木所为之服务的近卫文麿的东亚协同主义则显然还需要日本指导下的整个亚洲的经济—政治的一体化。顺着这一思路，在这篇文献中，三木对这种一体化实际上采取赞成的态度——他甚至以美洲与欧洲各自的经济一体化作为样板，来鼓吹东亚地区的经济一体化。[31] 一个新的麻烦就此冒了出来：以日本帝国主义的资本力量为指导的亚洲经济一体化，难道不正是资本主义扩张的一种特殊形态吗？三木对于这一点的赞许态度，怎么能与其左翼的色彩相互协调呢？抑或此刻他已经完全放弃了其左翼思想？

非也！毋宁说，三木硬是将他本就有的左翼思想也塞入了近卫版本的协同主义框架。他写道："……日本也要以此次事变为契机，以便对自身提出要求，进入一种超越了资本主义的营利主义范畴的新经济体制……"[32] 这段文字在语意上亦与本章开首的那段引文相接续（见本书109—110页）。

读到这里，读者或许会犯嘀咕：三木在此是否又开始与日本审查机构玩起"捉迷藏"的游戏了，即借着表面上宣扬近卫式协同主义的机会，而开始在实质上宣扬反对资

本主义的共产主义？——又错了！"狡兔三窟"的三木在
另外一个小标题为"共产主义的问题"的段落中开始明确
批评共产主义。这段文字对于理解作为左翼知识分子的三
木的共产主义观实在太重要了，我将其全部转译如下：

> 共产主义，尤其是其阶级斗争主义，必须要否定
> 无产阶级专政思想（プロレタリア独裁の思想）。社
> 会的存在，无论何时何地都反映了整体性相对于阶级
> 性的优先地位。尽管存在着种种对立，以经济生活为
> 首的社会生活却依然不间断地存在着——这件事情本
> 身就已经反映出整体性对于阶级性的优先地位。诚然，
> 在当下的社会中，阶级问题的存在的确是一个事实，
> 对于这一事实，吾辈亦断不可漠然视之。然而，阶级
> 问题的解决却不可以诉诸阶级斗争至上的想法，而应
> 在协同主义的立场之中寻找到崭新的解决办法。在这
> 一协同主义之中，超越了阶级之利弊的公益的立场受
> 到重视，阶级则放弃了阶级性，成为了更高层的整体
> 之中的职能性秩序；并且，这一职能性秩序应当被视
> 为功能性的，而非身份性的。

> 其次，吾辈还需对共产主义所蕴含的非历史性的
> 世界主义进行批判。正如之前所说，抽象的世界主义
> 乃是近代性[33]的产物。人们常说，资本无国境。近
> 代版本的自由主义，其抽象的合理主义，乃是抽象的
> 世界主义的结果。然而，虽然共产主义号称克服了资
> 本主义，但是，由于它陷入到了同自由主义同样抽象

的世界主义之中，共产主义并没有跨越近代主义之藩篱，故而对后者的克服也就无从谈起了。东亚协同体的思想乃是对此种抽象的世界主义的超克。而共产主义则对应于这种抽象的世界主义，成为一种非历史性的形式主义。正如当下苏联文化所呈现出来的那样，共产主义陷入了平均主义的弊端；这种压抑个人的独特性和自发性的平均主义，又同官僚主义沆瀣一气。

此外，由于抽象的合理主义等诸多问题的存在，共产主义依然没有能够挣脱近代主义的束缚，从而也无法被称为真正的新时代的原理。虽然共产主义者们主张，共产主义必然在资本主义之后降临；然而事实却是，在资本主义兴盛的国家之中，共产主义势力凋零，而在俄罗斯与支那这样封建残余甚多的国家之中，它却获得了较大的势力；这种影响力乃是近代主义的产物，也印证了下述论断：共产主义并非超克现代主义的新时代的原理。[34]

好吧，说到这里，相信不少读者的脑子已经被三木给绕晕了。按照一般人的看法，"支持日本扩张""反对共产主义"与"反对资本主义"这三个标签是不可能被同时贴到同一位思想家的脑门上的，因为共产主义本就是反资本主义的，而日本军国主义的扩张同时又是一种基于资本逻辑的扩张。三木是如何做到将这三张标签全部贴到自己脑门上的呢？我认为解释这种矛盾的奥秘还在于三木本人的"构想力的逻辑"——换言之，站在构想力逻辑的立场上看，这些矛盾本身似乎都是可以化解的。

首先，构想力的逻辑是天然反对资本主义的。资本主义以原子化的方式对待个体，将个体完全视为一种劳动工具，完全压制了个体的热情、兴趣与欲望，这就等于用"逻各斯"的力量完全压制了"帕索斯"。而一种植根于构想力的新生活形态，自然是反对资本主义的。然而，三木似乎忽略了这样一种可能性：资本追逐利益的热情，本身就是基于某种意义上的"帕索斯"力量，并由此使得劳工的"帕索斯"受到压制。因此，一种匿名的、没有阶级色彩的"帕索斯"叙事方案，反而会让我们对于资本主义社会的观察失焦。

其次，构想力的逻辑似乎也无法赞同共产主义。在这方面，三木的观点可以被概括为三点：（1）共产主义过于强调阶级斗争，却对人与人之间的协同强调不够，忽略了使斗争得以可能的更深的根基，因此，共产主义的理论气质是与构想力逻辑对于融合与协同的追求冲突的。（2）与资本主义指导下的普世主义对于民族国家特性的忽略相比，共产主义的普世主义其实也犯下了忽略民族特性的错误，并由此压制了特定民族国家中个体的"帕索斯"。（3）共产主义思想在封建残余较多的国家内流行的事实，说明这种思想甚至无法真正超越发达资本主义社会——换言之，其用以克服资本主义社会中内存的"逻各斯"的力量也是匮乏的。综上所述，共产主义缺乏一种旨在克服"逻各斯—帕索斯"对立的强大的构想力根基。不过，这三点评价明显是不公允的，因为：（1）马克思明确将全人类的解放视为共产主义运动的真正目标，阶级斗争只是实现这一目标的必要手段，却不是目标本身。（2）马克思在1859年出版的《政治经济学批判》的序言中的确提到了与古代西欧经济架构不同的"亚细亚生产模式"。虽然学界对于"亚细亚生产模式"学说在马恩思想演化史中的地位尚有争议，但至少可以肯定的是，像三木那样片面排斥在历史唯物主义的框架中处理民族差异之可能性，显然是过于武断了。（3）马克思主义的传播是全球性的，甚至在今天西方国家思想界也有深入影响。（4）更重要的是，马克思本人对于资本逻辑压迫劳工感性劳动的批判，本身就是针对"逻各斯"与"帕索斯"彼此分裂的现实的。

最后，构想力的逻辑未必会反对日本的扩张。这不仅仅是因为日本文化兼容并蓄、注重心灵的特征与构想力逻辑的理论气质天然合拍，还因为构想力逻辑对于"模仿"机制的强调并不排斥被模仿者对于模仿者在一定时间内的强力主导地位。换言之，若某种暴力的拓展能够加速亚洲诸民族对于日本文化的模仿进程，三木还是乐观其成的——尽管他本人未必认为暴力手段乃是上佳之选项。然而，三木此论显然高估了日本文化在世界文化版图中的地位，并低估了一种基于日本之假设性样板地位的叙事对于其他亚洲民族所造成的心理伤害。

在上面引述三木的观点的同时，我已见缝插针地做出批评。在下一节中，这些批评意见将得到系统的深化。

三木战时言论批判

　　三木战时言论的理论支点固然是"构想力的逻辑"，而其经验支点则是以下三个：其一，对于康德式的西方世界主义（其本质是自由主义）的批判；其二，对于日本文化之兼容并蓄特点的民族自信；其三，对于共产主义或马克思主义的批判。在本节中我将指出，这三个经验支点都是可以被推翻的——不过，也正是因为对于这些经验支点的推翻并不会导致对于构想力的逻辑的全面否定，所以，三木哲学的纯粹学理价值依然是值得肯定的。

　　先来审视三木对于世界主义的批判。韩裔日本哲学专家兼德国哲学专家金南俊（John Namjun Kim）曾详细比对了康德式的世界主义与三木式的世界主义，研究成果颇有参考价值。[35] 他指出，康德著名的"永久和平论"曾肯定了任何一个国家的公民都有在世界任何一个别的国家避难的权利，而东道主则有善待这些来访者的道德义务。康德的这套理论的哲学根基则是一种普遍的人道主义：正因为每个民族的个体都将别的民族的个体视为"人类"的一分子，这种人际之间的普遍的善意才是可能的。当然，康德知道人类族群之间的冲突与彼此的不信任充斥着人类历史，因此，他才将这种普遍的善意在全球的实现视为某种道德目标，而不是已经被给定的历史事实。在这里，喜欢"划界"的康德在此岸的现象世界与彼岸的道德本体世界之间所划下的楚河汉界再次发挥了作用：充满纷争的人类现实是属于此岸的，而世界大同的理想则是处于彼岸的。尽管彼岸的目标并不等于此岸的现实，但至少身在此岸的我们可以不断向那彼岸的理想前进。

对于康德的上述世界主义图景，三木的批评是其过于抽象，既缺乏民族国家提供的媒介，也忽略了个体从善的感性意愿（相关引文前文已经给出，在此不再赘述）。而他试图用东亚式（其实是日本式）的协同主义来取代这种西方世界主义图景的理论动机，也在于此。

但三木错误恰恰就在这里！他将对康德哲学的批判与对西方社会的批判混为一谈了。康德哲学固然有抽象的弊病，但这一点不需要等到三木来指出，黑格尔哲学对此就有激烈的批判。显然，我们不能就此认为黑格尔所处的西方社会现实与康德所处的现实有重大的差异，因为两个人之间的差异主要是学理层面上，而并不代表两个社会形态之间的对立。实际上，与三木对西方社会隔靴搔痒的评估——整个西方社会无非就是自由个体的机械化累积——相反，典型的西方社会其实有着复杂的有机组织形态，才能将个体紧密地组织在一起。这些形态包括（但不限于）：小家庭（新教社会）、大家庭（天主教社会）、教区、各种民间俱乐部、各种民间自治组织、行业工会、公司，不一而足。而使这些社会组织得以成型的，当然不仅有冷冰冰的逻辑规则，还有那些温暖的情感——如电视剧《唐顿庄园》里展现的那些贵族与仆人之间微妙的情愫。因此，从这个角度看，抽象自由主义对于西方社会的画像严重误导了三木对西方社会本质的判断，使其误估了西方社会中"逻各斯"与"帕索斯"这两种成分的比例。这种误估又进一步助长了他对于西方文明的轻蔑，以及他对于自己所处的日本文明的自傲。

下面我们再来看三木对于日本文化的评价在哪里出了错。诚如三木所指出的，日本文化兼容并蓄的特点的确非常明显。譬如，与现代汉语相比，现代日语吸收外来词的速率与频度都是非常惊人的，而与已基本废弃汉字的韩国相比，现代日本与汉字文化传统的联系却又要坚实得多。同时，明治维新以来日本科学研究在整个亚洲的"领头羊"地位，也是不争的事实。但三木在这里又犯了一个逻辑错误：他如果要论证日本文化具有领导世界文化的资格，他就必须将日本文化的兼容并蓄的特点与世界上其他任何一种别的文化相互比较，而不能在亚洲的狭隘范围内进行这种比对。显然，在这个问题上，三木恰恰遗漏了对于日美文化的比较。一个主张美国文化比日本文化更兼容并蓄的论者完全可以用下面的论据来堵三木的嘴：其一，英语中包含了大量来自希腊语、拉丁语、法语、德语甚至日语的词汇（比如，"kamikaze"［神風］[36]现在已经成为一个标准的英语词语），其包容性并不输日语；其二，美国素来是一个移民国家，在人种构成上本来就比单一民族色彩浓郁的日本更具世界性；其三，美国对于个体自由的高度重视其实也给予了个体施展其"帕索斯"更大的空间，而日本的协同文化反而会压抑个体的创造力；其四，如果我们以文艺成就作为一个民族"构想力"强大与否的指标的话，那么，好莱坞与百老汇则无疑是具有世界影响力的——遑论整个英语文学传统的厚重积累；其五，无论是在三木生活的时代，还是在今天，美国的经济、工业与军事能力都是远超日本的，这一点也构成了美国维持其在世界范围内的国际地位的基本物质保障。

此外，三木对于马克思主义的批评也有重大的理论盲点。他批评马克思主义对于阶级斗争的强调忽略了人与人之间协同的逻辑前提，殊不知共产主义恰恰主张在全球范围内实现"自由人的联合"，也就是一种共产主义版本的协同主义。此外，三木对于阶级对立现实的宽容态度，其实也已经背叛了他在"构想力的逻辑"中对于个体劳动者的肉身性的强调。毋宁说，马克思在《1844年经济学哲学手稿》中所提出的"异化学说"已经充分展现了近代资本主义大生产方式对于个体肉身性的奴役，或者说得更具隐喻色彩一点，作为"死劳动"的资本力量对于活生生的肉体的"活劳动"的奴役。而要将这种被资本的"逻各斯"所压制的肉体的"帕索斯"解放出来，唯一的出路就是对于整个资本逻辑的否定。有意思的是，明知资本逻辑对于日本侵略活动之促进作用的三木，却希望能够通过日本侵华战争这个契机来扬弃资本的逻辑，其荒谬的程度，莫过于希望一个劫匪能够通过更多的抢劫来消灭抢劫行为。

英语中有一个谚语，叫无视"房间内的大象"（elephant in the room），即对人人可见的问题视若无睹，却对一些虚空的概念侃侃而谈。具体而言，被三木放过的"房间内的大象"包括（但不限于）：（甲）典型的西方社会并非一个零散个体的无机组合，而是有着非常复杂的个体之间的有机联系方式的。（乙）日本文化的兼容性特征固然存在，

但从世界范围看，却既非日本所独有，也不是以日本文化
为最典型的。（丙）资本的奴役带来的肉体的痛苦，是不
可能通过扩大这种奴役而消除的。至于日本军队在"协同"
的名义下在上海、南京、重庆犯下的暴行，则更未入三木
的法眼。由此我们也可以看到，哲学语言的抽象性在某些
历史语境中所可能起到的"烟雾弹"作用：以看似理性优
美的措辞和飞溅的笔墨掩盖鲜血与苦难。

三木思想的当代价值

不过，正如我前面提到的，三木的抽象哲学理论是在
特定经验预设的协助下才导向错误的政治结论的。只要抽
离这些特定的经验预设，三木的"构想力的逻辑"在当代
哲学语境中尚有不可低估的重构价值。

第一，构想力在本质上是一种构成"像"的能力，而
这种"像"完全可以在当代认知语言学的语境中被理解
为一种"认知图式"（cognitive schema）。"图式"这个词
的古希腊词源（$\sigma\chi\acute{\eta}\mu\alpha$）有"形状"的意思。其在康德哲
学里的含义，则是指"想象力"机能产生的相对固定的时
间样态，以便特定的纯粹知性形式（范畴）能够以此为
中介，整合特定的感性材料。而在认知语言学的语境中，
"认知图式"指的则是特定的语言学模式的重复性特征的
聚合，说得更专业一点，是"一系列语例中的共通性在得
到强化后所获得的一些抽象的模板"[37]。比如，英语概

念"SOPHOMORE"（大二学生）就从属于下列概念矩阵构成的模板："TWO","PERSON", "KNOW", "YEAR",等。[38] 此外，这些模板的内部结构往往得按照"意象式"（imagistic）的方式来加以把握。譬如，英语"ENTER"（进入）这个概念就可以被分析为数个意象图式的组合，包括"物体"（object）、"源点—路径—目标"（source-path-goal）与"容器—容纳物"（container-content）。三者结合的情况如图-8所示：

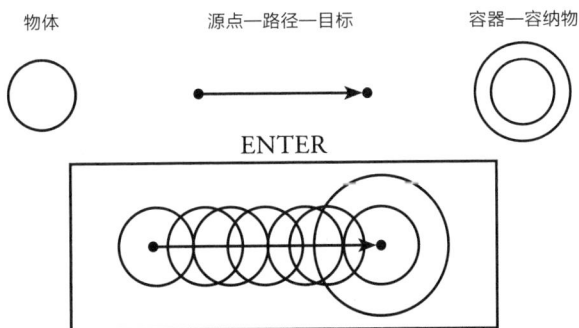

图-8 "ENTER"的认知图式 [39]

换言之，在认知语言学家看来，一个想要使用"ENTER"这个动词的语言使用者，只有先看到上述图像，才能将这个词真正用好。据此，如果他不能完成对于上述图像的构想，他就会丧失使用该词的能力（即丧失"逻各斯"的力量），并无法掌握附加在这个词上的情感感受力（即丧失"帕索斯"的力量）。显然，这是对于三木思想沿着语言学方向的一种具体化。

　　如果读者觉得以上的描述过于学术化，我们就来思考一下跨文化交际时我们常遇到的一个问题：我们怎么理解一个异民族的人的思想呢？是不是先要理解他们的抽象的语法，或是他们的典章制度的字面意思？这些环节固然必不可少，但更为基础的且不可遗漏的一步却是：我们必须看到对方所使用的这些概念背后的"认知图式"，并以这样的"认知图式"作为我们理解的起点。需要注意，在构想力展开为认知图式的过程中，身体的运作扮演着一种不可或缺的角色：你得有一个可以移动的身体，才能理解上文所展现的"ENTER"这个动词的认知图式究竟是什么。好在全人类各民族的身体运作方式大同小异，而这一点就为一种基于统一的身体运作图式的跨文化理解打下了坚实的地基。在极端的情况下，这种跨文化理解甚至可能拓展到跨物种的层次上——比如，在美国科幻电影《降临》（*Arrival*）中，地球人科学家就是通过现场展现特定身体运作与英文单词"Walk"之间的含义，反向追问出外星人语言中表达"行走"意义的词语。从这个角度看，基于身体运作的构想力的确具有冲破文化壁垒的强大潜力。

　　不过，如若跨民族的文化交流仅仅局限在对于基本身体图式的理解，显然还远远不足以促成世界和平。毫无疑问，曾有过美国生活经历的山本五十六当然知道"ENTER"的身体图式是什么，但这一点也没妨碍他策划对于珍珠港的偷袭。因此，一种基于构想力的和平主义方案还需要寻求更多支点的帮助。这就引出了如下所述的三木"构想力逻辑"的第二种运用方式。

第二，特定文艺作品所提供的感性案例或许能够为重启一种基于构想力的世界主义方案提供契机（在这个问题上，三木对于康德式的抽象世界主义的批判至少对了一半，因为康德的方案的"帕索斯"成分的确太少了）。具体而言，在没有人可以为世界上的 60 亿人提供充分的实际交流管道的前提下，对于"世界公民"这一概念的集体意识就只能通过特定的艺术作品的传播来达成。而这些艺术作品也必须具有这样的特征：它们必须向我们展示跨越种族的爱与友谊究竟是如何成为可能的。此外，这种文艺传播的方式所耗费的社会成本，也会比田边元所提到的那种达成"类"的意识的方式来得小得多（读者或许还记得，田边元曾提到，对于普世之爱的必要性的意识，或许得先经历世界级核战的地狱之火才能获得）。由此，个体的想象力就能经由这些艺术作品所提供的支点，完成对于想象中的同类的精神联结，并在特定条件下将这种联结变成真实的跨国政治行动力量。显然，这是一种爱与和平的力量，而不是一种撒播死亡与仇恨的力量。

这方面非常值得一提的一个案例，便是中日合拍的电影《又见奈良》（导演鹏飞，制片人河濑直美、贾樟柯，2021 年上映）。在电影中，完全不懂日语的中国老太太陈慧明（吴彦姝饰）远赴日本寻找自己抚养长大的日本战后遗孤陈丽华——后者来日后，本与中国寄养家庭有书信往来，却在最近几年失去了音讯。作为遗孤二代的小泽（英泽饰）则挤出宝贵的工作时间，为陈慧明提供语言翻译服务。小泽在打工期间偶然认识了退休的日本老警察一雄（国村隼饰），一雄也由此了解到陈慧明寻亲时遇到的困难。一雄动用了他在警察体制内的所有老关系，根据陈丽华留下的书信与照片线索，在全日本境内寻找她可能的去处。一路上，三人组成的异国寻亲团既遭遇了不少冷遇，也遇到不少古道热肠的好心人。故事的结尾则是悲催的：一雄最后发现，多年前，融入日本社会最终失败的陈丽华早已在出租屋内孤独病死。不敢立即将这一残酷的真相告诉陈慧明的一雄，默默地与她以及小泽行走在奈良静谧的夜色中——而电影也在此刻戛然而止。

试问：一个与陈慧明毫不沾亲带故的日本退休警察，为何要花费如此多的精力去帮助她？这是因为他已经被陈慧明的大爱所感染。他当然知道侵华日军对中国人民犯下了多么可怕的暴行，所以他对陈慧明多年来对作为日本人遗孤的陈丽华所付出的爱感到惊讶与感动。同时，他也对日本社会冷漠对待自己的同胞感到隐隐的愧疚。他对于陈慧明的帮助，便是基于这种"报恩"心理的回馈行为。从这个角度看，《又见奈良》其实已经向我们提供了这样的一个感性文艺样本：中日两国虽然在近现代史上有着诸多痛苦的交往经历，但这并不妨碍一个日本人与一个中国人将彼此当成人来看待，并设身处地地感受对方心里的痛苦。同时，不同民族的人对于同样的事业的参与——譬如寻亲——也能在短时间内形成跨文化的团队，并由此进一步消除民族之间的隔阂。在这一过程中，基于"帕索斯"力量的道德共情感扮演了至关重要的角色——而对这种共情感进行提炼的电影（或别的艺术载体），则能够借助现代传播技术的力量，将此类情感活动模式投射到更多观众的心理世界中去，激发观众自身对于类似道德场景的构想力。

第三，构想力既能促进民族与民族之间界限的淡化，有时候又能促进那些被大国沙文主义思想压迫的弱小民族的民族觉醒，由此促进新的民族国家的诞生。具体而言，构想力与文学艺术以及政治认同之间的双重联系，为我们重新理解文艺传播在塑造新的民族共同体的过程中所扮演的角色提供了契机——经由这种契机，我们也可以将艺术哲学与历史哲学乃至政治哲学之间的关系加以贯通。为了说明这一点，我们不妨运用三木理论所提供的资源去重新解读捷克文学名著《好兵帅克》的深层政治意义。具体而言，在该书作者雅罗斯拉夫·哈谢克（Jaroslav Hašek，1883—1923）写出这部小说之前，捷克民族还没有用自己的民族语言抒发自己情感的稳定传统（在捷克于第一次世界大战后独立之前，作为奥匈帝国之一部分的捷克的官方语言毕竟是德语）。至于哈谢克基于自身的战争经历而写成的《好兵帅克》，虽然可能不是第一部捷克语小说，却肯定是第一部有世界级影响的捷克小说（曾先后被翻译成50种外语）。需要注意的是，小说所描写的主人公勤务兵帅克虽貌似憨傻，却完美承载了捷克式的"帕索斯"与"逻各斯"的特征：其"帕索斯"的一面体现于他的各种乖张行为带来的诸多笑料，而其"逻各斯"的一面则体现于他对于奥匈帝国之军政机器的荒谬性的冷酷揭露。而这两种本该彼此冲突的力量却在哈谢克充满构想力的笔下

变得相得益彰——换言之，帅克常常是因为将问题看得太
清楚了才闹出笑话，或用他自己的话来说，"我总是好心
办了坏事"。而通过《好兵帅克》的出版，哈谢克造出的
"帅克"这个"像"则启发了他的捷克同胞们意识到捷克
在奥匈帝国的古怪政治构架中的尴尬地位（这种尴尬地位
使得任何一个说真话的人都会被嘲笑为傻瓜），由此倍加
珍惜自己作为"捷克公民"——而不是奥匈帝国公民——
的宝贵政治认同。因此，《好兵帅克》就不仅仅是一部文
艺作品，它同时还是满足捷克人对于自己的民族国家之想
象的政治黏合剂。不过，这种对于"构想力"运用方式所
蕴含的反抗大国沙文主义的意蕴，本就是与三木清对于东
亚协同主义的大肆鼓吹逆向而行的。换言之，一种基于三
木哲学而又反对三木的具体政治结论的思想路线图，其实
也是完全可行的。

　　此外，三木哲学对于"构想力"之创生性的强调，其
实已经预设了"偶然性"的地位（与按部就班的理性推理
相比，构想力的生成方向当然带有明显的偶然性）——而
就"偶然性"这个话题进行深入挖掘的京都学派哲学家，
便是下一章所要提到的九鬼周造。

第四章

九鬼周造

风流哲人的偶然性哲学如何可能支持战争？

图-9 九鬼周造手绘像

九鬼周造何许人也？

九鬼周造（Kuki Shūzō，1888—1941）可能是本书介绍的京都学派哲学家里家世最显赫的。"九鬼"本来就是一个比较少见的日本姓氏，一般都暗示贵族的血统。九鬼周造的知名祖先乃是九鬼嘉隆，战国时期的大名与水军将领。九鬼周造本人则有两个父亲：生物学意义上的父亲乃是九鬼隆一，明治时代著名的文部省官僚。但他还有一个精神意义上的父亲：冈仓天心（1863—1913），日本现代美术的开拓者和引领者，曾负责指导美国波士顿美术馆里的东亚文物搜集工作。九鬼周造之所以能与冈仓天心攀上关系，并由此获得深厚的艺术修养，乃是因为其母九鬼波津子的缘故。波津子是冈仓的婚外情人，冈仓也因此经常与九鬼周造见面（不过，因为波津子第一次见冈仓时已经怀上周造，所以冈仓肯定不是周造的生父）。顺便说一句，波津子本来的身份是艺伎，因为才艺俱佳才让九鬼隆一下定决心为其赎身。但婚后杂务繁忙的九鬼隆一的确有点冷落了出身卑微的妻子，这才让后来者冈仓有了机会。

上文所介绍的围绕着九鬼家族的这些绯闻或许会让读者感到惊讶——因为我在谈到别的京都学派哲学家时，可没有过多涉及他们的私生活。不过，九鬼的情况有所不同。他的母亲是艺伎，他自己长大后也爱找艺伎（留学法国时，他便是"红磨坊"的常客，留下情诗一堆，诗中出现的各种国籍的女郎芳名让人眼花）——甚至，他本人的哲学也常被称为"艺伎哲学"。所以，读者欲把握九鬼哲学之精髓，了解一下他的生活概况也不无裨益——正如试图了解萨特哲学的读者就必须了解一下萨特与德·波伏娃的关系一样。

再说回九鬼周造本人的爱情。他在哥哥九鬼一造的婚礼上爱上了自己的嫂子缝子，后来还真与缝子结婚了，其时他的哥哥已经亡故。1921年，九鬼与缝子一起去欧洲游学，但缝子却在1926年独自回国——这是两人感情破裂的标记。1931年，缝子向已回国的九鬼提出离婚，以抗议丈夫无法戒掉的花心。九鬼虽然一生遍访花丛，最后的情感境遇却比萨特来得差。不管怎么说，萨特虽与德·波伏娃多次分分合合，但大体上还算是"合"的时间较长——九鬼死时却孤苦伶仃。不过，爱好风雅的他至少没有看到半年后日本政府做了向美宣战（其实是未宣而战）这件毫无风雅的蠢事，也算是某种幸运吧。

读者或许会奇怪为何我念念不忘将九鬼与萨特（而不是别的花心西方哲学家比如罗素）进行对比。难道这两个人真有什么缘分？——有，而且是大缘分，因为九鬼恰恰就是将萨特引入现象学世界的引路人！这个论断或许会让一些对萨特略有了解的读者感到震惊，因为按照德·波伏娃的准官方记录，萨特是在1932年从雷蒙·阿隆嘴里听到现象学的妙处之后，才开始读胡塞尔与海德格尔的书。但新的证据却将萨特的现象学缘分往前推了四年。1987年美国南伊利诺伊大学出版了《哲学史杂志》的单行本专号"九鬼周造与萨特——实存主义现象学早期史中的影响与反影响"，详细梳理了萨特在1928年与九鬼之间的思想交往，并附上了九鬼在和萨特谈话时留下的法文思想笔记的影印件作为铁证。[1] 此专号的作者莱特 (Stephen Light) 是专攻法国思想文化的美国教授，并娶了一位日本妻子。可以认为，这本小册子乃是英语世界研究萨特——九鬼关系最重要的资料。

读者或许会问：德国和法国毗邻，日本则远隔千里，让一个日本人去教一个法国哲学家德国哲学，岂不是滑天下之大稽？（难道一个上海人会请大阪人去教他苏州话吗？）更何况就全球知名度而言，九鬼哪里可望萨特之项背？出此言者，只知其一，不知其二。首先，日本大约从 1885 年开始积极引入德国哲学，很多留德生在赴德之前就有相当的德语和德国哲学基础。比如，九鬼周造在东京帝国大学的哲学老师科贝尔 (Raphael von Koeber，1848—1923) 便坚持用德语教授哲学，整整一代日本青年哲学人才都是他手把手教出来的 (顺便说一句，作为俄裔哲学家的科贝尔，还在音乐方面得到过柴可夫斯基的真传)。由此可见，日本在地理上和德国的遥远，并不构成日本人理解德国哲学的巨大障碍。其次，在 1928 年，就读于巴黎高等师范专科学校的萨特才 23 岁，而九鬼已经 41 岁了，若论思想成熟度，自然是九鬼超过萨特。其三，在去法国之前，九鬼已经在德国与海德格尔称兄道弟多时了 [2]，因此，他无论如何都能算是萨特在现象学方面的大师兄。

可惜的是，关于德国哲学，九鬼究竟向萨特传授了什么，在前面提到的史料中并未有充分记录，我们只好根据有限的资料略作揣度。大致可以确定，遇到九鬼之前，萨特对于德国现象学还不大了解，他以后转向现象学（特别是海德格尔哲学）或许就是九鬼推动的结果。另外需要注意，海德格尔本人也非常看重九鬼的学术成就。九鬼病逝后，海德格尔曾专门托日本友人寄来九鬼在京都之坟冢的照片以寄托哀思，并计划为九鬼的代表作《いき之构造》和《偶然性的问题》的德文版撰写序言（可惜的是，这两本书的德文翻译工作并未如期完成）。[3]

　　不过，萨特的第一部哲学大部头著作《存在与虚无》[4]是 1943 年才发表的，而 1941 年离世的九鬼不可能看到此书。因此，目前收入《九鬼周造全集》的《现代法兰西哲学讲义》[5] 自然未包含九鬼对于萨特哲学的回应。尽管如此，二人都在各自的主要哲学著作中对自己老师海德格尔的思想做了发展与批判，萨特哲学与九鬼哲学完全可以被视为海德格尔哲学在东西方出现的两个衍生形态。

　　读到这里，还没忘记本书题目是"哲学与战争"的读者或许会问：以上说的这些，与战争有直接关系吗？

　　当然有。萨特哲学批判海德格尔哲学的一个重要思想动因，便是希望通过发展一种基于"自由"的存在主义理论，彻底断绝现象学成为法西斯帮凶的可能性。这一伦理—政治意图在其通俗哲学小册子《存在主义是一种人道主义》[6] 中得到鲜明体现。与之相较，九鬼对于男女邂逅之情所绽放的偶然性光晕的迷恋，至少在气场上是接近萨特"存在先于本质"的哲学立场的，而貌似与杀气腾腾的法西斯宏大叙事格格不入。而且，九鬼帮助犹太籍哲学家洛维特（Karl Löwith，1897—1973）从意大利远赴位于

日本仙台的东北大学避难的善意举措，亦与海德格尔对于
胡塞尔及阿伦特的冷酷态度构成了鲜明对比。从这个角度
看，风流哲人九鬼周造是很有可能变成日本的萨特的——
在风流的同时，还不忘了为了个体风流的自由而对不解风情
的法西斯说"不"。

　　然而，九鬼毕竟不能算是日本的萨特。1937年日本
侵华战争全面爆发后，他在《文艺春秋》[7]上发表了一篇
叫《对时局的感想》的小文，对日军的侵略行径进行了全
面的辩护（详后）。老实说，作为九鬼哲学的迷恋者，我
本人第一次看到这篇小文时心里是很难过的——翻遍十二
卷《九鬼周造全集》，这是我所找到的九鬼写的唯一一篇
对战争问题进行表态的文章，而恰恰是这篇文章，使得他
本人很难免于被贴上"法西斯的辩护士"的标签。他若是
没写这篇小文该有多好啊！

　　不过，等我仔细将这篇小文读完之后，还是得出了下
述结论：这篇小文的主要观点，不仅与九鬼哲学的核心思
想脱节，甚至还与之在逻辑上严重冲突。换言之，即使仅
仅依赖九鬼哲学自身的资源，也能轻易将此文的论点驳倒。

　　那么，上面说的这些冲突究竟体现在何处呢？作为连
海德格尔都欣赏的日本哲学家，他怎么会看不到自己的哲
学与自己的政论之间的巨大矛盾呢？这正是本章所要讨
论的问题。不过，按本书的惯例，我们对于九鬼哲学的介
绍还是将始于相对抽象的形而上学讨论——先来展示九鬼
的偶然性哲学的基本意蕴。

九鬼的"偶然性"形而上学概述

在九鬼的核心著作《偶然性的问题》中，他提出了一种基于"偶然性"概念的形而上学体系。为了让读者了解此类讨论的意义，我想先介绍一下"模态形而上学"研究的一般意义。

所谓"模态形而上学"，就是研究"必然性""可能性""现实性""偶然性"这些概念的哲学意义的哲学分支。这些问题之所以有趣，是因为对于此类概念的预设其实已经构成了个体以及群体的筹划活动的基本前提。比如，假设一个高中生颇有信心地去报考北京大学，这便是因为他预设了自己考上北大这件事乃是可能的；而另一个考生在发现自己模拟考成绩很差的情况下又决定放弃报"一本"，这是因为他认为"考不上一本"这事情是必然发生的。好了，假设还有另外一位学生：虽然中学老师们都不看好他的考试能力，他竟然最终还是考上了北大（另外，没有证据说明他作弊了）！对于这样的事情，一般人又该如何评价呢？恐怕大家都会这么说："这事也太过偶然了吧！"

那么，"偶然性"是不是就是"奇迹"的代名词呢？未必。如果你哪天真的看到一个人能够像耶稣在加利利海上行走那样在太湖水面上行走的话，你或许会直接说："这是不可能的！这怎么可能呢？"而不会说："这太偶然了吧！"由此可见，"偶然性"虽然描述的是离奇的事情，但此类事件还不至于离奇到违背一般科学知识与社会常识的地步。由此看来,"偶然性"指的就是那些虽然大概率不会发生,但的确可能发生的事情——而且其发生也往往能够以"事后诸葛亮"的方式被解释。九鬼周造本人在《偶然性的问题》中试图用图 -10 来表示偶然性的形而上学地位[8]:

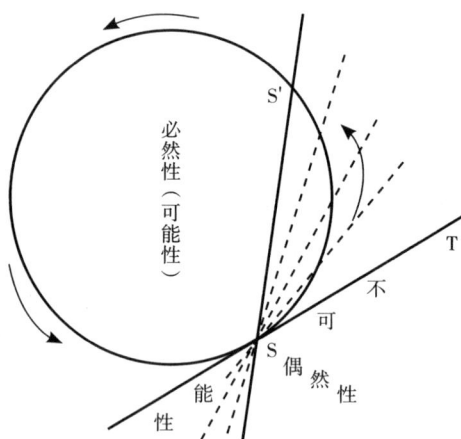

图 -10 "偶然性"与其他模态样式之间的动态关系图

对于此图的文字解释如下:"可能性"彼此重重包裹,构成一个"大球",而这个球的核心就是"必然性"(举例来说,青年时代的曹操有成为一个郡守的可能性,也有被封王的可能性,甚至也有称帝的可能性——这些可能性虽然彼此不同,但都在"曹操是一个地球人"这一点上彼此重合了。"曹操是一个地球人"这一点也就因此具有了使上述这些可能性得到支撑的必然性)。这个大球又要和代表"不可能性"的地面发生摩擦——而且，也正因为代表"必然性"的球心与地面距离最远，所以，那些必然发生的事情也就是最不可能不发生的事情。然而，世界上毕竟有些事情是处于球面与地面的交界处的：这些事情并非完全不可能发生，但又貌似是不太可能发生的。譬如，在公元194年的濮阳之战中，吕布的属下分明已经抓到了曹操，竟然被曹操设计蒙骗，稀里糊涂地放过了他，这就是"并非完全不可能，但又貌似是不可能"之事的实例。这就是九鬼所聚焦的"偶然性"。

看到这里，读者或许会问：此类偶然性，别的哲学家也没否认啊？难道黑格尔没有谈过偶然性？

别的哲学家当然谈过（其实九鬼在《偶然性的问题》的一开始就罗列了西方哲学史上关于"偶然性"的论述历史），但问题是：西方哲学的主流总是试图聚焦于"必然性"问题，而不是将偶然性问题视为哲学探索的核心。比如，康德最关心的问题是：让一般的经验科学研究得以可能的普遍、必然条件是什么？而他并不关心：为何是门捷列夫（而不是他的马夫）偶然做了那个让他发现元素周期律的梦？很多人认为，此类偶然性问题是经验科学的任务，哲学就是要关心普遍性问题。但九鬼反问：偶然性在我们的生活中如此普遍，这一点难道就不值得哲学从抽象的角度加以反思吗？

好了，如果我们跟着九鬼的思路，悬置那种将必然性问题视为哲学核心议题的成见，就会立即发现："偶然性"并不是"必然性"的奴仆——毋宁说，"偶然性却还

是一种'现实的力量'——这种力量对其自身是'生产点'
这件事抱有自觉，于是它便从极为微小的可能性出发，不
断地填补曲线，最终将可能性展开成必然性的圆周"[9]。
换言之，"偶然性"是代表"必然性"的外部实在的真正
诞生地。为了理解这一点，请读者回想前面提到的"球在
地上滚"这个隐喻。请注意，这可是一个动态模型，因为
球是会滚的！也就是说，无论在某个代表"偶然性"的点
上发生了什么事情，这些事情都会随着球面的滚动而成为
"可能性"的一部分，并随着新的"可能性"的累积而慢
慢接近"必然性"。这就好比说，一个车轮在行进的时候
偶然粘上的一些泥，会随着车轮的继续滚动而被压到橡胶
轮胎花纹的缝隙里，然后，甚至在某些情况下也会成为车
轮的一部分。如果觉得上面这个比喻过于玄乎，我们还可
以回到人类历史中的真实案例上来：在濮阳之战中，假若
吕布的手下发现了曹操的真实身份而将其杀害（或即使
没发现他的真实身份，只是看他长得讨厌就顺手杀了他），
那么，这一与现实历史不同的别样的"偶然性"就会彻底
改变以后的历史，或使我们熟悉的下述历史事件变得不可
能了：在濮阳死里逃生的曹操，后来在下邳反杀了吕布，
后来又消灭了前上司袁绍的势力，由此基本统一了中国北
方。而此后西晋继承曹魏的基业征服蜀汉与东吴的那种
"必然"，也会随着曹操在濮阳的死亡烟消云散。

　　看到这里，有人或许会抬杠说：上面说的这些偶然性，
其实也是可以经由"必然性"或至少是概率论而被进一步
解释的。比如，根据现在一些历史学家的考证，吕布手下

的骑兵不少是南匈奴人，他们对汉人的面孔本来就不太熟悉，因此，在战场上他们大概率是会认错人的——这就解释了曹操为何在濮阳之战时能在乱军中逃脱，"偶然性"在此依然只是扮演了一个边缘性角色。

九鬼周造当然想到了这些质疑。他的反驳思路有两条：

第一，诉诸实存主义思路的反驳：科学关心的是普遍一般，我们这些个体关心的是自己的生存与命运。譬如，假设有一种传染病的死亡率是百万分之一，但落到张三头上，就意味着张三的世界的百分之百的终结。受到海德格尔思想影响的九鬼自然更关注能够在"此在"的现象学界面里展现的东西，而不是基于必然性的宏大叙事。

第二，基于某种准唯名论的形而上学立场的反驳（"唯名论"指的是任何诉诸特殊性的形而上学立场）：世界上的所有一般性规律，无论其数学表达如何精美，若要真正进入物理现实，就依然离不开具体的"规律展现者"——譬如，一个科学家要证明他提出的某个一般性的科学假设是准确的，毕竟还得在一个特殊的时间与特殊的地点，经由特殊的实验操作人员与特殊的设备才能对该假设予以成功的验证。纵然这种验证需要大量的后续验证加以比对后才能被科学共同体接受，但如果没有第一次成功的经验验证，就不会有后续的验证的出现。基于上述的考量，在特殊事件里无法消除的偶然性因素，依然构成了必然性叙事的某种不可被消除的底色。

为了使这种基于偶然性的哲学叙事显得更有层次感，九鬼周造区分了三种偶然：定言的偶然（这个说法直译自日语）、假言的偶然（日语：假说的偶然）以及选言的偶然（日语：**離接的偶然**）[10]——随着偶然性层次的深入，基于必然性的言说方式的效力也会变得越来越低。我们现在就来简单地阐释一下这个三明治结构。

先来说"定言的偶然"。假设你看到了一片三叶草，结果却发现它有四片叶子，你就随口说了一句话："这真是一片奇怪的三叶草。"在这句话里，"这"所指涉的对象是有四片叶子的，但是其谓语"三叶草"的字面意思却是"只有三片叶子的草"。因此，主语所描述的对象与谓语的含义就产生了直接的冲突——而这便是我们在日常生活中偶尔会发生的事情。想想下面这个与之类似的句例吧："张飞竟然也能想出这个妙计？"——此语显然暗指张飞当下的表现与他带给众人的刻板印象之间的反常矛盾——而此类反常往往会引发观众在心理上的惊讶。所谓"定言的偶然"也就是这么一个意思：我们所发现的现象无法被纳入我们对于事物的朴素的认知模板中，因此成为游离于这些认知模板的"无家可归者"。

有人或许会反驳说：这种反常之所以产生，貌似就是因为解释者仅仅依赖于常识所提供的朴素认知模板，而没有诉诸科学。换言之，为何有些三叶草有四片叶子，似乎不难通过基因突变之类的科学话术而得到解释。但即便如此，九鬼的问题依然还在：为何基因突变就发生在此处，而不是在彼处？这就类似于如下反问：为何曹操在濮阳没有撞上一个恰好认识曹操的吕布军兵卒？

普遍性科学解释模式的坚持者依然会说：上述问题之

所以显得难以回答，乃是因为我们知道得还不够多——如果我们知道得更多，就可以解释这一切。

　　但在九鬼看来，事情还真没那么简单。请想一下数学吧（数学因其普遍性特征而往往被“必然性”的爱好者视为扑灭“偶然性”火苗的最佳工具）——如果数学现象自身也有偶然性的话，你又该用什么东西去消除它呢？以下就是九鬼想到的一个案例：

　　　　在“理由的积极的偶然”中，两个或两个以上事物之间并没有那种根据理由性而成立的必然关系；但在它们之间，却有某种另外的积极关系被目击了。这种偶然性常常在数的关系中得到表现。例如，若把和圆周率有关的所谓阿基米德 π 值 $3\frac{1}{7}$ 改写为小数的话，我们就能得到如下的循环小数：

　　　　3.142857142857……

　　　　虽然循环节“142857”“一次又一次地”（πάλιν καὶ πάλιν）反复出现，但是在这里，圆周同其直径之比近似数值的性质，是由于理由性的必然关系所决定的，同命数法 [11] 并无任何关联。因此，根据数的性质，小数第一位到第六位的所对应的部分是被必然地规定的，同样，小数第七位到第十二位的所对应的部分也是被必然地规定的。然而，为了把这个近似值用数字表达出来，我们采用了十进制命数法这一技巧，而基于此法呈现出的“142857”、“142857”这一循环，便作为偶然性被积极地目击了。即使是在此小数十二

位之后，同样的关系也无尽地重复着。这里我们不妨
进一步考察"142857"这个数。在一个圆板上作一个
内接于圆的六边形，然后在各个顶点上把"142857"
中的数字按顺时针方向依次排列。接着，把这个数乘
以二倍，我们得到了285714，乘以三倍得到428571，
乘以四倍得到571428，乘以五倍得到714285，乘以
六倍得到857142。它们和圆上之数乃是同样的数字、
同样的顺序：乘以二倍得到的数就取2为出发点顺时
针方向旋转即可，乘以三倍得到的数取4为出发点，
四倍得到的数取5，五倍得到的数取7，六倍得到的
数取8，换言之，只要各取对应出发点顺时针旋转，
即可得到相同的数。另外，将142857这个数乘以7
可得999999，故而此数亦为一百万除以七所得商的
整数部分。说到底，142857和其二倍、三倍、四倍、
五倍、六倍的诸数之间的必然关系，仅仅只是一个公
约数同其各倍数的关系罢了。而基于公约数是9的倍
数这一理由，我们还可推论得知公约数各倍数也是九
的倍数。然而我们却发现，在这种必然关系之外，居
然还有着上文描述的那种特殊关系，这乃是基于将各
个数本身当作终极的根据，进而思考从右端数字向左
端数字回归的圆形运动而得到。通过圆形运动而刻画
出的这种数与数间的相符关系乃是一种偶然关系，同
一数和其各倍数间的必然关系毫无关联。我们可以将
这个循环数列读为"在世中无居所（世には居ない）"
（四二八五七一）[12]，它毫无动变、全然静止，即便

翻上二、三、四、五、六倍也仍旧如故。不管因由如何，这一现象都值得我们关注。正是在我们积极地目击这种关系的情况中，存有着积极的偶然。[13]

九鬼在上文中所给出的数学案例虽然有点繁琐，但牵涉到的数学知识其实并不深，读者们有闲的话可以自己用计算器验证一下他给出的计算。关键是这里所涉及的数学哲学问题：为何 $3\frac{1}{7}$ 的小数形式会出现"142857"的反复循环呢（以及引文里提到的一系列衍生性的奇怪数学现象）？这一点本身如何解释？如果得不到解释，这难道不是"假言的偶然性"的表现吗（换言之，上述数列的反复循环作为结果出现，并非是被"1 被 7 除"这一假言条件本身所能必然说明的）？而且，这一偶然性似乎很难通过科学的进一步发展来得到解释，因为我们不知道要诉诸哪些科学资源。譬如，$3\frac{1}{7}$ 的这一特点只有在展开为十进制的情况下才会展现——但为何恰好是十进制呢？请注意，从宇宙的大尺度去看，没有任何必然性表明人类必须采用十进制，而人类喜好十进制又似乎是基于一个偶然的进化结果：因为我们人类正好有十根手指（而手指又是最自然的用来数数的工具）。因此，这种由进化生物学与数学之交叉所产生的偶然性，又需要从何种学科得到解释呢？遑论日语中"四二八五七一"与"在世中无居所"这两个表达式之间的谐音所呈现的偶然性了。

由此我们就得到了九鬼的偶然性叙事的第二层次："假言的偶然性"[14]——也就是说，一个现象的发生缺乏可靠的解释加以支持，因此，它就无法被纳入到一个稳定的假说体系之中。

而这一层偶然性又马上将我们引向了最深一层的偶然："选言的偶然性"。而这一层偶然性的表达本身又以时空问题为媒介——这和时空有什么关系呢？九鬼写道：

> 我们已经说明，在经验界中，积极的相对的偶然的主要构成环节乃是同时性。从这一点看，同时性在其本质上就暗示了空间性。换言之，由于本真意义上的偶然性存于两个或两个以上因果序列的交叉点上，所以它乃是成立于"此时此地"（hic et nunc），并且被限定在空间的"此地"和时间的"此时"的。[15]

这段话的意思是：假言层面上的偶然性，往往出现在两个不同的因果序列的交叉点上，比如，人类有十根手指这一生物学事实与特定的数学知识的交叉点——因此，这两条彼此交叉的线索就呈现出了时空上的"同时同地"特征。而这种"同时同地"特征本身就具有了"选言"的特点。

那么，到底什么叫"选言"呢？请试想这样一句话："我不知道苍井小姐现在在哪里——或许在神户，或许在金泽，谁知道呢？"现在我们再将苍井小姐可能到的地方加四个（纽约、巴黎、首尔、赫尔松），然后做一个六面的骰子，并且让每个骰子代表她目下可能在的地方。现在你在对苍井以及这些地名的背景一无所知的情况下被交付了这样一个任务：猜测她现在在何处。

　　显然，面对这个任务时，你只能用上面所提到的骰子赌一把。假设这个骰子的内部物质密度是均匀的，而你每次扔出骰子的姿势又都是随机变化的，那么，从原则上看，骰子任何一面被选中的概率都只能是六分之一。因此，你猜中苍井之实际位置的概率其实是很低的。此外，由于任何面之间都没有与物理实在有关的联系——比如，代表"首尔"的那个面并不因为现实中的首尔与金泽更接近而与代表"金泽"的那个面之间具有概率学上的更密切的联系——因此，每个有待被选中的面都与别的面处在纯然离散的状态中。换言之，你只能硬着头皮盲选。不过，一旦你选对了，你所选的那一面就和与之对应的关于苍井小姐位置的实际情报产生了"同时同地"的共振现象。因此，在上一层的偶然性——假言的偶然性——背后，显然还有一层更深刻的偶然性在起作用，这就是"选言的偶然"，也就是在一大堆彼此毫无联系的选项之中"盲选"并选中正确答案的那种偶然。

　　读者或许会说，盲选活动必须预设有选择者，但在客观的物质世界中，谁又是选择者呢？这是不是要预设一个绝对的神的存在呢？别说，在《偶然性的问题》中，九鬼真的写了一个标题叫"形而上的绝对者"的小节。九鬼写道：

　　　　原始偶然和绝对的形而上的必然两者是同一的。从根本上来说，原始偶然也好，绝对的必然也罢，它们其实都是形而上的绝对者。这和《易》之太极异曲同工：它作为形而上的绝对者，既可以被认为是原始偶然，也可以被认为是绝对的必然。总之，绝对的形而上必然和原始偶然不过是一体之两面罢了。不管是斯宾诺莎的"自因"，还是谢林的"自身偶然"（das durch sich selbst Zufällige），它们也终究要汇合为一。绝对者正拥有着"必然—偶然者"这一矛盾特征。如雅克布·伯麦所言，它既是"然"（Ja），也是"否"（Nein）。[16]

从表面上看，上段引文的意思是：虽然西方形而上学传统喜欢将"形而上学的绝对者"说成是"必然性"的代表，但从辩证法的角度看，绝对的必然性其实就是绝对的偶然性——或者说，使一切选择得以可能的那个"原始的偶然"（套用今天的科学术语来说，"原始的偶然"大约对应于霍金所描述的宇宙大爆炸进程所具有的偶然性）。不过在我看来，这是九鬼利用辩证法的话术在西方传统绝对者叙事中"掺沙子"，而未必真的意味着九鬼相信可以把基督教哲学毫无阻碍地吸收进他的偶然性叙事。换言之，九鬼对于"原始偶然"的下述描述其实是无法与"上帝"概念所自带的目的论架构相容的：

偶然是无概念的，是无关联的；它是无法则，无秩序，无介意，无关心。偶然并无目的，亦无意图，更无因缘。它时现时隐，盲目无眼。如莎士比亚所喻，偶然是"无底的"，又如黑格尔所述，偶然是"无理由的"。[17]

　　从这个角度看，基督教哲学的"绝对者"其实是"绝对的有"（即为万事万物的存在提供相应的存在根据），而九鬼的带有佛教色彩的"绝对者"其实是"绝对的无"（即为万事万物的存在消解相应的存在根据），二者并不是一回事。

　　读到这里，读者或许会感受到，这种基于偶然性的形而上学既然这么"佛系"，难道不会起到消解任何层面上的人生计划的作用吗？比如，一个读了《偶然性的问题》并被其说服的普通读者，或许会放弃职业上的所有进取规划，因为他突然意识到世界本身既然是"无法则，无秩序，无介意，无关心"的，那他又为何对自己的人生计划如此上心呢？而一个读了《偶然性的问题》并被其说服的日本军人或许也会这么想吧：既然绝对的偶然是在世界的最深处起作用的，那么，我们为何相信日军必胜呢？话又说回来了，胜了又如何呢？连作为绝对者的神都不关心的事情，我为何要关心呢？

　　以上对于九鬼的偶然性哲学之伦理—政治蕴意的解读虽然切中了九鬼偶然性叙述的一个面相，却忽略了它的复杂性。让我们再回顾一下前文提到的那个关于"球滚大地"的隐喻：那类造成"球"之胚型的原始偶然性事件——比如，女娲补天时偶然搓出来的一个泥丸子，被漫不经心地扔到了大地上——会随着球自身的滚动而慢慢向着必然性的方向接近。因此，对于个体而言，那些已经被历史锁定的偶然性是没有意义的。举个例子，当28岁的孙权在赤壁面对长江北岸20万（诈称80万）的曹操大军的时候，他就不应该浪费哪怕一秒钟去思考这样的与"偶然性"相关的问题：当年吕布的手下为何就没在濮阳辨认出曹贼呢？假若曹贼那时就已死了，现在我的麻烦不就都没了吗？——他之所以不应思考这样的问题，因为这种遥远的"偶然"已经被冻结。正如在漫长的生物演化史上，智人打败尼安德特人的那种"偶然性"也早已被冻结为"必然性"一样。此刻孙权唯一能够做的，便是去直面那种他能参与其中的偶然性，正如斯多葛主义者所教导的那样：改变你能改变的，但不要费心思考那些你不能改变的。正是基于这种观察，九鬼周造引出了"命运"概念——所谓命运，便是那种糅杂着大量的必然性因素，但依然给个体的偶然性行动提供空间的场所。而就这一场所中偶然性因素与必然性因素之间的配比而言，九鬼又区分出了"普通的命运"（在其中个体所不能把握的必然性因素占优）与"本真的命运"（在其中个体所能把握的偶然性因素占优）。需要注意的是，在强调这种区分时，九鬼还有意识地使用了海德格尔在"常人"与"此在的本真性存在"之间的著名二分法：

　　　虽然在普通的"命运"概念中，人们认为"目的的偶然"和"目的的必然"的结合是"目的的必然制约着目的的偶然"；但与此相反，在本真意义的"命运"概念中却是"目的的偶然"制约着"目的的必然"；又或者在另外某种意义上，两者是相互制约才实现结合的。在这里，我们就能看到普通的"命运"概念和本真意义上的"命运"概念之间的不同。举例来说，海德格尔的命运概念中表达的便是本真意义上的"命运"概念。只有在内在于先行的决心性之中，命运才真正成为命运。命运乃是此在的本原性事件。因此，它应当既是一种被抛性（Geworfenheit），又是一个筹划（Entwurf）。它必须在它既承受了、又选择了的可能性中，把自身交付予自身。命运存在于交付自身的决心性的超力（Übermacht）与无力（Ohnmacht）的结合中。"无力之超力"直面着当前照面的偶然性，并充满热情地将自身交付给自身；而它正是命运所在的场所。既具有将来性，但同时又在根源上既已存在的存在者，在有限性之中将可能性赋予自身，同时又领受自身的被抛性：这就是命运。[18]

读到这里，我们似乎应当看出一点端倪了：就其自身的纯粹形而上学形态而言，九鬼的偶然性叙事几乎能够被具有任何政治立场的读者所利用。一个日本军国主义者会利用这套话语模板说：虽然日本参与世界瓜分的时间的确是比西方列强更晚一些，但这就是日本人被抛入的历史现实，而具有本真命运感的日本人应当勇敢接受现实的挑战，积极筹划将白人势力驱逐出亚洲的未来。同样，一个中国军人也会利用一模一样的哲学修辞说：虽然目下之中国相较日本，自身的军事工业的确非常弱小，但这就是当下中国人被抛入的历史现实，而具有本真命运感的中国人应当勇敢接受现实的挑战，以"一寸山河一寸血"的气概，积极筹划将日军势力驱离中国所有领土的未来。甚至一个对政治毫无兴趣的白领也可以这么激励自己：我的确不是什么富二代与官二代，但这就是我被抛入的现实——在该现实本身无法被改变的前提下，我依然要勇敢地面对该现实，积极筹划我在"北、上、广"的未来。

这样说来，九鬼的思想倾向难道就是纯然中立的吗？

对此，我的看法是：当涉及美学问题时，九鬼的偶然性叙事明显转向小资产阶级的自由主义文艺路线，并因此与法西斯主义的国家叙事拉开距离；而当明确牵涉到政治表态的时候，九鬼的偶然性叙事就又加入了法西斯主义的国家叙事理路。不过，仅从逻辑融贯性而言，九鬼的形而上学理论与其美学理论之间的关系的确显得更"顺滑"一些。因此，就其纯粹哲学形态而言，九鬼的偶然性哲学具有更鲜明的中产阶级与小资产阶级哲学意识形态的色彩，而不是字面意义上的法西斯哲学。

接下来我们再来看看九鬼偶然论思想统摄下的美学理论："いき"（罗马音"iki"）论。

九鬼的"艺伎哲学"

九鬼除了有深刻的形而上学思想，在美学研究方面也是一个好手。[19] 其实，就对于大众的影响力而言，九鬼的核心哲学著作《偶然性的问题》是远远不如其美学代表性作品《いきの构造》的——即使在不太重视日本哲学的汉语思想界，该书目前也至少有了四个汉语译本。[20] 此书的英文译本则包含了赖莫（Thomas Rimer）以及米克尔森（Mark Mikkelsen）写的两篇解读性文章 [21]，学术参考价值也不小。不过，英语世界对九鬼美学的解读，要么过分强调其与现象学的联系 [22]，要么过于强调其美学思想的国家主义色彩 [23]，而对九鬼此书与江户町人 [24] 文化（其本质上是一种前现代的市民文化，或是现代中产阶级意识形态的雏形）之间的关联却相对不够重视。而在我看来，对这种关联的观察显然对判断九鬼的实际政治倾向是有用的。

不过，在切入对于这一关联的考察之前，我还得先来解释一下为何在翻译此书书名的时候，我保留"いき"这个假名表达，而不将其转换成某个汉字表达。这貌似是一件小事，却颇能体现九鬼偶然论对其美学思想的影响。

让我们先从人人都知的押韵技法说起。众所周知，世界上大多数诗歌的特点乃是押韵，而在喜剧写作中，"谐音梗"也能制造很多笑料。押韵也好，谐音也罢，其本质乃是两个意义不同的词的发音偶然地重合了，而对于这种重合的发现会引发读者或观众的惊异、欢笑与思考。如日本的反战电影《笑的大学》（富士电视台制作，2004 年上映，编剧三谷幸喜）里我很喜欢的一段台词所揭示的：

审查官：这部喜剧的本子为何是纯搞笑？怎么没有赞扬帝国圣战的内容？

喜剧作家：比如要写啥？

审查官：要写"亲爱的，我要走了，为了我的祖国"！

喜剧作家：得了！那您让我今晚回去先改改⋯⋯

（第二天又来了）

审查官：这你写的又是啥？

喜剧作家："亲爱的，我要走了，为了我的祖国"啊！——这不是您昨天让我加的吗？

审查官：那为何背景音马上又出现了"快回来吃妈妈做的火锅[25]"呢？

喜剧作家：但不加这句还叫喜剧吗？观众进剧场可都是花了钱的啊！

审查官：（暴怒⋯⋯）

　　显然，在上面的对话中，借着谐音，"祖国"与"火锅"这两个意义貌似无关的词被联系到了一起，并在九鬼偶然性哲学所强调的"同时同地"原则的统摄下产生了奇妙的"蒙太奇效应"。譬如，在上面的案例中，"祖国"带来的宏大叙事感立即被接踵而来的"火锅"带来的家庭温馨感所冲淡，使得后者成了对前者的反讽，并使得所有的观众在大笑之后也立即开始默默思考这样一个问题：为抽象的"大东亚圣战"理念送命，值得吗？家里的妈妈不正泪汪汪地盼着在中国或者南洋服役的儿子回家吃火锅吗？

　　作为"官二代"的九鬼当然不会在他的美学著作里表达类似于《笑的大学》这样的鲜明的反战思想，但对于文学中的押韵问题，九鬼可是专门写过一本《押韵论》的[26]。

而在《いき之构造》中，他对于"いき"这个概念之所以如此重视，便是因为该概念本身就是一个超级谐音梗。[27]一听到"いき"这个词的发音，会说日语的人或许就会联想起"生きる"（动词基本型，意为"活"）、"行きます"（动词ます型，意为"行"）和名词"息"——这些词在音韵构成上要么包含"いき"的发音，要么就直接发作"いき"。由于"活""行""息"这些词在日本人俗常会话中的高出现频度，九鬼对于"いき"的讨论会自然地让日语习得者联想到一个更为广阔的语言运用背景——而这种联通性恐怕是以"表意"为主要功能的汉字所无法肩负的。

关于这一点，九鬼本人是有清楚的意识的。他在该书"序言"里就写道：

> "いき"难道不是我们民族独立的"生活"[生き]方式之一吗？[28]

在全书快要结束的时候他又对这段话做出了更详细的解释：

> 研究"いき"的词源，就必须首先在存在论上阐明"生"（いき）、"息"（いき）、"行"（いき）和"いき"自身这几个词之间的关联。"生"无疑是构成一切的基础。"生きる"这词包含着两层意思：首先是生理上的活着——性别的特殊性就建立在这个基础之上；其次是，作为"いき"的质料因的"媚态"也是

从这层意思中产生出来的；"息"则是"生きる"的生理条件……[29]

日本文学史专家王向远先生则对"いき"这个词在江户色道文学中的用法做了更为专业的说明。他指出，在不同的文学作品中，"いき"还可以为更多的日本汉字作出标注，如《大通一寸郭茶番》中提到的"大通"、《意妓口》中的"意妓"、《春色凑之花》中的"好风"、《清谈松之调》中的"当世"、《春告鸟》中的"好雅"、《大通秘密论》中的"雅"、《梅之春》中的"好意"，等等。[30] 换言之，在九鬼所熟悉的江户时期的通俗文学实践中，为"いき"配置汉字解释的空间乃是非常宽阔的，若仅仅写出"いき"而不写出一个确定的汉字，九鬼便可以继续保持该词的意思的暧昧与软色情意味[31]，并允许读者发挥自己的主动性，在当下偶然地产生自己的解读方案。

而这种基于"いき"的暧昧写法，甚至构成了九鬼自己的某种文化骄傲——但这不是日本人对非日本人的文化骄傲，而是喜欢使用"いき"这个概念的江户人（即后来的东京人）对喜欢与之类似的概念"粹"的大阪、京都地区的"上方女子"的文化骄傲（顺便说一句，尽管九鬼是京都学派成员，但他本人毕竟是东京人）。他在《いき之构造》中专门引用了幕府时期的滑稽本作家式亭三马（1776—1822）的作品《浮世澡堂》中关于"いき"的一段对话，而谈话所涉及的主题乃是非常典型的市井谈资——布料的颜色：

江户女子：淡紫色看起来非常"いき"呢！（原文：薄紫といふやなあんばいで意気[32]だねえ。）

上方女子：真是非常的"粹"啊！（原文：いつかう粹ぢや。）[33]

当然，若仅仅就"いき"一词寓意的丰富性，就将其拉扯到九鬼的偶然性叙事上去，还是略显勉强。而且，"いき"过于宽泛的含义，也会让不懂日语的读者对该词的含义感到困惑。因此，九鬼还需要向大家展示那些能够承载"いき"之审美价值的具体审美案例。而九鬼此书的有趣之处也在于此：他所展示的与之相关的审美案例竟然不是诸如插花、园艺之类的静态艺术形式（尽管该书也略谈了这些艺术形式），而是作为江户时期的游廊文化之一部分的艺伎行当！

众所周知，艺伎所从事的有偿陪侍活动本身是一种商业活动——与之相比，庭院艺术与插花艺术未必与商业运作相关。因此，九鬼选择的美学分析案例本身就是带有一定"铜臭味"的，而这一点也足以证明他对于町人意识形态的接受。

既然牵涉到钱，就自然牵涉到作为交易双方的艺伎及其男性顾客之间的关系。这二者之间的"被消费"和"消费"关系当然是一种权力上的不对等关系，而男女之间的性别差异则为这一不对等关系注入了所谓的"质料因"。由此我们也就不难理解为何九鬼赋予"いき"的"内涵型构造"的第一重意蕴便是所谓的"媚态"（びたい）了。具体而言，

"媚态"可以被视为"一元性存在的个体自己为自己确定一个异性对象，以便让自己与该异性之间构成可能关系而采纳的一种二元性态度"[34]。很明显，从偶然性哲学的角度看，"媚态"体现了某种贯彻于江户时期的游廊文化之中的商业逻辑的必然性：只要艺伎开门迎客，其工作就必然处在与别的艺伎的商业竞争之中，而为了不在竞争中失败，几乎所有的艺伎都不得不对男性顾客表示出"媚态"，以便为维持二者之间相对稳定的关系制造可能性。

　　然而，这种通过"媚态"而表现的屈从并不能够被简单地还原为"服务提供方"向"消费方"的无条件服从。众所周知，艺伎的服务并不包含直接的性交易，而在今日的日本，艺伎更被视为一种接近于艺术家的职业，因此是带有一定的职业尊严的。但这样一来，对于职业尊严的维护就与上面所说的"媚态"构成了某种张力，也就是说：媚态的功夫必须做足，以便吸引异性加入此种二元关系；但又不能做得太过，以防对方太容易得到自己，致使二元关系"塌缩"。至于九鬼本人，则用"阿基里斯追乌龟"之喻来描述这种分寸感：乌龟既要让追求者不停靠近自己，但又不能真的让其得手（顺便说一句，这是我所看到的对于"阿基里斯追乌龟"之喻的最浪漫的解读了）[35]。而为了达到这种效果，"媚态"就需要一种相反的力量与之构成"颉颃效应"（opponent effect），此即关于"いき"的语言游戏规则集中的第二条："意气地"（日本汉字"意気地"，假名いきじ，也有翻译为"骨气"的）。九鬼将"意气地"视为江户文化之道德理想的承载，甚至将其视为一种女性版的"武士道精神"。具体到江户的游廊文化的语境之中，这则是指相对于"不挑客"的低端性工作者而言，江户高端艺伎对于尊严和超出肉欲的情感的追求。换言之，在"意气地"这条游戏规则中，原本弱势的艺伎试图反客为主，掌控男女二元关系的走向。很明显，从偶然性哲学的角度看，"意气地"代表了艺伎—顾客关系中的"不可能性"面相：男性顾客不管有多少财力，都无法将艺伎当作低端性工作者来看待。

不过，与这种从男性顾客立场上看的"不可能性"相对应，从艺伎立场上看也有一种类似的"不可能性"——也就是说，当渴望获得真正爱情的艺伎在一次次被戏要之后，亦会一次次意识到获得理想爱情的"不可能性"。而对这种"不可能性"的"不服输态度"显然会导致一些想不开的艺伎难以继续从业。而为了使前述"阿基里斯追乌龟"的游戏能够继续下去，这就需要引入关于"いき"的第三个环节：谛观（日文"諦め"，也有翻译为"死心"的）。这条在名称上就带有浓重佛教色彩的规则，可以说是构成了对于前述"意气地"的某种平衡：它要求游戏参与者小心调节其与游戏的认真程度以及心理预算的支出量，以便能在面临背叛的时候控制心理能量的损失，并始终保持建设新的男女二元关系的心境。但究竟如何调节游戏者对于游戏的认真程度，显然就需要从"偶然性"方面来考察了。换言之，那些因为偶然因素而没有控制好这个分寸的艺伎，就会成为行业的失败者，并因此遭受心理上、肉体上或财产上的损失。

　　我们能够从九鬼的上述"いき"叙事中读出不少从其抽象的"偶然性"叙事中读不到的东西：

　　第一，作为海德格尔学生与萨特之"大师兄"的九鬼周造，在全球实存主义发展历史上第一次在对于自—他关系的分析的模型中提到了男女关系，这一做法要早于萨特女友德·波伏娃的《第二性》（1949年首版）[36] 快三十年。不过，与在萨特哲学的激励下大胆挑战男权文化的德·波伏娃不同，九鬼的态度要暧昧得多：比如，在预设了男权文化的统治地位的情况下，他有节制地试图为处于弱势地位的艺伎的道德理想进行辩护，试图两面讨好。但从萨特和德·波伏娃的哲学立场看，这种两面讨好本身就是一种"自欺"：艺伎游戏中的男性顾客假装不知道男权文化的整体优势地位并假装欣赏艺伎在局部场域中展现出的"骨气"，而艺伎又假装不知道自己情感付出的商品实质而假装在这场"主—奴辩证法"的搏斗中占据一定的主动性。很明显，若以更激进地宣扬个体自由的《存在与虚无》以及《第二性》为参照，九鬼的这种带有自欺色彩的暧昧性充分体现了偶然性哲学的保守特征——尽管从纯粹学理的角度看，从这种哲学中引申出一种更积极立场依然是可能的。

　　第二，九鬼在其"いき"叙事中充分体现了他对于江户町人文化的热爱，这与和辻哲郎对于町人文化的警觉（详见下章）构成了鲜明反差。尤其值得注意的是，九鬼在此书中引用江户时期色道文学的比例颇高（这些书在幕府时期往往被列为禁书，甚至在昭和时代也是不登大雅之堂的），这足以说明九鬼本人有着比较明确的文化自由主义意识。而町人意识形态的两个面相——既尊重市场交易规则，又试图维持基本的伦理尊严——在九鬼对于艺伎文化的阐述中也得到了充分的体现。很明显，按照黑格尔《法哲学原理》对"伦理体系"中的"家庭—市民社会—国家"三分法，九鬼对艺伎文化的哲学阐释是直接服务于市民社会（而不是国家）的——而这一哲学特征，自然也与"只谈风花雪月、不谈政治"的小资产阶级意识形态构成了应和。

第三，基于"いき"叙事的审美情趣甚至在具体细节上也与基于国家主义的审美情趣格格不入。譬如，在谈到颜色审美时，在九鬼所列出的最为"いき"的三种颜色中，头一种即"鼠色"（灰色的一种），第二和第三则是同样看上去不那么鲜艳的"茶色"和"青色"。这种喜灰厌彩的审美偏好背后，则是九鬼所把捉到的色彩和人类行为之间的某种可类比性。在鼠色、茶色和青色中，他看到了在艺伎—顾客关系中我们所已经看到的"谛观"：那是一种"伴随着华丽体验的消极性视觉残像"[37]。而在"茶色"中他则看到了华丽的色调在饱和度减少之后所展现出的朝向谛观的"媚态"[38]。这也就是说，一种色彩越是显得像是"彩色的"，就越不会被以"いき"为标准的颜色评判系统所偏好。敏锐的读者会立即发现，这种配色偏好会导致九鬼讨厌任何一种国旗或者军旗的配色，因为此类带有政治宣示意味的旗帜将不得不使用艳色配比方案以维持其可辨识度。九鬼本人自然知道其颜色理论的这一意蕴。在此书的一个注释中，他以嘲讽的口吻提及美国国旗中的蓝白红的三色搭配，认为这种过于华丽的色彩搭配缺乏"いき"的积淀[39]——不过，念及美国国旗的配色方案其实也有相当的普遍性，九鬼此番评论的真正用意其实也是颇为耐人寻味的。

第四，虽然九鬼对于基于"いき"概念的审美意识的民族性多有强调，但是他并未由此认为这一审美意识是无法被世界化的。藤田正胜和坂部惠曾核对了《いき之构造》的 1930 年正式刊行本和其更早期的草稿之间的差别，发现九鬼本人本来是很积极地思考过"いき文化是否能够融入欧美文化"这个问题的——但这些段落却在正式刊行本中被大段删除了[40]。这也就是说，我们所看到的《いき之构造》对于日本文化特异性的高扬，或许只是九鬼本人的几种可能表达方式中最富民族主义色彩的一种而已。甚至在《いき之构造》的定稿版本的第三章中，九鬼依然非常明确地给出了一个在跨文化的价值体系坐标中给出"いき"定位的努力——而他在这个问题上付出的心力，足以粉碎任何一种将九鬼描述为一个文化相对主义者的解释企图。九鬼相关具体工作成果便是对于"审美价值六面体"的建立（见图-11[41]）。这个六面体的八个顶点分别代表"意气"、"土气"（日本汉字"野暮"）、"甘味"、"涩味"、"上品"、"下品"、"华丽"（日本汉字"派手"）、"朴素"（日本汉字"地味"），其中凡是处在对角线两端的两个顶点都构成了彼此对立的价值关系。九鬼为每个顶点所代表的价值都提供了日本人一看即懂的典型文化样本（如"华丽"的样本是丰臣秀吉的高调铺张，"朴素"的样本则是德川家康的

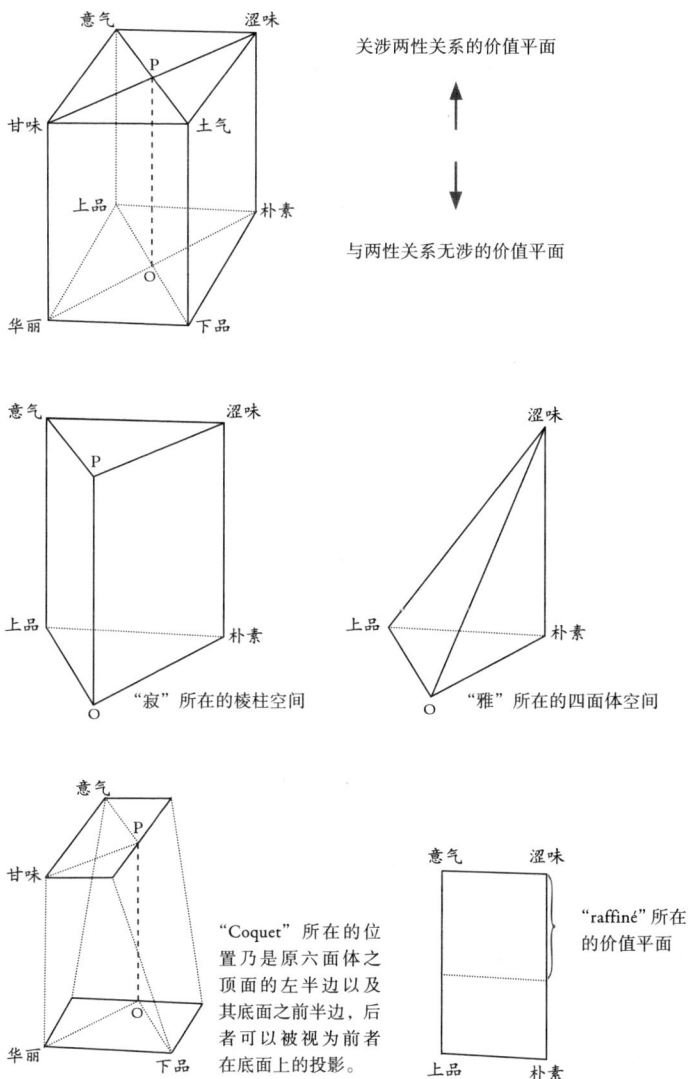

图 -11 九鬼的六面审美价值空间体（左上）以及从中分割出来的各种子空间体

朴素低调）。附有六面体的顶面代表和男女关系有关的价
值平面，底面则代表和男女关系无涉的价值平面。以这个
三维体为基础，他进一步试图通过这些点、线、面的关系
来勾勒日本民族和欧洲人的价值评价词——如"寂"、"雅"、
"味"、"乙"（姑且译为"妙趣"）、法语词"chic"（姑且译
为"雅致"）和法语词"raffiné"（姑且译为"精致"）——
由此将各民族的价值表述都视为这个三维体能够产生的表
述总集合的子集。由此看来，九鬼的确试图将他的日本审
美论与世界各国的审美理论熔铸为一个超级大体系，而并
没有明确体现出"日本主义"的思想倾向（即将日本的审
美价值体系与世界各民族的审美价值体系相互剥离，认为
前者过于特殊，无法与后者相互沟通）。

尽管九鬼周造的形而上学理论与审美理论都没有表
现出其亲军国主义的倾向，但他在 1937 年发表在《文艺
春秋》上的小文《对时局的感想》中却明确支持日本正在
进行的侵华战争。那么，他在这篇文章里到底写了些什么
呢？他的拥战理论与其一般哲学观点之间的关系又如何
呢？这就是下一节所要讨论的话题了。

解剖《对时局的感想》这只麻雀

由于《对时局的感想》一文不长，译成中文不足两千
字，又是九鬼存世的唯一的关于战争的政论文字，在此我
便将其内容全部予以公布，并逐段加以评注。我读完此文

的总的体会是，九鬼在写作这段文字时明显在经历着一场心理煎熬：作为一个具有独立思考力的哲人，他本是有着和平主义的思想底蕴的；然而，作为一名日本国民（特别是一个日本"官二代"），所谓的"国家责任感"又使他无法不在字面上认同战争期间日本的官方意识形态。于是，整篇文字便陷入某种萨特所说的"自我欺骗"：用各种各样的牵强理由来遮蔽自己意识深处的真正渴求，强行说服自己参加日本军国主义的大合唱。

不过，实事求是地说，这篇文字的一开头，九鬼还是非常诚实地表明了自己对于战争的消极态度：

> 回想起来，那已经是（第一次）世界大战时期的事情了。如今已经过世的父亲要求我阅读法国哲学家布特鲁[42]的《战争论》。父亲把一本不知道从谁那里借来的此书的英译本塞给了我，要我读过之后，写下梗概给他看。我还记得，大学毕业了的我自己也有想做的事情，所以对此内心有点儿愤愤不平，但还是照着他说的做了。虽然已经记不得布特鲁具体论述了哪些观点了，但大体上我还记得，他把德国军国主义和德国哲学结合在一起，把尼采权力意志的哲学按上了野蛮性的烙印。与此相反，作者又自夸道，法国的国民性是活在希腊罗马古典精神的传统之中的。他还引用了沃夫纳格侯爵的名言："伟大的思想来自心脏。"[43]

这段话的要点如下：（1）对于布特鲁的《战争论》这

样的书，九鬼自己本是不想读的，之所以最终还是读了，也仅仅是给父亲九鬼隆一一个面子（在这里，作为日本高官的父亲的意见显然代表了一种渗入家庭内部的意识形态压力）。（2）九鬼在哲学上并不认同布特鲁将尼采哲学与德国军国主义强行联结的做法——换言之，在他看来，布特鲁对于尼采哲学的歪曲仅仅是出于维护法国民族自尊的需要，而无学术根据（因为按照他自己的观点，尼采哲学本不该被加上"野蛮的标记"）。从这个角度看，九鬼应当也与本书作者一样，主张对于哲学文本的解释应当严谨小心，不要随意加入自己的政治私货。（3）对于布特鲁本人对法兰西民族性的褒扬，九鬼也持保留态度（否则他就不会用"自夸"一词）。综上，在这段文字中，九鬼表达了一个典型的小资产阶级文艺青年对于一切政治狂热的疏离态度。

　　但接下来，九鬼似乎突然想起这篇文章的主题毕竟是对当下时局的评价，而非自己的私人感受。而在《文艺春秋》这一被无数双眼睛注视的公共舆论平台上，他立即强迫自己进入官方意识形态所设定的宏大叙事背景，以免被认为是不合群的。然而，出于哲学家的本性，他又担心他会由此立即进入无批判的集体狂热状态——这就使得他进入了某种明显的心理矛盾，正如下面这段文字所表露的：

　　　　当下，我们直面着支那事变。我的内心正催促着我对此事变进行反思。对于姑且算是浸淫在哲学中的我来说，无批判地被淹没进战争心理的集体性之中，意味着放弃了自己的立场。要彻底冷静地对事态本身进行凝视，这件事需牢记心头。[44]

九鬼借以克服上述矛盾的方式，便是用冷静的哲学语言为战争辩护——这样，他就既能避免被批判为与国家立场有异，又能避免放弃哲学家的思维习性（不过，用萨特的话来说，这又是一种"自欺"了）。即使如此，初步的思辨并没有真正消除他心里的矛盾，反而将其强化了：

> 战争对人类文化的辩证发展具有重要意义。这正如赫拉克利特所说："斗争乃万物之父。"然而，人类的普遍幸福是基于个人的幸福实现的，而战争则是为了整体而牺牲个人的幸福。这么一想，我其实一直是个和平主义者。然而，当有不可回避的事态迫使战争开始时，我们须使其有意义地结束。今日之状况，虽既无断交，亦无宣战，却无疑是一场战争。[45] 我撰写此稿时，都不止一次听见欢送军人出发的声音。这是战争。只要是战争，若不使其有意义地结束，便对不起为国家奉献生命的诸多同胞。[46]

在这段文字里，九鬼实际上提到了两种用以描述战争的哲学资源：一种是基于"上帝的视角"的——基于这种视角，战争貌似是锻造了民族性，并使世界精神以某种辩证形式得以展现（这其实是一种赫拉克利特与黑格尔的战争观）；但从"虫子"的视角去看，一种不以个体的幸福为前提的人类之全体幸福却又是无比虚伪的——而战争本身无疑会摧毁无数个体的幸福甚至生命（这其实是一种准自由主义的战争观）。不过，面对这两种哲学资源之间的矛盾，九鬼对其加以强行调和的方式却是非常不负责任的：他只是抽象地认定，既然战争已经爆发了，那么这件事便是无法改变的——吾辈所能够做的，就是让死去的生命变得有价值、有意义。很明显，这种表达带有明显的宿命论色彩，而极度缺乏萨特式的斗争精神——这就充分显示了"过去"——而不是"未来"——对于九鬼的偶然性叙事的牵引作用。从更深的角度看，这一点也体现了九鬼的偶然性叙事在政治上的高度可塑性——后来者既可以通过强调"原始偶然"在时间长河中被固化的现实而凸显整个叙事的宿命论方向，也可以通过强调某些还没被现实定型的偶然性因素的可控性而凸显自由意志的价值。而九鬼本人的政治立场的软弱与摇摆，则非常容易使他自己的哲学框架在不同的政治压力下被揉压成不同的状态。

在下面一段中，九鬼便在默认中日已经开战的"过去"的前提下，开始全面阐述让战争变得"有意义"的方案，即用"文化凝聚"的油彩去涂抹日本对于作为主权国家的中国进行侵犯的现实（这也是被三木清、田边元与和辻哲郎等京都学派哲人所反复采用的辩护策略）。他写道：

> 我相信，倘若日支共荣之意识能够真切地澎湃于日支两国国民心中，那么在这次事件中，我们也能找出充分的文化史意义。我们日本人必须在内心意识到，

相比于西洋人，我们与支那人的血缘更为亲近。不论从自然还是历史的角度来看，我们与彼等支那人都有很大的共同点。日本人必须与支那人协同共建亚细亚文化。这是自然赋予我们的任务。日本人和支那人都必须对此有着深深的自觉。过去，我们日本人向他们所学甚多。而今日，我们可教授他们之事亦甚多。我们当下所处的位置，是要怀着深刻的爱与理解，去引导步履困难的他们。我们必须要有将支那人——作为亚细亚的同胞——从心底出发去拥抱的气度。国际上，面对西洋人，我们须将彼等支那人作为东洋的兄弟加以庇护。若他们想要离开我们，我们须反躬自省，洞察其因，全力以赴为"日支协同"构建现实之基础。[47]

　　这当然是一段军国主义意识形态色彩非常浓郁的表述，其中出现"日支协同"这一表述也非常辣目。不过，尽管如此，九鬼行文至此，其作为哲学家的一面似乎又开始悄然反抗他已吞咽下去的主流意识形态叙述。具体而言，上一段引文似乎依然是在试图暗示他的读者：即使日军在攻击中国军民，将中国视为日本的客体依然是不合适的，日本人要对中国文化与中国人拥有"从心底出发去拥抱"的态度——甚至在中国人不想被日本人拥抱的时候，也要去多反思一下自己的不是。

　　显然，如果九鬼沿着这条思路写下去的话，具有最基本反思能力的读者恐怕就会反问：假若中国人真那么想被日本人拥抱的话，日军为何还要将几十万大军开到中国境

内，强迫中国人接受日本的拥抱呢？难道日本国民不应当
首先督促自己的政府立即撤军，以便为进一步的自我反省
创造最起码的政治条件吗？

然而，九鬼毕竟没有沿着这条思路写下去。抑或，他
本人也被上面一个段落的潜在意蕴给吓到了，于是马上在
下一个段落中重新回到军国主义叙事的主线上：

> 但是，我们必须在此次事变中战胜支那。有人说，
> 战争的胜败并非取决于军备的优劣，而在于军队拥有
> 的是一种怎样的哲学。此言甚是。我们日本人必须通
> 过战胜支那，将日本哲学的精神明确地教给彼等支那
> 人。用融贯了武士道形式的理想主义哲学，让彼等支
> 那人铭感肺腑，为彼等之祖国再兴赋以精神助力，这
> 难道不是我们日本人一个重要的文化史课题吗？对于
> 支那国民精神之再生，吾辈切不可惜力。若说这是不
> 可能的，那世上不可能者多矣。正是凭借"可能"之
> 信念，世界才得以向前迈进。[48]

从哲学角度看，这是这篇小文中第一次明确出现九鬼
所擅长的模态哲学讨论之处。似乎是意识到了战胜中国的
困难，他在此段一开头就用"必须"这一命令式语态来对
自己进行自我催眠，以遮蔽日本战败的可能。同时，"若
说这是不可能的，那世上不可能者多矣"一语，又通过这
种牵强的比较而进一步凸显"战胜中国"这一选项与理想
主义之间的关联。然而，前文反复提到的九鬼哲学的一个

老毛病也在这里：基于"偶然性"的叙事缺乏一种对于特定伦理立场的支持。换言之，理想主义固然往往都带有"明知不可为而为之"的悲壮感，但并不是所有具有"明知不可为而为之"的行为都是配得上"理想"二字的，因此，"明知不可为而为之"便是一个缺乏特定伦理规范内容的模糊表达。也正因为这种模糊性，一个来自抗日阵营的军人也完全可以通过重新编辑九鬼的上述暧昧修辞来反击九鬼："若说彻底光复被日寇占领的故土乃是不可能的，那世上不可能者多矣。正是凭借'可能'之信念，世界才得以向前迈进。"

但九鬼毕竟是哲学家，他不可能想不到他的修辞被反向利用的可能。为了消除这种可能，在下一段中，他开始对中国军人的战力与中国的国民性进行全面的污蔑，以便将中国战胜日本的可能性强行压缩到无限小：

今日支那人所普遍缺少的东西，无疑是理想主义的哲学。为此，他们的国家正在走向灭亡。支那国民是这样一群人：他们可以把一百发步枪子弹以区区一美元的价格卖给外国义勇队，他们的飞行员在战机被击中时，便只求用降落伞保命。而日本国民却相反：他们之中，不断地涌现出"肉弹三勇士"[49]，他们也以自己的飞行队而骄傲——后者以开降落伞为耻，拒而不用。面对开着坦克车的敌人，日本军人选拔出白襻敢死队[50]，向战车投掷突击手榴弹——这则新闻出来的时候，我是感慨万千地读完它的。不管是谁，只要听说了那位使出"撞机战法"的飞行员的故事——
当弹药用尽时，他喊道"麻烦死了，决一死战吧"，
便把战机机体的一部分撞向敌机机头——都会为其豪
壮的胆气所感染，燃起大和魂。而在听说了日本女性
或女性团体向可怜的支那妇女儿童捐赠一百打奶粉，
一千五百袋童丸和四百箱中将汤[51]的佳话后，亦无
人不会为大和抚子[52]之美而感怀吧。我们日本人，
是在光辉的传统中为理想主义而献身的一群国民。我
们的理想主义将使我们赢得正在进行的战争。[53]

　　九鬼上面这段文字对于中日士气的对比，显然会让任
何一个对当时战争实情有基本了解的读者哑然失笑。假若
中国军人真如九鬼所描述的那么不堪的话，那么从有"人
肉磨坊"之称的罗店，一直到姚子青营死战殉国的宝山城，
再到苏州河畔的四行仓库，日军本可轻易地一路攻城拔
寨——但实际上，光一个淞沪战场，装备低劣的中国军人
就将有重型航母支援的三十万日本精锐拖了三个月，遑论
日军以后在台儿庄、长沙与滇西吃的那些苦头。至于九鬼
对于中国军队的奇怪污蔑，要么与基本事实不符（比如，
当他说中国军队将子弹贱卖给外国义勇队的时候，完全不
顾抗战早期中国境内并无"外国义勇队"的事实[54]），要
么就是将正常的战术操作视为怯懦（比如，飞行员在飞机
受损后跳伞本是全世界空军的行为通例，相反，像日本飞
行员那样拒绝跳伞则会被普遍认为是颟顸愚蠢的表现）。
而九鬼对于日军"勇猛"事迹的吹嘘，则又是基于流传于

日本报纸上的一些"都市传说"——比如已经被证明是超级笑料的关于"肉弹三勇士"的报道。显然，站在本书第六章所要讨论的户坂润哲学的立场上看，九鬼面对的日常世界已经被日本官方媒体发动的信息认知战渗透得千疮百孔——而他本人却完全缺乏对于这些被污染的信息的辨识能力。

　　不过，仅仅从史实的角度来驳斥九鬼谬论还不够深刻——我们还需要深挖九鬼在这段评论中预设的哲学立场。我们可以从上述引文中辨识出两个立场：首先是一种不可救药的历史唯心论，即将战争的胜负视为两军意志的精神较量，而完全不谈军备、财政、地理、气象等物质要素对于战争的影响。第二个立场则是一种本质主义的哲学，也就是说，他已预先将"缺乏理想主义"这一本质主义标签强加到中国抗日军民的头上，然后才在这个基础上听信了日本媒体的一面之辞。很明显，这两个立场都背叛了他的偶然性哲学的基本立场。具体而言，基于历史唯心论的战争观使九鬼完全忽略了战争的物质面相与精神面相之间的复杂互动所产生的偶然性（譬如，中国的复杂地理环境对日军作战计划的可能的干扰）；而本质主义的民族观又使他根本无法真正顾及中国国情的复杂性，以及这种复杂性所导致的战场上的种种偶然性境遇（比如，日军既可能偶然地遭遇到一支一触即溃的中国杂牌部队，但也可能偶然地遭遇到一支装备尚可且士气旺盛的王牌部队）。换言之，九鬼不仅在此背叛了历史事实，也背叛了自己的哲学。

不过，作为一个哲学家，九鬼至少在一个抽象的层面上依然保留了对于战争的厌恶。为了能够将这种厌恶与他对于日军的支持相互协调，唯一的办法便是希望战争快一点过去，以期中日之间的裂痕能够因时间的流逝而被修补。这便是他在这篇小文的最后一段中所表露的意思：

> 为了让这次的事变有意义地结束，我们必须以理想主义为媒介，遂成日支文化共荣基础之构筑。而在事变终结时必会发生的外交折冲，也必须全面地被这种文化史的理念所引导。经济的机构和学术的能力，也必须在这一理念之下进行总动员。能够苦涩地补偿来自敌方与我方的无数生命之牺牲的，也只有对于这一文化史的理念的实现了吧。我衷心希望，仇恨支那人的时代能早日过去，从心底爱支那人的时代能早日到来。我衷心希望，将此事件作为日支外交辩证法发展的一个阶段，从而将该阶段在吾辈的回想中加以扬弃的那一天，能早日到来。[55]

从总体上看，九鬼的这份文本充分暴露出了一个典型的资产阶级哲学家在侵略战争背景下的"意志不坚"（the weakness of will）。这也是日本中产阶级的性格软弱性的集中体现。换言之，九鬼既有拥抱和平、反对战争的抽象意志，但这种意识毕竟是孱弱的，很容易被更强大的意识形态因素所干扰与扭曲。虽然上文对于九鬼思想中的和平主义因素的承认貌似是对他的一种开脱，但下面的几重考量却使得我们依然要将相应的伦理谴责施加到他所写的这篇小文之上：

第一，没有任何证据表明九鬼是在某种不可抗力的压迫下写作并发表此文的。换言之，他完全可以做到不发表任何拥战言论，且不必因此担心遭受来自官方的系统性的迫害。但是，九鬼并未选择这么做。

第二，九鬼本人具有惊人的外语天赋，他完全可以通过阅读西文报纸来获取关于战争的多样性信息。他却没有选择这么做——考虑到他这么做所要付出的认知成本要远远低于普通日本民众，他偏信日本媒体的信源这件事就需要加以特别的伦理谴责。

第三，同时，作为受到过全面学术训练的哲学家，九鬼本就有采集多重信源进行分析的情报能力。这也就使得他偏信日本一方战争信源的做法，必须承受进一步的伦理指责。

然而，看得更深一点，九鬼在特殊政治环境下表现出的懦弱与不融贯，其实是具有某种普遍性意义的，因为在"1984"式的监控下（这种监控当然不仅仅限于战时的日本），任何人都有可能会违背自己的良心，冻结自己对于正义的思考，而在国家主义的大合唱中祭献自己的自由。而"偶然性哲学"所自带的宿命论色彩，亦会在一定程度上消弭孤勇者与吹哨者逆风而行的胆色，成为极权主义不自觉的合谋者。从这个角度看，偶然性哲学所展现的"审美自由主义"的高雅风韵，若没有坚实外壳的保护，就会像脱壳的海蟹一样，被权欲熏心者所掀起的历史巨浪轻易压扁。

　　而将审美自由主义者之所以被军国主义的意识形态机器所裹挟的深层道理说透的，乃是京都学派中唯一的马克思主义者户坂润。不过，先别急，在介绍户坂润思想之前，我们还得插入对于和辻哲郎哲学的介绍。

第五章

和辻哲郎

文化保守主义真是军国主义之亲兄弟？

图-12 和辻哲郎手绘像

和辻哲郎何许人也？

　　和辻哲郎（Watsuji Tetsurō，1889—1960）比九鬼周造小一岁，但寿命比他长得多。他是兵库县一医学世家的孩子，算是姬路市的文化名人（此地也是巍峨雄壮的姬路城的所在地）。初中时的和辻本有做诗人的梦想，但在高中时却遇到了后来成为著名文艺评论学家的鱼住折芦（1883—1910，不过他在少年时代的名字叫"鱼住雄影"），从他嘴里知道了哲学研究才能为人类的所有精神活动提供反思性力量。中学时代结束后，和辻哲郎自然就去东京大学研读哲学了（当时京都大学的哲学教学队伍尚不如东京大学）。他本就有一颗文艺心，于是对与艺术有关的课程特别有兴趣。这期间他听了九鬼周造的精神养父冈仓天心开设的《泰东巧艺史》课程（内容既涉及日本飞鸟、奈良、平安时代的艺术，也涉及中国唐、五代与宋的艺术），很受启发。在大学时代他开始对尼采与萧伯纳之间的关系产生兴趣，不过此后兴趣慢慢转移到了尼采哲学。他本想以尼采为题撰写毕业论文，却被导师否定，想必他日后也会对此感到愤愤不平吧（在当时的日本，尼采还没有被普遍接受为一位哲学家，康德与亚里士多德之类的传统哲学大师才是讨巧的论文主题）。好强的和辻哲郎在毕业后的 1913 年出版了《尼采研究》一书，以作为心理宣泄。1915 年他又出版了《克尔凯郭尔》一书——此书可能也是整个东亚范围内第一部研究克尔凯郭尔的哲学著作。

　　大学毕业后的和辻哲郎曾到德国进修学习，并在海德格尔的名著《存在与时间》刚刚出版的时候就读到了这本书。归国后他又游历日本各地，将各地见闻写成文化散记出版。其中《古寺巡礼》一书影响尤大。此书实为和辻于1918年赴奈良游玩后写下的带有鲜明艺术哲学色彩的思想札记。热爱日本文化的和辻哲郎又写了大量与文化史相关的书籍，比如《日本精神史研究》《续日本精神史研究》《日本伦理思想史》等。他本人则先后在京都大学与东京大学任教。

　　但要论起和辻哲郎比较典型的原创性哲学著作，后世哲学界比较重视的主要有以下两部：一部是1935年出版的《风土》，另一部则是三卷本的《伦理学》（在1937—1949年陆续出版）。大致而言，和辻哲郎在这两本书中发展出了一种颇有特色的"风土伦理学"，也就是从文化共同体所在的风土环境去研究其伦理规则的形成方式。何谓"风土"呢？这里指的是共同体所在之地的自然与人文环境的总和，或用和辻自己的话来说，"是对某一地方的气候、气象、地质、地形、景观的总称"[1]。乍一听，此论似乎就是孟德斯鸠式的地理环境决定论的日本式阐述方式[2]，但和辻哲郎的贡献在于：通过对于空间问题的重新思考而在伦理学研究的根底层面上将伦理规则"空间化"了。而他的这一立论，本身也意味着对于海德格尔的"此在现象学"分析模式的一种反驳。

　　一种基于风土的伦理规则阐述方式，显然天然就带有保守主义风格——因为对于相对稳定的风土环境的重视，往往会导向对任何反传统的变革的敌视态度。而和辻哲郎本人也的确被普遍认为是一个"文化保守主义者"。这一标签本身并无失当之处。他对于日本文化之优越性的笃信，的确充斥于他的文化史论之中（在这个问题上他与九鬼周造构成了呼应）。譬如《古寺巡礼》中的这段对奈良药师寺供奉的圣观音像的描写，就很能反映和辻对于日本文化"综合东西文明"之特征的高度自信：

> 在我看来，使神性以人之姿容而得到展现的倾向，从文化的角度看，便可类比于将"印度"的精神通过"希腊"的形式而得到展现。圣观音像便是在向这种倾向之顶峰迈进的坡度中，非常接近该顶峰的一个处所——抑或说，它是否已达到了该顶峰，亦未为可知。若从这个角度看，圣观音像就不是与希腊彼此对峙的东西。它实乃印度之父与希腊之母所得之新生儿。基督教艺术，则是与圣观音同母异父之兄弟。此类思绪，激起了我异常强烈之兴趣。[3]

这种文化自信若仅仅局限在美学评论的领域，就算话说得有一点过头，也无伤大雅。不过，若让这种自信不断膨胀，甚而让自己成为军国主义思想的帮凶，就会铸成大错了。很可惜，和辻在这个问题上还是跨越了红线。1943年，和辻哲郎曾以"日本的臣道"为题，对海军学院的学员进行演讲，要求这些未来的日本海军军官以超越生死的觉悟来做好为天皇献身的准备。战时他还写了一本叫《美利坚的国民性》的小册子，对当时作为日本主要敌国的美国的国民性进行全面的歪曲化描述。这两份文献在战时也被合并成一册出版。[4] 1945 年日本投降后，驻日盟军总司令部将此书定为禁书，予以全面收缴和销毁（后文会披露一些此书的原文，以便让读者了解盟军为何如此痛恨此书）。当然，和辻的辩护者或许会说：考虑到战时严酷的言论控制，和辻在战时的这些言论究竟是否真实表达了其内心的政治态度，还需后人仔细考量。不过，也有一些证据似乎表明：即使就战后的政治表现而言，和辻也要比同在京都学派的田边元糟糕不少。田边元至少马上抛出了他的《忏悔道哲学》，对自己在战争期间发表的糊涂言论进行了哲学批判，而战后的和辻哲郎则依然痴迷于在 1946 年新宪法的框架中鼓吹天皇制的万世一系的本质，并与作为美浓部吉达之"天皇机关说"的支持者的宪法学家佐佐木惣一（1878—1965）打起了笔仗，因为他实在无法容忍佐佐木的下述观点：既然新宪法已经规定天皇不是神而是普通国民了，那么，基于天皇之神圣地位的旧日本国体也自然应随着新宪法的颁布而被颠覆了。[5] 老实说，在新宪法颁布已成大势所趋的背景下，再去强调当下的日本与以前的日本是否具有国体上的延续性，其实只具有一种形式上的意义——但和辻哲郎恰恰要连如此小的解释空间也不放过，继续顽强地伸张他的保皇主张，由此可反推出，他在战时发表的那些露骨言论，恐怕也未必不是其心声的袒露。当然，和辻的辩护者或许会说：和辻哲郎于 1950 年发表的畅销书《锁国》[6] 一改过去吹捧日本文化的论调，对明治维新之前日本二百多年的锁国历史进行了批判性考察，这恐怕也算是和辻思想转向的某种标志吧。但仔细一想，这一说法其实也有点牵强。在《锁国》中，和辻对于西洋文化的描述方式纵然要比《美利坚的国民性》要友好很多，但此刻的他却痴迷于描述西洋历史上的十字军东征与大航海时代，并很少论及基于威斯特伐利亚体系的现代国际规则的世界历史意义。或许和辻哲郎更想表达的是：假若日本在江户时代不采取锁国政策，而去早早参与对于世界霸权的追逐游戏，日本在20世纪的命运大概就会由此被改写吧！

读到这里，读者或许会问：按照上面的说法，和辻哲郎就是一个典型的京都学派右翼了，这样的学者的思想，又有什么玄机值得深究呢？

有！我提出的问题是：尽管作为文化保守主义者的和辻哲郎的确为军国主义当过吹鼓手，但从概念角度上看，"保守主义者"就一定是支持侵略的"军国主义者"吗？

显然，只要粗粗翻阅一下历史，我们就会发现有些保守主义者并不能算是典型的军国主义者。就拿西班牙的独裁者弗朗哥（Francisco Franco，1892—1975）来说，他的确是一个天主教传统文化的坚定捍卫者，但这并不等于说他与满脑子就想开疆拓土的希特勒或墨索里尼是一类人。实际上，他在二战中一直试图与纳粹保持距离，至多只是往苏联前线派遣了少量的"蓝色军团"[7]来搪塞希特勒的出兵请求，而且还一直与盟军暗通款曲。[8]可见，他是一个对侵占他国领土缺乏兴趣的保守主义者，在意识形态上也并不赞同那种通过牺牲大量青年士兵生命来达成国家目的的疯狂做法（内战且不论）。还有一些保守主义者，不要说做独裁者的兴趣，甚至连拿起任何一把手枪的兴趣都没有。最典型的案例便是美国境内的阿米什人：作为16世纪早期瑞士重洗派教徒的后裔，美国境内的阿米什人以不使用电力和汽车甚至脚踏车而著称（当然更别提去持枪了），因为他们认为这些新事物会影响家族的团聚或者使生活变得过于复杂。显然，一种基于阿米什人生活方式的文明是无法提供为侵略扩张所必需的大和号战列舰与零式战斗机的。

现在我们再从概念的角度来思考"保守主义"这一概念的含义。"保守主义"的字面含义是"坚守共同体的某种传统的主张"。但问题是，这其实是一个很含糊的表达，并没有说清楚这里牵涉的共同体是哪一个，而需要被保存的传统主张又是哪一个。因此，从语言哲学的角度，"保守主义"乃是一个"索引词"，也就是像"这""他""现在"这样的必须依赖语境所提供的索引才能获取最终意义的词汇。换言之，你若不确定"保守主义"的使用语境，你就无法确定你说的"保守主义"到底是什么意思。举例来说，如果某个文明的传统就是侵略与攻击，祖上十八辈都认为"真理在大炮的射程之内"，或是"我国只有两个盟友：我国的陆军与海军"——那么，这样意义上的保守主义者就会很轻易地转变为军国主义者；反之，若某种文明的传统就是内敛与忍让，信奉"多一事不如少一事"，那么，这种意义上的保守主义者反而会成为和平的拥护者。甚至在貌似铁定被贴上"保守主义者"标签的儒家内部，不同版本的保守主义者也会做出完全不同的事情：心心念念恢复周公之制的王莽，因为胡乱改制而被愤怒的人民杀死，而深度参与武装颠覆新莽政权的光武帝刘秀则恰恰说自己是儒家秩序的恢复者！从这个角度看，不涉及具体历史语境的"保守主义"标签是与"这里""那里"这样的标签同样空洞的。

那么，和辻哲郎究竟是哪种保守主义者呢？为了回答这个问题，我们必须要区分出三个层次的和辻思想：首先是作为纯哲学家的和辻哲郎，其次是作为文化史家的和辻哲郎，最后是作为政论家的和辻哲郎。我认为，作为哲学家的和辻哲郎提出的基于风土的保守主义伦理学，的确具有多重解释的可能性，因此，这一部分的思想乃是和辻思想中最具普适性的精华——甚而言之，一个跳出战时日本语境的和辻哲学解读者完全可以从中引申出一种反军国主义的保守主义思想版本。至于作为文化史家的和辻对于日本文化优越论的阐述，虽然会让非日本人感到一点冒犯，这至多也只能算是一种无伤大雅的"文化自嗨"，未必就会引申出军国主义的立场。而且，这一层次上的和辻著述亦具有不可辩驳的文化史价值。而作为政论家的和辻曾经抱有的"日本肯定能够击败美国"的信心，则是基于他对于一些重要历史事实的选择性无视之上的，因此，这一部分的思想的确是和辻思想的糟粕。不过，这部分糟粕的存在，主要是由和辻本人在经验事实辨识方面的错误所导致的，并不危及和辻哲学的抽象立论的合理性——正如海德格尔个人的亲纳粹言行不影响其核心哲学立论的合理性一样。总之，我们要小心地从和辻的浩瀚论著中区分出"死东西"与"活东西"。

在下一节中，我将对和辻风土伦理学的基本哲学特征进行概述，并特别聚焦于和辻试图超越海德格尔哲学之处。

另类的"存在"与被边缘化的"时间"

前面已经提到，和辻哲郎是在《存在与时间》出版的第一时间就在德国读到了此书。而他的名著《伦理学》亦处处流露出试图修正海德格尔思想的倾向。所以，要理解和辻哲学的脉络，我们还需要从海德格尔说起。

先从《存在与时间》这本书的书名说起。此书名显然有两个关键词："存在"与"时间"。

先来看"存在"。这个词的英译一般是"Being"，对应德文原文中的"Sein"。不过，难道"存在"真的是对于"Sein"的最合适的汉译方式吗？国内研究逻辑学与分析哲学的前辈王路先生曾撰文指出，这个"Sein"应当被汉译为"是"，因此，《存在与时间》这个书名也应当被翻译为《是与时》[9]。抛开这一汉译方案自身的拗口性不谈，我认为此方案至少能够帮助我们这些中国读者了解海德格尔到底想表达些什么。在讨论西田哲学时我已提到，西方哲学的传统思维逻辑乃是"主—谓"结构，比如，先确定一个被描述的对象（如"和辻哲郎"），然后确定一个谓述（如"京都大学的教授"），最后构成一个判断（如"和辻哲郎是一个京都大学的教授"）。显然，在由此形成的判断中，系词"是"就扮演了联系主—谓的枢纽作用。据此，按照海德格尔的话术，那些能够被系词"是"所联系并在判断中出现的表征，就是"是者"（"beings"。在此我们继续沿用王路先生的汉译方案）。但海德格尔却就此抱怨说，西方哲学的传统乃是聚焦于"是者"的问题，却不追问"是"的意义——或换用西田式的话语来说，西方哲学之主流只是满足于关注系词所为之服务的主词谓述，却不追问使联系主—谓的系词作用得以发挥的那个"场所"是什么。不过，基于海德格尔本人的基督教背景，当西田将这个"场所"的根底说成是"绝对无"（即"绝对的不是"）的时候，海德格尔则将其说成是"基础性的是"（"Being"。这个"基础性的"形容词是我加的。在英文文献中，则通过将"being"中头一个字母大写来表示这种基础性）。换言之，当西田认定使得主语进入某种谓述范围的力量是某种针对主语的否定性力量之时，海德格尔依然觉得使各种表征得以被联合的基础性力量乃是肯定性的。

说到这一步，不少读者恐怕依然会觉得如堕五里雾中：上面的抽象讨论，与和辻哲郎的风土伦理学到底有什么关系？

其实伦理学所关心的，无非就是个体与别的个体之间的关系如何被规范的问题。而当海德格尔思考与"Being"相关的问题的时候，他思考得更多的还是与个体相关的问题：我是谁？我为何还是一个单身？为何我不能是一个成功的企业家？不管怎么说，"是"这个词的表面功能，似乎就是在特定的主语与特定的谓述之间提供一次性的"摆渡服务"，因此，其与特定主语的联系依然是非常密切的。这也便是莎翁笔下的哈姆雷特哀叹自己命运时也需要用到此词的道理了："To be, or not to be: that is the question"（这句名言可以按照王路的建议翻译为"是，或不是？——这是一个问题"）。显然，哈姆雷特在此感兴趣的，乃是他个人的选择问题，而旁人是不能为他回答的。

正是因为"Being"与个体之间的紧密关系，海德格尔才引出了一个新的哲学术语："此是"（德文"Dasein"，一般译为"此在"），也就是"在此处将'是'的意义加以揭示的那个特殊'是者'"的意思。"此是"也就是对人类个体的一种哲学表达。但为何一定要强调个体，而不是共同体呢？海德格尔当然知道任何人类个体都必须在共同体中才能生存——但他非常担心对于公众话语体系的过度依赖会让个体在追问"是"的意义时陷入人云亦云的"常人"状态，由此反而褫夺了"是"的真义。所以，在《是与时》中，海德格尔特别主张"此是"要通过对于个体死亡之不可替代性的领悟而意识到个体生命的有限性，由此通过真正的内心决断摆脱作为"他人"的俗众的干扰（在这里我们隐隐看到了尼采的"超人"学说对海德格尔的影响）。

海德格尔的这种理解方式显然带来了一个严重的哲学后果：他的哲学必然会带有一种非伦理学的特征，也就是说，既然伦理学规范往往就是共同体规范的代名词，那么，"他人"在海德格尔的"此是"生存论背景中的隐退就自然会导致共同体规范的隐退。我在导论中已经提到了：海德格尔本人对纳粹屠犹暴行的冷漠在一定程度上便与他对于伦理学问题的冷漠有关——尽管从逻辑上看，一个对伦理问题感到冷漠的人未必会做出在伦理上非常糟糕的行为。而这正是和辻哲郎试图纠正海德格尔的地方。

和辻哲郎试图为海德格尔进行纠偏的具体方案非常有趣。与后世的王路先生类似，他也清楚意识到了用"存在"去翻译"Sein"（以及与之有词源学关系的"Ontologie"[10]）所可能导致的误会——但与王路先生不同，他并不关心如何准确翻译这些西洋哲学词语，反而是借讨论翻译问题的机会去展现"存在"一词在汉字文化圈中的独特意蕴——或用他自己的话说："吾辈对于'存在'的研究并非等同于 Ontologie"（"まだ我々の存在の学は Ontologie に当たるものではない"）[11]。一个废弃的翻译方案，在和辻哲郎手里反倒变成了东亚文化自觉性的证明。

那么，"存在"二字到底藏了什么微言大义呢？请再仔细品品下面这个汉语句子："大禹存在吗？抑或，按照史学家顾颉刚先生的说法，大禹只是一条虫罢了？"

显然，对于"存在"一词的确定需要大量证据：没有坚实的历史证据，你不能断言夏朝存在或大禹的确存在，而不仅仅是传说的一部分。同样的分析模式也可以被挪移到对"以太存在吗？外星人存在吗？"这样的句子的解析上。也就是说，至少在汉字文化圈中，"存在"自身就带有一个复杂的句子之间的网状结构（特别是证据对于结论的支持结构）。这种结构显然就与伦理学研究所关注的人际关系网络构成了某种呼应关系。

那么，不可能看到后世王路研究成果的和辻本人，凭什么说"存在"不能用来翻译"Sein"呢？我将其理由重构为如下五步论证：

第一步：和辻认为"Sein"的意义需要至少被分解为两重：第一重含义与拉丁词"essentia"（本质）有关，其德语体现方式为"S ist P"，即主语在系词帮助下与谓语的结合方式。这种结合方式之所以是带有本质性的，乃是因为在这种结合方式之中，谓语的内容恰恰构成了对于主语的本质性规定（譬如，在"和辻哲郎是地球人"这个表达之中，"地球人"这一谓语的内容构成了对于"和辻哲郎"这一主语的本质性规定）。第二重含义则与拉丁文"existentia"（生存、存在）有关，其德语体现方式为"S ist"，即主语在谓语不出场的情况下的自我持存。

第二步：在和辻看来，与"existentia"相关的那重意蕴，在日语中的对应物乃是"存在"。根据其分析，"存在"由"存"与"在"这两个汉字构成，而这两个汉字之间亦有微妙的意义差别。[12]具体而言，"存"的"本来意思是：主体的自我保存"[13]，而"在"的"本来的意思则是：在有主体的场所里存有活物"（"「在」の本来意義は主体がある場所にいることである"）[14]。显然，"在"这词对"场所"的提示本身就已经蕴含了"存在"的空间维度，而在和辻的哲学语境中，"空间"只是对于人际社会关系的一种隐喻化表达罢了，所以，"存"与"在"合起来就是这样的意思："人间行为的相互关联"（"人間の行为的联関"）[15]，或用更符合现代汉语习惯的方式来说，即"一种可以在节点之间保持相互关联，并由此保持自我持存的社会网络结构"（顺便说一句，在现代汉语中，"人间"指与"天界"对应的人类社会总体，而在日常日语中，"人間"指的是人类这个物种。至于和辻所说的"人间"，大致取其汉语意义，但去掉了与天界对峙的含义）。

第三步：由于"存在"自带相对稳定的语义网络，它就不能被用来在一个主词与一个谓述之间搭桥，以便进行临时性的本质性规定。这里所说的"临时性的本质性规定"乃是指这个意思：在语句"嫦娥是会飞的"中，说话者虽然将"会飞"这个本质规定性指派给了主语"嫦娥"，但是说话者却没有将这个判断本身再放置到一个更宽泛的语义网络中以判断其自身的真值的稳固性。与之相比，"大禹存在"一语的成真却需要大量的经验材料加以支撑，而不能诉诸临时性的谓述指派。

第四步：进行上述这种临时性的谓述指派，乃是"Sein"名下的与"essentia"相关的那种含义所承担的任务。

第五步：既然"存在"无法承担上述临时性的谓述指派任务，它就无法涵盖"Sein"名下的与"essentia"相关的那种含义，因此，它就不是与"Sein"平级的概念。所以，它也就无法用来翻译"Sein"。

需要再次强调的是，和辻哲郎反对用"存在"来翻译"Sein"的根本目的，并不仅仅是想讨论一个翻译问题，而是想由此彰显"存在"在东方语源中所具有的独立意义，并借此彻底摆脱以对于"Sein"的研究为底色的西洋式

"Ontologie"对日本哲学家所构成的思想影响。正是基于这种动机，和辻哲郎才转而去全面揭露"存在"一词的"主体间性"（inter-subjectivity）意蕴，由此促成其空间性理论与伦理学理论的融合。这便是和辻哲郎试图摆脱海德格尔的《存在与时间》/《是与时》之哲学框架的第一重努力。

和辻哲郎在这个方向上所做出的第二重努力，则体现在他对于海德格尔的时间学说的反驳上。海德格尔的时间观在《存在与时间》/《是与时》的这段文字中得到了集中的表露：

> 时间化，并不意味着绽出状态是以一种"前后相续"的形式接踵而至的。未来其实并不比过去来得更晚，而过去也并不比现在来得更早。毋宁说，时间性是按照如下方式来将自身时间化的：它自己被处理为一个未来，并在过去中将当下也生成了。[16]

这段貌似晦涩的文字的微言大义如下：与流俗的"过去—现在—未来"这一线性时间观不同，海德格尔认为"此是"的时间把握方式乃是这样的：先有未来，再有过去，最后才是现在。为何这么说呢？现在我就从大家所熟悉的三国故事中来抽取一个例子来说明：当袁绍与袁术集合西园校尉的部队，准备对洛阳皇宫内的阉党势力动手的时候，这一在此"当下"产生的决断其实本来是植根于二袁对于未来的想象的——他们梦想未来能出现一个纯粹由清流大族控制皇帝的理想的汉朝——而在这个新汉朝的政治版图中，可没有宦官的任何一寸安身之所。不过，这一想象本身并不能立即导致当下的决策，因为一个合理的决策还需要对相关目标的可行性进行评估。显然，此类评估只能植根于评估者对于过往的把握——譬如，二袁必须根据已有的军事经验知道自己手头掌握的兵力是足以控制皇宫的。而当二袁确定了这一点之后，来自未来的目标才能在基于过去的经验的支持下，在当下产生出一个决断。

不过，用上述这个案例来阐述海德格尔的时间观还是略有瑕疵，因为在海德格尔所说的"'此是'的本真状态"中，此类决断是需要在屏蔽"他人之人云亦云"的情况下才能产生，而上述案例所展现的决断毕竟是在"西园八校尉"的人际小圈子里进行的。不过，抛开这些细节不谈，一种以"未来"为先的时间观的确能够鼓励决策者跳出常规，大胆尝试——因为对于"未来"的想象力本就有挑战既有成规的意蕴（从这个角度看，即使是西园校尉进皇宫的例子，也足够"打破常规"了，因为军队将领在没有皇命的情况下闯入皇宫，本就有谋反的嫌疑）。从这个角度，海德格尔的时间观对于基于习俗的传统伦理规范也就具有了相当的冲击力。

为了与海德格尔对抗，和辻哲郎的思路是将"空间性"视为"时间性"的基础，并由此冲淡海氏时间论对于传统伦理的冲击力。他是如何阐述这一点的呢？

在《伦理学》的第二章之第二节"人间[17]存在的空间性"中，和辻详略不一地讨论了笛卡尔、斯宾诺莎、康德、费希特、谢林、柏格森、海德格尔、舍勒等八位西方哲学大家的"空间"观，并一一予以驳斥。由于篇幅限制，在此我只能略谈他对于斯宾诺莎、康德与海德格尔的批评意见。他对斯宾诺莎"空间"观的批评要点如下：斯宾诺莎继承了笛卡尔将"空间"的本质定义为"广延"的理路，并在此基础上将"广延"与"思维"均视为作为超级实体的"上帝"的两个基本属性。但由于上帝本身是一个消弭一切相对区分的绝对存在者，这样的"广延"概念必然会将人类生存实践所看重的个别空间对象推向斯宾诺莎体系的边缘位置（而斯氏用以标识这些个别空间对象的"样式"概念，便正是这样的一个边缘性概念）。这就是说，斯宾诺莎的"空间—广延"概念由于过于"背靠上帝"，而根本无法处理人间的风土现象所具有的种种特异空间性。而与斯宾诺莎相比较，实现了"哥白尼式倒转"的康德由于将空间视为人类的直观形式（而不是外部对象的形式），似乎在将"空间性"拉向"人间"的过程中走出了关键的一步。但在和辻看来，康德的这一步迈得依然还不够大。具体而言，由于康德太把"为牛顿式的自然科学寻找先验基础"这个任务当回事了，这样一来，牛顿心目中的绝对匀质的空间构架，在康德那里仅仅经历了"出身证"的更换也就被照单全收了。因此，康德所说的"空间"，依然不具备那种堪与"风土学"相匹配的、充满异质性的"空间性"。至于海德格尔，他的"此是"（Dasein）学说虽然在"人间气息"方面远超上述哲学家，却恰恰在描述"'此是'在世界中的是"的现象学结构时再次错过了和辻心目中的那种"空间性"。具体而言，海德格尔在该环节中最喜欢讨论的，乃是"上手状态"（present-at-hand，德语：Zuhandenheit）与"现成状态"（ready-to-hand，德语：Vorhandenheit）之间的差别——也就是说，当你非常顺手地用榔头敲钉子的时候，你与工具之间的空间关系就进入了"上手状态"；而当你对一把出了问题的榔头反复检查的时候，你与它的关系便进入了"现成状态"。[18]显然，在此类讨论中，海氏更关心的乃是劳动工具与"此是"的关系，却没有意识到工具的运作本身已经预设了他人与"此是"的关系——而和辻氏"空间性"理论的堂奥，却恰恰在于将"空间性"视为人际关系的外延化展开。用和辻自己的话来说："鞋匠并不是以鞋子为媒介才去发现他人的。毋宁说，鞋匠因为别人预订了鞋子才去制鞋。"[19]这也就是说：鞋子也好，制鞋劳作也罢，它们本身就处在制鞋人与顾客所构成的某种"社会空间"之中。

为了进一步与海氏基于"手"的空间描述方式相对抗，和辻哲郎还在 1935 年发表的短文《面与假面》（「面とペルソナ」）中刻画了"脸"所展现的空间性与伦理性之间水乳交融的关系：

> 我们在可以不知道对方"脸"的情况下和他人交往。书信，口信等语言的表现都可以作为交往的媒介发挥作用。但即使是在这类情况下，我们并不会因为不知道对方的脸，而认为对方没有脸。多数情况下，或是基于对方通过语言所表现的态度，或是基于文字所蕴含的情绪，我们都在无意识地想象着对方的"脸"。

这虽然往往是被大家忽视的一件事情，但在有时候却也能给人强烈印象，比如，在同对方直接碰面的时候，我们便会清楚意识到对方的脸是否与自己的预想相符合了。更不消说这种情况了：对于一个只认识长相的对象，假若不回想起他的脸，我们也就绝不能够想起他。睹画作，思作者，在此瞬间，浮上心头亦是作者的脸庞。当我们在意识中想起友人的时候，友人的脸也会同其名字被一同想起。当然，除了脸，同样联结于人们的记忆的，还有诸如肩膀、背影、步履等等其他特征。但是，即使我们将这一切特征都加以排除，我们依然能想起此人；唯独只有脸，是绝不可以被排除出去的。即使是在我们怀想一个人的背影之时，脸庞也正对着我们。[20]

显然，与可以被藏在袖子里的手不同，脸终究是要给他人看的：即使你没看到好友的脸，你也能通过其字迹、语音、衣服、背影联想到其脸（所以中国人写信时才有"见字如面"这样的套话）。与之对应，你自己的脸也会通过你的字迹、语音、衣服与背影而被他人所联想到。而当我们的脑海出现一张人物关系图的时候，这张图往往就是由很多张脸组成的。因此，与手涉及的空间关系不同，人脸所涉及的空间关系天然就是指向他人（而不是他物）的。而所谓"讲面子""丢面子""露脸"之类的描述社会关系特征的语词，亦都以"脸"为基底。

上面的讨论，应当足以证明社会关系的确是非常类似于空间性了。不过，这个结论尚且不是排他性的，因为有人完全可以反问：为何社会关系就一定要与"空间性"彼此类似呢？难道"时间性"就不能与社会关系的特征彼此类似吗？而根据我阅读和辻作品后得到的心得，社会关系之所以更应当与"空间性"而非"时间性"并提，乃是因为社会关系与空间性都分享了下述特点：二者均能抵抗住相当一部分发生在时间中的流变，并由此保持起码的稳定性。譬如，一个农民如果记得越过村后的山头就能看见进入县城的道路的话，那么，这种"空间性知识"就不会因为"明天的太阳或许会被乌云遮住"之类的变化而失效。同样道理，如果鞋匠与预订鞋子的顾客之间的契约关系已经成立的话，那么，这样的关系也便应当能抵抗住诸如"鞋匠明天或许会睡个懒觉"之类的流变的考验。由此看来，社会关系本身就是以一种准"空间性"的方式而被确立的。

不过，上面的讨论似乎仅仅还只能证明：具有准"空间性"关系的社会关系与"空间性"彼此类似，却不能证明二者乃是彼此深度融合的。为了说明后一点，和辻谈到了被人为改造后的一种特定风土环境，也就是物流与信息传播系统在自然风土中的展开方式：

　　就"交通运输设施"（日文原文："交通機関"）而言，其本质性就体现于"道"这个汉字。正是通过在道路上进行移动，人们才得以彼此联系，并联接到了一起。而就"道"是一种联系人的手段而言，它与各种各样的"信息交流设施"（日文原文："通信機関"）并无差异之处。就信息交流设施的本质而言，它们的任务就是传播"音信"（日文原文："信"）。"音信"在静止的个人之间移动，由此让人们得以联系与联接。也正因为二者都让人与人的联系得以可能，于是我们便可以说，"所谓'音信'，即移动中的道路"，并可说，"所谓'道路'，即移动中的音信"。当人们开始彼此接触并由此开始彼此联系的时候，身姿、举动与会话等，亦可扮演"媒介"之角色。然而，当人际的联系在空间中被大大拓展的时候，上述媒介角色也便转而由交通系统与通信系统所承担。也正是在交通系统与通信系统中，吾辈才可以发现那种被社会化了的身姿与举动，以及那种被社会化了的会话。[21]

和辻的上述论述或可被重构为下述论证：

第一步：人与人之间的社会关系，必须通过信息交流来实现。

第二步：身体姿态与语言活动，乃是让信息交流得以实现的原始方式，但上述方式本身对于人造的特定空间形式的依赖是有限的。

第三步：随着人际关系在空间上的拓展，专门的道路系统就必须开发出来以方便人的位移，由此缩短人际交往的经济成本。而道路系统本身是不可避免地带有空间性的。因此，复杂的社会关系网络的构建，从一开始就离不开对于空间性的构建。

　　第四步：更为高效的信息传播系统（如书信邮递系统、电话、电报等）虽然在表面上可以使进行联系的个体不必亲自从事位移活动，但是，其所传播的信息毕竟不得不以电波等物质形式存在，而这些物质状态的空间转移毕竟脱离不了那个已经被空间化的网络布局（从电话线路的布局到通信卫星的布局，概莫如此）。因此，更为复杂的信息技术的出现，并不能撼动"人类的社会存在在本质上是一种空间性存在"这一判断。

　　和辻非常清醒地意识到："音信"的本质并不在于像黑格尔那样的唯心主义者所说的"概念性"，而在于其相关物质交换形式——特别是空间形式——所具有的特殊经验样态。因此，一个吸纳了和辻此类思想资源的历史学家对于特定民族思想史的研究，很可能就会从对于纯粹的观念关系的研究而转向对于观念本身的传播"路线图"的研究——因为从"空间学"或者"风土学"的角度看，这样的"路线图"或许包含了比被传播的文本的字面意思更为深刻与隐秘的资讯（比如，一个汉史研究者会据此更关注汉代的基层驿站运作情况，而不仅仅是盯着那些朝廷公文）。这显然是一段会让马克思主义者感到惊讶的表述，因为被打上"右翼"标签的和辻竟然在此表达了一种非常接近于历史唯物论的观点。进而言之，如若我们经由和辻化的"风土学"的启发去重读《德意志意识形态》（特别是其小标题"B. 意识形态的现实基础：[1.] 交往和生产力"下的文字），我们或许也就能更深刻地理解：为何马克思对于脑—体劳动差别的讨论，完全是按照城、乡对立的模型来进行的——因为城、乡的对立实际上便是两种空间组织模型的对立，"城市本身表明了人口、生产工具、资本、享乐和需求的集中；而在乡村里所看到的却是完全相反的情况：孤立和分散"[22]（这里的"集中"与"分散"显然是指和辻心目中信息—交通网络节点的集中或分散）。在同一文献中马克思还提到，在欧洲中世纪，一些超越孤立城市范围的大型贸易网络形成的"可能之变为现实，取决于现有的交通工具的情况，取决于由政治关系所决定的沿途治安状况（大家知道，在整个中世纪，商人都是结成武装商队行动的），取决于交往所及地区内由相应的文明程度所决定的需求的发展程度"[23]。此话也印证了和辻的看法：是社会网络的空间化拓展状态左右了其中某些节点的存在状态，而不是相反。

不过，说到这一步，还是有人会质问和辻：即使我们承认伦理性具有一种本质上的空间性，但这在逻辑上并不意味着所有的空间性都自然具有伦理性。甚而言之，我们都不能说所有的人为设置的物流与信息管线的空间分布形式都是具有伦理性的（譬如，奥斯维辛集中营的空间布置方式就是反伦理的）。对此，和辻如何解释？

其实，和辻本人并不否认"有些空间布置方式并不具有伦理性"这一看法。依据其立论，若就信息网络的空间布置方式而言，它必须在下述三种条件的帮助下才能展现出完整的伦理性：

（1）人际信息网络得以运作的主观性条件。此条件即"信赖"这一基本德性（请读者留意"信赖""音信"以及"书信"之间微妙的语义关联。和辻的很多行文都在利用这种关联所给出的相关暗示）。众所周知，在日常语言之中，"信赖"当然是对于人际关系的一种价值评判，并在某种衍生的意义上又可以被延展到对于人—人工物关系的评价上（譬如，当和辻说他信赖三菱的产品的时候，他其实想表达的是对于三菱公司的信赖）。而和辻之所以要在讨论人际关系的空间性特征时讨论"信赖"，其背后的道理是：倘若没有信息发出者、信息传递者以及信息接受者的参与，整个信息传播网络的运作便是不可能的。换言之，如果信息发出者不信赖信息传递者的话，那么"发出信息"这一行为就压根儿不会发生；如果信息接受者怀疑信息传递者的为人的话，那么"发出信息"这一行为纵然发生了，其意义也会被大打折扣。

不过，以上仅仅是对于"信息传递者该做些什么"这一点所做的最一般的规范性规定。在和辻看来，这种一般性规定会在不同的历史—社会语境中产生不同的变种。具体而言，在一种最为原始的信息传播空间拓展模式中（如在秘密社团的"口耳相传"活动），信息传递者不但要配得起上面这种最起码的信赖，甚至还要被卷入被传递的信息所涉及的那件"事情"中去，因为其对于该"事情"的理解能力会对传播活动的成败造成关键性的影响。而在一种更具中介性的信息传播活动中（如甲、乙双方利用邮政系统进行通信的活动），信息传递者却反而要相信：信息传递者（如邮递员）是不会直接参与到被递送信息所涉及的那种"事情"中去的（即不会私拆信件），而这一信赖本身同时又是对于邮政系统的管理能力与其背后的司法建制的信赖。[24] 当然，在现实世界中总会发生秘密社团的内部背叛，以及因为好奇而私拆书信的不良行为——但和辻却认为：在大多数情况下，我们是不得不冒着被这些不良行为所伤害的风险而去"信赖别人"的，因为"人间的种种行为，一般而言就是建立在信赖关系之上的"，否则诸如向陌生人问路之类的日常行为也就会变得毫无意义[25]。至于在未来被他人欺骗的风险，本来就植根于"信赖"活动本身所具有的先验结构中——或用和辻自己的话说："信赖的现象不仅仅是将自己的信任施加于他人。这同时也就意味着对未来采取了一种缺乏'自—他关系'方面之确定性的态度。"[26]

（2）人际通信网络得以运作的客观性条件。前面已提及，在和辻看来，信息的传播主要依赖于两种模式：其一是小团队内部的"口耳相传"，其二则是复杂社会结构内部借助信息中介工具而进行的信息传递活动。需要注意的是，在第一种模式中，通讯网络得以发挥作用的主观条件（即"信赖"）是占据主导地位的，而在第二种模式中，网络得以运作的条件则更具客观性的面相。为了帮助读者理解这一点，和辻专门提到了两类相关客观条件缺失的情况。第一种情况是新闻管制，即传播的信息载体本身被政治权力"物理性消除"的情形。第二种情况则是自然灾害或战争——这往往会导致通信管路自身的物理性破坏（如1923年日本关东大地震对于关东地区通信管路的那种灾难性影响）。而在和辻看来，这种物理性质的破坏亦会导致德性堕落，而相关的表征就是"流言蜚语"的流行。至于"信路堵塞"与"流言横行"之间的因果联系，则具体体现于："主体与主体之间联络的匮乏，被表明为是内在于公共性的空间广延性的丧失。"[27] 查上下文可知，和辻在此想表达的意思是：公共性的人际网络由于有清楚的信源标识机制，该机制本身便能够对可能的"流言制造者"产生强大的道德压力——而突发灾难对于这种辨识机制所产生的物理性干扰，则无疑使可能的"流言制造者"得以解脱上述压力并无所顾忌（显然，在小圈子的信息传播网络中，由于"熟人"之间的信源追查活动往往可以在不借助于技术手段的情形下进行，传播技术的物理性失效反而不会造成德性的明显堕落）。

（3）宗教对于人际信息网络得以运作的主—客观条件的统摄作用。虽然和辻的上述讨论历史唯物主义色彩很浓郁，但作为京都学派哲学之一分支的和辻哲学毕竟是与佛教哲学——故而也与广义上的宗教——有着千丝万缕的联系。因此，他就不可能不在"人际信息交流空间的维系"这个大题目下提到宗教的作用。需要注意的是，这里所说的"宗教"既有主观性的一面（比如，对于某种宗教的信仰就是一种主观意识状态），又有其客观性的一面（这又体现于特定的宗教组织的社会架构与其纵向的信息传播模式）。因此，宗教在维系人际信息交流空间之时所发挥的作用便是"主、客皆收"的。

为了具体说明宗教对于德性的重要强化机制，和辻提醒读者注意基督教的"十诫"与佛教的"五戒"所分享的下述道德训诫：勿杀人、勿奸淫、勿盗窃、勿欺骗[28]。那么，为何东、西的宗教训诫会有这样的"不谋而合"呢？在和辻看来，这是因为上述训诫乃是维系人际信息交流空间之存在的普遍性要求（而无论此类空间是存在于东方的佛教世界还是西方的基督教世界）。说得更具体一点，上述戒律所反对的事情，均以威胁"信赖"的方式，对所有的人际空间的健康存在构成威胁，譬如，"杀人以一种最为露骨而根本的方式对人与人之间的信赖关系构成了戕害，而奸淫行为则对男女之间的信赖关系构成了损害，并由此将亲子关系、夫妇关系等人伦关系全部搅乱"[29]。至于偷盗，"其本质并不仅仅在于夺走了他人的某些财产而已，而在于其背叛了内在于财产关系的信赖关系"[30]。而"所谓欺骗，其本质就在于背叛了信赖，并阻止真相为人所知"[31]。考虑到已经被整合入宗教教义的这些道德训诫已经具有一般的道德训诫所不具备的劝导力与威慑力（如对于"天堂"的美妙许诺，以及对于"地狱"之图景的震慑性展示），那么，其对于固有信息网络的维护力，自然也不是那些分散的道德资源所能够与之匹敌的。

读到这里，我们似乎看不出这样一种基于风土概念的空间伦理学竟会导向为军国主义辩护的可能性。甚至，假若我们暂时悬置和辻哲郎的战时"奇葩"言论，他的这种哲学甚至在某些情况下还可能发展成一种反对极权主义的政治哲学。我们会在下一节展现这种可能性。

和辻风土论本该蕴含的反极权主义意蕴

在一个更为宽泛的视野中反观和辻基于风土的伦理学，我们不难发现其思想与斯宾格勒（Oswald Spengler，1880—1936）的《西方的没落》[32]之间的隐秘关联。其实，斯宾格勒在该书中提出的"文明季候论"，就已经基于不同文明所在的风土条件而给出了一套非常复杂的文明形态分类方案，并将其大致归类于"阿波罗式文化"（古代希腊—罗马文化）、"麻葛式文化"（阿拉伯文化）与"浮士德式文化"（近现代西方文明）这三大阶段。需要注意的是，虽然斯宾格勒本人也经常被贴上"文化保守主义"的标签，但几乎没人说他是军国主义者——实际上，纳粹上台后他与纳粹宣传部长戈培尔的关系处得非常不好，因为作为老派普鲁士人的他非常看不惯纳粹的政治暴发户嘴脸，尤其反对其反犹政策，认为该政策注定会摧毁德国自己的商业与学术精英。此外，他的反军国主义思想在其《西方的没落》中也早就有表达：譬如，他认为一个文明基于自傲而产生的军事扩张冲动本身就是一个信号，表示该文明已经无法通过新观念的产生而展现真正的自信了。而军事扩张所带来的巨大损耗，也迟早会使该文明的精气变得衰竭，由此走向没落。同时，斯宾格勒亦对基于现代资本主义架构的城市生活的可持续性表示出了担忧，因为这种城市生活将不可避免地消耗农村的资源（特别是青壮年劳力）、降低生育率，最后使整个文明走向衰落。显然，他对农村田园生活的杰弗逊式的眷恋态度亦构成了对于军国主义之可能性的否定，因为一个以农业为本的国度几乎是不可能发展出现代军事工业的。

斯宾格勒虽然是一个德国人，但他的理论亦在相当程度上预报了今天日本发生的情况：东京、大阪人口爆满，偏远城市则人口凋零，整个社会则因为年龄结构问题而变得萎靡不振，进入"低欲望社会"。毋庸置疑，今天的日本在精气神上，的确是远不如电影《永远的三町目的夕阳》所描述的那个刚刚开始战后重建的朝气蓬勃的日本了——但按照斯宾格勒的分析模型，今日日本的衰败，早就由都市化政策的确定而在几十年前被注定了。斯宾格勒的理论甚至可以被用来预报今日美国的内部分裂：特别是"红州"与"蓝州"之间的对立。前者代表的乃是美国的农村与小城市，地方风土意识浓郁；后者代表的则是美国的国际性城市，眼睛里看到的更多的是全世界，而不是别的美国人（顺便说一句，我本人曾在作为红州的印第安纳州生活过一年，算是切身了解过了小地方的美国人与纽约人之间的巨大差异）。按照斯宾格勒式的文化保守主义者的理解方案，蓝州的繁荣是通过牺牲红州人民的幸福为代价的，正如所有现代大都市文明的运转都是通过牺牲农村的利益来实现的一样。因此，假若斯宾格勒是一个美国人的话，他或许会成为"茶党运动"（Tea Party Movement）[33] 的支持者吧。

从财政角度看，斯宾格勒的理论则很容易引申出一种叫"财政保守主义"（Fiscal Conservatism）的立场：根据这种立场，中央政府的预算赤字越少越好，发行的国债亦越少越好，凡是牵涉到花钱的事情一定要"量入为出"。这样做的目的，显然就是将资源尽量留在地方基层，让地方有足够的能力自行维持地方的秩序与文化，以防止少数中央官僚竭泽而渔。因此，即使在美国的语境中，这种主张也会对联邦政府的军费预算构成巨大的威胁——因为海量的军事预算本就是一切海外军事扩张活动的财政基础。

现在再让我们将目光转回和辻哲郎。与诞生于小镇布兰肯堡（Blankenburg）的斯宾格勒类似，和辻哲郎也是从姬路这个小地方来到东京求学的，正如其《自叙传》[34]所呈报的那样，青年时代的他始终对东京所代表的大都市文化有一点抵触，并怀念那更多保持了地方风土特色的日本乡村。[35] 此外，与斯宾格勒的全球文明形态分类学相互平行，和辻在《风土》中也区分了三种重要的风土类型：季风、沙漠与牧场。在该书中，他对于中、日风土之间差异的描述特别值得一引：

> 潮湿尚可细分为多种，日本的特征是梅雨与台风，土地特别湿润，正如古代祖先所赞美的"富饶苇原、稻穗葱绿"一般。但这种湿润又时常以大雪的形式呈现，四季分明便是这片国土的宿命。因而，忍受、顺从的性格在此要受到特殊的限定。中国南部拥有世界首屈一指的长江，同样湿润、丰沃，但其辽阔的北部却是荒凉的大沙漠，似乎只能凭悠悠长江来表现湿润，这点在风土上与日本表现得迥然不同，它的湿润中含有某种程度的干燥。所以，我们应当在典型的季风地

区寻求典型的湿润，那就是南洋和印度。[36]

在这段文字中和辻哲郎明显看到了中、日风土之间的差异：日本风土的季风性特征明显，而中国的情况则要复杂得多：既有季风性风土，也有沙漠性风土（其实也有一部分是牧场性风土），因此，中国整体风土的"湿润性指数"恐怕要低于日本。换言之，和辻哲郎的确看到了东亚各国风土之间的巨大异质性。如果再结合《伦理学》的观点来重新看待这种异质性的话，那么，我们或可得出下述结论：不同的风土条件自然会催生出不同的伦理规范，因此，按照同样的伦理规范来整合整个东亚，乃是缘木求鱼——遑论用强硬的军事手段来强行进行此类整合。因此，若我们暂时悬置和辻本人的亲军国主义言论不谈，上一段引文的意蕴，显然已与三木清在《新日本的思想原理》中的旨在鼓吹"东亚协同主义"的下述表达在论述的重点上产生了偏移（三木的下述论断虽然未否认东亚诸民族之内部差异，却更看重它们之间的彼此类似性）：

> 由地缘而联结在一起的东亚诸民族具备种种共通的特点，比如，他们都是黄色人种，他们都以农业（特别是依赖灌溉的农业）为主要手段而生息至今等等。此外，他们也有着独特的文化传统。对东亚之传统的反省，对于新东亚文化的创造而言，至关重要。[37]

上文调用斯宾格勒的思想资源以对和辻哲学进行的

重构显然预设了一种保守主义的视角。然而，正如前文所提示的，历史唯物主义者也能从和辻哲学中找到一些可以利用的要素。譬如，当和辻在《风土》中说"尽管我们需要不断地涉及风土的问题，但是，我们始终将其视为主体性的人的存在的一种表现，而不是将其视为[纯粹的]自然环境"[38]的时候，此言似乎是以一种和辻式的方式应和了马克思在《1844年经济学哲学手稿》中的下述评论："在人类历史中（也就是人类社会的形成过程中）所生成的自然界，乃是人的现实的自然界。"[39]此外，就像马克思在《德意志意识形态》中毫不留情地批判那种"相信人之所以会被淹死是因为人的头脑里有'重力'概念"的意识形态幻觉一样[40]，和辻也毫不留情地批判了那种认为人类的意识状态可以脱离"风土"的制约而为所欲为的看法："人们不是因为想吃鱼肉才选择了畜牧和打渔，而是因为风土施加了决定作用之后，才会想到去吃鱼肉。"[41]而和辻对于"季风型""沙漠型""牧场型"这三种具体的风土类型对于各自特定"民族性"的塑造作用的分析，又实在是像极了《德意志意识形态》的下述评论："同样的条件、同样的对立、同样的利益，一般来说也就会在一切地方产生同样的风俗习惯。"[42]从这个角度看，和辻哲郎的风土学是自带一种历史唯物主义气质的。

值得一提的是，和辻哲郎对于空间问题的基础性地位的提示，也与马克思主义阵营中下述学者的努力构成了呼应：（1）亨利·列斐伏尔（Henri Lefebvre，1901—1991）的"空间生产理论"——根据这种理论，人类通过对于自然空间的改造与重置制造出了人为空间，并由此赋予空间以特定的意义，而特定的社会秩序的建立，在本质上就是一种空间关系的建立。[43]（2）大卫·哈维（David W. Harvey，1935— ）的城市地理学研究——根据他的研究结果，资本主义城市的空间布置方式（比如哪里安排地铁站，哪里安排购物中心）本质就是为了资本主义再生产而被设计出来的，因此，资本主义批判必须具备城市地理学的维度。[44]（3）和辻在日本国内最大的理论批判者户坂润（1900—1945）提出的基于"此性"概念的空间论——根据这种理论，劳动者在劳动中面对的日常空间并不以一种均质的方式延展开来，而是根据劳动事件的自然开始与结束而呈现出自然的断裂。而那种按照均匀流动的方式理解劳动时间的方式，毋宁说是资本主义时间观对真实时间关系的一种扭曲（我们会在下一章中详细阐述户坂润的思想）。

不过，正如我们所看到的，和辻哲郎本人的真实政治态度，既不是斯宾格勒式的保守主义或是美国茶党的同道，更与马克思主义者有异。为何会出现这种"种瓜得豆"的奇怪现象呢？虽然我认为对于这个问题的解释主要应当在批判和辻文化论（而非哲学）的层面上展开，但他的个别哲学阐述似乎也要为他的相关政治言论负上一部分的责任。

此类阐述主要是指和辻在《伦理学》中对于现代交通与信息传播工具的看法。例如，和辻在讨论此类工具为塑造人类新风土所起的作用时并没有恪守最严格的保守主义立场（譬如，一个像阿米什人那样的极端保守主义者会拒绝引入这些现代科技，以便彻底保护祖宗留下的风土）。与之相反，和辻似乎是默认了明治维新以来日本国内出现的通讯网与铁路网存在的合理性，并在这一预设的基础上思考信息传播的问题。而这种思考的结论则是令人惊讶的：他认为居于高层的政治精英的存在，对于维护相关信息网络的存在来说是必要的。其相关论证可以被重构如下——

第一步：和辻首先指出，"私密性"与"公开性"的张力是无法被任何信息网络空间所克服的（而无论信息传播技术已经发达到了怎样的地步）。首先，小团队的既有成员未必将小团队内部的事情全部予以公开："对于吾辈心中深深的苦痛，我们只能向亲友或者爱人吐露，却不会向无利害关系的人或向非亲非故者敞开心扉。"[45] 其次，由于各小团体各自的风土差异所导致的兴趣差异，外人也未必会对一件本地新闻具有深入了解的意向。因此，"那些负责向国际社会传送本国新闻的人，会基于国际读者的兴趣而选择本地事件的一小部分予以报道，并不会真想把本地发生的一切都让世界知道"[46]——同样的结论自然也适用于一国之内的城市与农村之间的关系。

第二步：由此不难推出，在大空间尺度的信息网络中，海量的信息本身必须经由某些代理者（如媒体管理者乃至政治家）的运作才能够以恰当的方式得到筛选，以使网络本身能够避免"不堪重负"的情形。所以，"所谓的'诸个体的国际社会'一语，仅仅是指那些各自代表各自民族的个体所构成的社会，而不是指那种全然脱离了各民族特性的世界公民所构成的社会"[47]——这也就是说，只有通过各个民族的政治精英所实现的纵向管理以及对于相关民族的"代表"机制，诸民族之间的国际联接才会成为可能。而在一国之内，这样的信息代理人也会在一个略小的尺度上出现。

第三步：由此，从和辻立场视之，只要我们承认"公—私"之间的张力乃是人类社会之常项，我们就不应当视这样的"异化"为人类试图克服的对象。或许它正是基于这样的理路，和辻特别提醒其读者注意：虽然政治精英对于宣传技术的操控有时会导致真相的流失，但是，对于被重新发现的真相的传播，同样需要新的政治精英去运用同样的信息传播技术来执行。[48]

第四步（结论）：政治精英乃是充满现代信息技术的新风土环境得以良好运转的必要条件。

显然，如果这里所说的"政治精英"指的是那些控制了 NHK（日本放送协会）之类喉舌的军部高层的话，那么，和辻的观点就显然包含了一种为法西斯主义辩护的危险意蕴。这当然不是说和辻没意识到法西斯主义通过技术便利对民众进行系统洗脑的可能性——然而，他对于如何与这种可怕的可能性作战，却没有提出系统化的解决方案。换言之，正因为和辻是以一种非批判的态度来看待人工因素在自然环境中的存在的——而不是像哈维那样，始终用批判的态度来面对空间布置中可能存在的阶级压迫要素——所以，他的理论才只能成为既成事实的被动的追随者，而不是拷问者。

此外，即使我们有条件地追随和辻，承认"公—私"分界乃是人类社会的普遍特征，但这一点恐怕也推不出精英代理机构之"不可或缺性"。具体而言，和辻应当是忽略了下述可能性：在互联网等新兴技术条件的支持下，全球的信息交流主体可以经由某种跨越民族国家限制的方式，建立起另外一种"私密的小团体"——而在这样的小团队中，诸成员之间的"信赖关系"将与血亲或者地缘关系渐渐脱钩，而更会基于共同的价值观或者私人兴趣。我们甚至可以设想：在此类跨国"私密团队"内部，诸成员将以民主的方式决定哪些信息可以向别的小圈子传递（其方式类似于一个神经元向另一个神经元放出电脉冲），而海量的此类小圈子的彼此重叠与联接，亦将以某种类似于神经元网络的方式构成某种庞大而复杂的"自组织"结构。这样一来，就像在认知科学的"联接主义"模型中我们不需要假设某些高高在上的、自足的"表征符号"的存在一样，在这样一种全球信息传播模型中，我们也可以将对于纵向信息管理机构的诉求压缩至最低的程度。[49] 此外，数据挖掘与信息搜索技术的平民化与个性化，亦将帮助更多的社会成员得以规避"纵向信息管理机构"的控制而独立应对海量的外部信息。当然，我们也不能否认，新兴信息技术的扩散在促进"互酬式"信息交换模式的推广的同时，也有可能会在某些方面反而暂时去强化"掠夺—分配式"信息交换模式的支配地位（譬如，信息技术的垄断方会利用其暂时的优势强化其社会垂直管制能力），不过，从大的历史趋势来看,广泛的信息传播所导致的大量"信赖圈"的彼此重叠,只会使单向的信息灌输所能起到的效果越来越差。

不管怎么说,从反极权主义——包括和辻时代的军国主义与今日的数据极权主义——的角度重新阐发和辻哲学积极意蕴的可能性,毕竟被和辻本人所遮蔽了。而在下面一节中,我将尝试讨论和辻本人在文化论层面上的讨论为何带有那么多的帝国沙文主义色彩。

对于和辻战时日本观与美国观的批判

在本节中我们将停止对于"和辻哲学的可能发展形态"的思辨,而来看看和辻在现实生活中的政治表态。应当看到,前一节所展现的和辻对于高级政治精英维持信息网络之作用的肯定尚且用的是文风冷静的学术语言,而在下面的阐述中,他对于国家至高地位的阐述已经混用了哲学语言与充溢狂暴气氛的意识形态语言:

> 在整体性之中,最高阶的究极存在,乃是国家的整体。国家将比其低阶的所有类型的整体性都包摄在其自身之中,而其自身则并没有被任何有限的整体性所包摄。虽然,在民族的整体性之中,这种整体性已然要求被把握为"神圣之物"、把握为因其神圣性而有着巨大的威力的存在。但是,正是国家,才真正实

现了对这种神圣性和威力的清楚自觉，并完成了它们
作为统治权在法律层面上的表现。此等国家之力，不
仅是集中统治权、对内执行统治的巨大力量，面对外
部，更是一种抵抗他者之制御，否认其自身外任何权
力的最高权力。这即是统治权的主权性。因此，主权
性乃是对如下一事的表现，即国家之整体性乃是有限
之人类存在的终极整体性。[50]

对于国家地位的这种无保留的颂扬显然会在逻辑上
取消批判国家决策的任何可能性。换言之，当国家首脑决
策要发动战争的时候，那么，非议战争之合法性的言论空
间也是不存在的——毋宁说，所有的战争行为都需要在"国
防需要"的大帽子下被合理化。基于此思路，和辻写道：

> 国防对于国家而言乃是必需之物，同时也意味着
> 战争对国家而言乃是必经之事。人们说，国家在战争
> 中形成，在战争中成长，而在事实上，过去在地球上
> 亦并未出现过不进行战争的国家。由此，反过来也可
> 以说，是否可以进行战争，乃是鉴定一个对象是否是
> 国家的试金石。国家是至高意义（日语：勝義）上的
> 人类伦理性组织（日语：人倫的組織），若它受到外
> 部威胁，则为了抵御外侮，牺牲生命与财产亦是理所
> 当然之事。[51]

不过，和辻对于国家地位的这种强调，在日本语境中

还遇到了一个不同寻常的解释学困难：日本作为近代意义上的国家存在的历史实在是太短了。就拿通行中国两千多年的郡县制来说，日本是在明治维新后才废藩建郡县的，并在此基础上完成了对于"日本国民"的国家意识形态塑型——而在此之前，一个普通日本人恐怕只有"俺是萨摩人""俺是加贺人""俺是播磨人"这样的地方性意识。即使在今天的日本影视界，像《真田丸》这样的颂扬失败英雄真田信繁（他在大阪协助丰臣遗族对抗已经打赢关原合战的德川家康，后兵败自杀）的作品（NHK2016年年度大河剧）依然大受欢迎。这似乎意味着：一个统一的、具有强力中央政府的日本可能是近代的民族发明的结果，而且，至今也并非所有的日本百姓都彻底认同这种发明的结果。如果忽略了明治后的日本与之前的日本之间的历史断裂，我们也就无法理解日本古代意义上的"武士道"与二战期间的"武士道"之间的本质不同：前者是指为了作为封建领主的主公而英勇献身，后者则是为了天皇而献身。显然，前一种武士道是带有地方风土性的——一个武士之所以爱他的主公，是因为二者本就生活在同一片风土上，是同一个地缘与血缘集团的成员——与之相比，一个在二战中为天皇而死的日本士兵，恐怕生前连天皇都从未亲眼见过。

　　学富五车的和辻哲郎当然知道日本古代政治架构的"周政"实质，以及该架构与近现代日本的"秦政"架构之间的巨大差异。但是，为了维护日本民族发明学所创造的关于"皇国延续性"的神话，他还是强行说道：

尊皇之道自创国伊始便绵绵不绝，成为了日本人
生活的深层根基。即使在武士只侍奉其直接的主人的
时代，在他们心中深处仍然存有尊皇的精神。在少数
几次日本国家之外的威胁降临之际，这种精神则明确
地展现出来。不幸的是，由于国内争斗不休，武士们
都得了短视之症，未能充分自觉到其自身心底之精神，
但前述的两种道路，实则都是从最开始就已经内涵于
尊皇之道中的要素而已。[52]

那么，和辻哲郎凭什么说周政时代的日本武士之间的
内斗，在更深的层次上依然没有真正遮蔽尊皇的精神呢？
从史料上看，像楠木正成与楠木正季兄弟那样为天皇而死
的古代武士的确是太少了（这对兄弟在1336年的凑川之
战中为掩护后醍醐天皇而死战，兵败后互刺而死，并留下
"七生报国"这句被20世纪的日本军国主义者重新发现的
名言）。而在距离和辻比较近的江户时代，最有名的武士
故事"忠臣藏"（又叫"元禄赤穗事件"）反而是带有"下
克上"的意味的，而与尊皇一点点关系都没有。该事件概
要如下：元禄十四年阴历三月十四日（1701年4月21日），
播磨国赤穗藩藩主浅野长矩奉命接待朝廷敕使，结果遭到
了高官吉良义央的处处刁难，与之发生私斗。虽然吉良义
央只是受了轻伤，但是私斗时幕府大将军德川纲吉恰好在
场，因此，此事让德川在代表天皇的朝廷敕使面前丢了份
（因为从理论上说，地位类似"齐桓公"的德川将军是需

要对各下级封建领主的行为加以约束的）。德川暴怒，下令浅野长矩自裁，却没处罚挑事的吉良义央。赤穗由此也被废藩，浅野手下的武士只好自谋生路。以大石良雄为首的 47 名原赤穗武士不服判决，于元禄十五年阴历十二月十四日（1703 年 1 月 30 日）夜袭吉良在江户的宅邸，与其守卫力战，终于斩下吉良首级，后集体向幕府自首（实际自首 46 人，因为已有一个叫"寺坂信行"的参与者得到大石密令撤离战场）。尽管这些人最后还是被判处集体自裁，但日本民间却是一边倒地称赞其忠义。

　　日本人民对于元禄赤穗事件的正面评价显然是对和辻的尊皇论不利的，因为大石等人绕开司法程序自行为主公报仇的做法明显是基于地方武士之荣誉感，而德川纲吉决定处死浅野长矩的命令尽管未必是为了维护天皇的尊严（当时幕府与天皇之间的关系就如同曹操与汉献帝的关系一样微妙），但至少也是为了维护中央政府相对于地方的权威。也正因为担心对于赤穗武士的宽恕会乱了国家法度，德川幕府的御用儒学大师荻生徂徕（1666—1728）当时也倾向于判处自首的 46 位浪人自裁。和辻在处理这段史料的时候就遇到了一个麻烦：虽然赞成荻生徂徕的意见会使他对于此事的裁定方式与其尊皇论逻辑更为彼此融贯（如果我们在此模糊"尊皇"与"尊重中央政府"在江户时代的背景中的微妙差异的话），却不得不在同时去冲撞民间崇拜赤穗浪人的公众意见。最后，在《日本伦理思想史》中，和辻采用了一种转移读者视线的巧妙做法，将这个难题掩盖过去了。他的具体做法是置换比较背景，也就是说，不是将赤穗浪人的行为与楠木正成的那种典型忠君行为做比较，而是将前者与毫无忠义观的利己行为做比较（显然，从利己主义角度看，赤穗武士为了报仇而搭上自己性命的做法是相当愚蠢的）。和辻由此指出，赤穗浪人的故事之所以在江户町人中得到热捧，乃是因为这种具有古风的做派与町人的精神境界产生了共鸣。这也就是说，即使是以逐利为行为特征的町人，其实也是具有很强的道义感的，而这一点也可以折射出日本的民族性[53]。为了增加这种叙述方式留给读者的印象，和辻接下去还强行联系了另外一个在江户町人中人气很高的故事：元禄十六年（1703年），大阪堂岛新地天满屋的游女岁（21岁）与内本町酱油商平野屋的店员德兵卫（25岁）在梅田曾根崎的露天神森林中双双殉情。显然，这个故事仅仅在"为了理想，放弃生命"这一非常抽象的意义上与赤穗浪人的故事有关。[54] 然而，如果不用这么一个大大的标签来涵盖这些彼此没有实际联系的历史记忆的话，和辻对于日本精神文化传统之延续性的强调又能在何处落脚呢？

此外，即使抛开赤穗事件不谈，致力于维护日本精神文化统一性的和辻还是需要面对另外一段很难处理的历史：近代日本的资本主义发展史。资本主义的发展全面推进了日本新兴资产阶级的逐利精神的兴起，而像福泽谕吉（1835—1901）这样的西化启蒙主义者则开始公开宣扬功利主义人生观的合理性。与此同时，本来被武士鄙视的"町人根性"（即工商业从业者仅仅考虑自己的家庭幸福，而不考虑范围更广泛的公共利益的那种作风），现在则在全社会蔓延开来。显然，这是一种对天皇的权威构成重大威胁的思潮（因为在资产阶级眼中，货币就是他们的天皇），但既然这种思潮已经在日本的历史中真实发生了，和辻就不得不予以处理。和辻的相关评论体现于其在1931年首次出版（1935年修订）的论文《现代日本与町人根性》之中。虽然对于江户时期代表町人意识的石田梅岩（1685—1744）的心学思想，和辻还是相对宽容的（这种思想毕竟试图在"利"与"义"之间达到平衡）[55]，但和辻却对新时代的那种完全被资本主义逻辑污染的町人思想非常抵触。他写道：

> "利益社会"所拥有的仅仅只是如下意义，即它是对直接的生活共同态的否定态。我们必须将之进一步扬弃，从而向着自觉人格的共同社会发展。[56]
>
> 町人根性所包含的利己主义，乃是家的利己主义。……在这个意义上，町人根性偏离了下面这种正确的人间观：个人总是从属于更大整体的个人。[57]

请注意和辻哲郎对于资本主义的批判路数。假若他严格执行其风土哲学重视地方风土的思路的话，他本该以一种亲和于斯宾格勒的方式去批判资本主义的：资本主义基于效率第一原则而构造出的巨型工商业机器，以及用于放置这些机器的城市文明，将无法不成为农村资源的榨取机制，由此使整个文明最后不得不走向衰落。换言之，资本主义文明之恶，乃在于其用资本的抽象性埋葬了风土的特

殊性。然而，在此，和辻却反其道而行之，大谈资本主义
所造成的利益共同体的狭隘性，以及生活共同体对于利己
主义精神的超越性。换言之，在他看来，资本主义之恶，
乃在于其用利益的特殊性对抗国家的一般性。考虑到资本
主义在今天早就达到了超越民族国家的全球性规模，和辻
的上述批评路数显然有点文不对题。然而，在当时的语境
中，他做出这一判断的历史背景又似乎是有迹可查的：

> 日清战争 [58] 与日俄战争的意义，在于过去（西方
> 列强）强行要求日本开国……刺激了国民的自觉……
> 世界的大势在到达了一个顶峰后发生了翻转。决定东
> 洋全体是否会被殖民地化的胜负手，就在于这个时代。
> 世界史从这个时候开始，才成为了真正的世界史。[59]

换言之，在和辻看来，在阻止西方人将黄种人殖民化
的历史大潮中，日本所扮演的抵抗西洋入侵之领军者的角
色需要包括日本资产阶级在内的全体日本国民的精心维
护。在这种历史大潮中，"町人根性"对于家庭利益的高
度关注就必须被牺牲掉。

通过扯上西方的扩张主义，和辻在此显然隐含了一
个"两害相权取其轻"的论证，以便应对那种批评"日本
自己的军国主义牺牲了亚洲各国地方风土之特殊性"的指
控。也就是说，即使日本的一般性对于亚洲各国的特殊
性的遮蔽算是一"害"，也要好过让西洋殖民主义的一般
性遮蔽亚洲各国风土之特殊性——因为日本毕竟是亚洲国

家，自然要比西洋国家更懂别的亚洲国家。[60]

而要让上面的思路变得有说服力，和辻需要全面污名化西洋文化——特别是作为当时日本头号敌国的美国的文化。在前文提到的那本让盟国占领军咬牙切齿的《美利坚的国民性》中，和辻便以一种很失哲学家身份的笔调写道：

> 人伦性的意义并非是驱动美国人拼命努力的东西。对他们而言，这种意义所拥有的，无非是一种为了对付敌人而采用的手段的效用罢了。在这个意义上，他们的生活丧失了人伦的意义。他们只会为了获得强烈的刺激而拼尽全力，他们制作机器，并且用机械的力量支配自然和人类。这种事业的成功给予了他们所追求的强烈的刺激。即使从成功的天顶坠入失败的深渊，他们也已经对这种强烈的刺激心满意足了。可以说，对于他们来说，事业的究极的意义自始至终是赌博所拥有的魅力。美利坚的特产竟是赌博和黑帮，绝非偶然。美国制霸世界的野心必须从此点加以理解。这种野心并不来自什么高迈的道义理想，也不是从其国民生存的必要性中衍生出来的。他们过去通过和平条约和机械力去征服土著和风土，这些历史性行动，植根于其如"性癖"般的本性之中。[61]

这段文字颠倒黑白之处实在是过于显眼了。说美国人基于心理刺激而行动却无精神底蕴的指控，完全无视基督教对美国文化的深刻影响，而说美国进出太平洋就是为了制霸世界的说法，也完全无视如下基本事实：在太平洋战争爆发之前，被"孤立主义"思想绑住手脚的美国长期对日本在亚洲的扩张采取绥靖政策，甚至迟迟不对美日之间的能源与钢铁交易亮出红灯。这当然是美国统治集团自私自利的体现，但和辻对美国的这一批评恰恰是与我们中国史学界的主流批评方向完全相反的——我们的批评是：美国的自私自利导致其珍珠港被炸了才愿意出全力遏制日本军国主义；而和辻的批评却是：美国是如此的自私自利，以至于其珍珠港被炸后还不好好反省，恬不知耻地继续干预亚洲事务。

不过，纠缠在历史事实辩驳的层面与和辻论战，本身意义就不大。《美利坚的国民性》是一本充满政治谎言的宣传小册子，并不值得我们花费太多精力去揪出书中的每一处胡扯。更值得关注的是这本书所反映出的和辻的心理问题。实际上，作为留过洋并且西文娴熟的职业哲学家，和辻当然应该是知道西方国家的真实国情的，但他还是这么写，恐怕就不仅仅能够从"见识浅薄"这一点加以解释了。据我个人的浅见，他之所以这么写，乃是基于一种"农村青年入城后被鄙视"的报复心理在国际事务层面上的放大。前面已说过，作为姬路人的和辻在东京求学的时候曾经遇到过一次小规模的城乡文化冲击——不过，靠着他自己的努力，这一关总算是挺过来了，他本人也通过"京都大学教授""东京大学教授"等光鲜的头衔完成了自己的心理重建。而在整个国际舞台上，本来列于落后国家的日本在日俄战争后突然崛起，则又给全体日本人民出了一个关于心理定位的难题：是脱亚入欧，还是继续维持亚洲国家的自我定位？若是前者，和辻这样的复古派的传统情结又该如何安放？若是后者，日本又如何能通过自己的成功来显示自己比亚洲国家"高人一等"的地位？这种对于地位的高度敏感，其实便是植根于某种自知而导致的自卑（也就说，恰恰是因为真知道自己的国力没有自己吹嘘的那么厉害而感到自卑）——而在这种心境下，通过污名化竞争对手（特别是头号对手）来获得心理平衡，则是掩盖这种自卑的最佳心理手段。

这种扭曲心理集中体现在和辻对于美国的生产力的批评上。其实他本人很清楚美国的工农生产力是远超日本的，但他却将这种生产力的发达污名化为"用机械的力量来支配自然和人类"，以暗示美国人除了机械力量强大之外，缺乏丰富的内心世界。实际上，从心理学的角度看，和辻这一步操作的真实目的，只是为了掩饰日本工农业生产力远不如美国这一事实所带来的尴尬罢了。道理非常简单：生产力的强弱毕竟是有客观标准可谈的，但心灵是否足够丰富的标准又是什么呢？凭什么说马克·吐温就不如夏目漱石，而爱默生就一定不如正冈子规呢？——既然没有客观标准，和辻自然可以按照他自己喜欢的主观标准来臧否天下文明，由此维护自己的文化自尊。

另外，从纯哲学角度看，和辻对于美国生产力之价值的酸溜溜的贬低，实际上也背弃了京都学派消融精神与物理之间界限的思想传统。实际上，生产力的发达不仅仅是物质力量的体现，还是精神力量的体现，因为没有完善的产权制度与法律制度的保障，以及全社会对于创新文化的大力呵护，生产力的发达是不可能的。而在战时经济的环境下，大量优质军火的生产无疑还需要国民的奉献精神与爱国觉悟。这些复杂的精神要素，又怎么可能通过轻描淡写的"追求刺激的心理"一语来打发呢？

不过，需要指出的是，并不是所有的农村青年入城后都会产生这种针对主流中产阶级的嫉妒与报复心理，至少同样作为"小镇青年"的斯宾格勒就没有这种针对盎格鲁文明的特殊仇恨情绪（在斯宾格勒看来，天下乌鸦一般黑，任何基于城市的文明形态最后都会衰落）。这也就是说，哲学家对于特定文明的偏好与厌恶，是与他个人成长过程中的一些非常微小的细节有关的（比如，此"小镇"与彼"小镇"之间的一些微妙差异）。不过，这些差异亦往往很难为外人所知，而且，相关哲学家也完全可以在成名后利用自己的话语权力、哲学概念与写作技巧包装自己的私见，由此掩盖自己进行此类写作的真实心理动机。从这个角度看，要深入解剖和辻哲郎与别的京都学派成员的精神世界，我们还需要很多位弗洛伊德的襄助。

然而，深入解剖和辻尊皇说之思想动机的任务，并非哲学家的专长，而且，即使对于弗洛伊德派的心理学家来说，对于此类动机的深入挖掘也需要他们与被诊疗对象长期相处——但与已经过世多年的哲人相处显然是不可能的。因此，哲学家只能做哲学家所擅长之事，即就和辻本人的核心哲学文本的内在逻辑展开讨论。而在这个层面上的工作已经向我们显示了：和辻的基于风土之空间性的伦理学构建与和辻本人的亲军国主义立场之间，并不存在概念层面上的直通车。换言之，硬是要将这二者打通的，与其说是和辻的哲学，还不如说是和辻自己的私念。从这个角度看，对和辻私念的批判亦不伤及其核心哲学观点，正如我们不能将洗完澡的孩子与洗澡水一起倒掉一样。

和辻哲学在其所生活的年代遭遇了一个强大的挑战者，此即同样喜欢拿"空间"做文章的户坂润哲学。我们下一章就来谈谈他的哲学。

第六章

户坂润

兼收现象学与唯物论之美的反法西斯斗士

图-13 户坂润手绘像

户坂润何许人也？

户坂润（Tosaka Jun，1900—1945）是日本京都学派中唯一一位称得上是马克思主义者（而不仅仅是"左翼思想家"）的哲学家。尽管部分西方评论者已经将其视为与卢卡奇、葛兰西、霍克海默一个等级的"新"马克思主义者 [1]，但令人遗憾的是，在我国无论是马哲界还是西哲界，对于户坂哲学的研究还都非常边缘。户坂哲学之所以成为思想界的遗珠，与他本人的早逝也有一定关系。现在我们就来简单回顾一下他的生平。

户坂生于东京神田区，在东京完成了中学学业，并在京都大学学习哲学。大学期间，他接触了以西田几多郎哲学为代表的主流京都学派思想。尽管他日后成了主流京都学派在昭和时代最严厉的批判者，但他毕竟受过其影响，因此往往被后世视为京都学派的成员。离开京都大学后，他曾在京都高等工艺学校与同志社女子专门学校任教，并一度在日本陆军的炮兵部队服役，曾获少尉军衔。众所周知，炮兵是一个与空间计算颇有关联的技术兵种。基于这一机缘，在服役期间，户坂通过对康德《纯粹理性批判》的空间学说的思考，开始构思自己的空间哲学的雏形。同时，他在哲学与物理学方面的双重素养，也为他思考日常空间与科学家研究的空间之间的关系打下了基础。退役后，他先后在大谷大学（在京都）与法政大学（在东京）教书，但其大学教师的生涯也经常因为文化警察的干扰而被打断。1932 年，他创立了马克思主义研究组织"唯物

论研究会"，并出版了相关杂志《唯物论研究》。1938 年，
该组织被官方强力取缔后，他不屈不挠，又创办了新的左
翼杂志《学艺》，不久后再次被取缔。在户坂润从日军退
役到 1945 年日本投降之前，他坚持不懈地传播马克思主
义思想，反复受到官方的训诫、警告，经济收入也极不
稳定。户坂自然也成了监狱的常客，往往刚被保释出来，
又被送进班房。在这方面，他的遭遇让人联想起同样将
墨索里尼政权的牢底坐穿的意大利马克思主义者葛兰西
（Antonio Gramsci，1891—1937）[2]。1944 年 9 月，户坂
人生最后一次入狱。后因为躲避美军对东京的轰炸，日本
警方将其转移到长野的地方监狱。由于营养不良，户坂得
了急性肾炎，并在 1945 年 8 月 9 日离世（死因与三木清
类似）。令人唏嘘的是，仅仅六天后，裕仁天皇向全日本
广播，宣布日本对盟军无条件投降。将一生奉献给反法西
斯事业的户坂润，最终没有亲眼看到正义降临的那一天。

　　与在左右之间游移不定的三木清不同，户坂润反法西
斯的政治立场鲜明坚定，毫无暧昧可言。但我在尝试重构
其哲学思想的过程中依然发现了一桩悬案：他是如何在自
己的哲学构建中做到兼收现象学与唯物论之美的？这个
问题的具体展现方式如下：一方面，户坂在其空间哲学中
对于日常空间的"此性"的强调，显然在话术上受到现象
学家海德格尔在《存在与时间》中提出的核心概念"此在"
（Dasein）的影响；但另一方面，他又反复强调自己的唯
物论立场。那么，他的"空间"理论是如何同时具有现象
学与历史唯物论这两种貌似彼此冲突的性质的？

研究该问题的一般哲学史意义如下：我们知道，现象学研究一般都具有"第一人称视角"特征，也就是说，现象学研究一般不涉及使现象得以涌现的可能的生理、物理以及经济、政治机制。与之相比，历史唯物论研究所依赖的政治经济学分析则具有鲜明的"第三人称视角"特征——换言之，这种基于抽象经济学范畴（货币、资本、流通、劳动力等）的分析往往会将个体的主观感受边缘化。不少观察家都注意到，在马克思不同时期的文本中，这两个面相往往交替出现：譬如，现象学的面相在马克思早期的《1844 年经济学哲学手稿》里扮演了醒目的角色，而客观主义面相则在马克思成熟时期的政治经济学著作中占据了优势地位。因此，如何调和这两个面相之间的关系，对于马克思主义哲学的研究来说，具有不可低估的意义。

这个问题对于上世纪 30 年代的日本马克思主义者来说，亦同样不可回避。一方面，当时，胡塞尔与海德格尔的现象学已经对整个日本学界产生了巨大影响，以至于像西田几多郎、和辻哲郎、九鬼周造等京都学派主流的哲学构建都带有浓重的现象学色彩；另一方面，对于日本军国主义的日益崛起这一令人不安的现实，传统马克思主义的政治经济分析法所能发挥的巨大方法论作用又不容忽视。那么，如何在马克思主义政治经济分析框架中融入现象学的直观洞察，兼收现象学与历史唯物论之美呢？——这就是京都学派的首席哲学家西田几多郎的左翼学生户坂润所思考的问题。

前面说到过，户坂润在炮兵部队短暂服役期间曾苦思过康德《纯粹理性批判》中的空间问题，因此，基于空间问题展开哲学触角，便成为户坂哲学的基本特征。可以说，他是全世界的马克思主义者中最早从"空间"角度切入历史唯物论重构的思想家，在时间上要远早于后来的亨利·列斐伏尔与大卫·哈维。不过，与行文晦涩的列斐伏尔不同，户坂润的行文带有一种惯常在英美分析哲学文献中才能看到的清晰；与痴迷于城市地理学分析而哲学味略淡的哈维不同，户坂润的空间理论的哲学色彩又是非常浓郁的。而户坂润之所以聚焦空间问题，除了炮兵军官经历的刺激外，也与当时他所面临的哲学形势有关。我们知道，时间问题乃是胡塞尔与海德格尔现象学之枢纽，而和辻哲郎、九鬼周造等京都学派哲学家在批判性地发展海德格尔思想时，又往往试图通过重构"空间理论"以便为"时间理论"奠基。因此，提出一种能够为历史唯物论思想服务的新空间—时间理论，便能使户坂润具有与上述这些世界一流哲学家进行批判性对话的理论基础。

户坂润的空间—时间理论的核心要点如下：

（1）空间性要比时间性源始，像胡塞尔、海德格尔那样预设时间性问题更具本源性乃是错误的（在这个问题上，户坂的观点类似和辻哲郎）。

（2）空间性具有主观性与客观性两个面相，但其中客观性面相更为重要（因此，户坂润既不同意主流现象学家的空间观，也不赞同主流机械唯物主义的空间观）。

（3）空间性与时间性的结合方式乃是"今"或"今天"，而不是传统时间论所说的"（作为瞬间的）当下"，因为前

者能够承载后者不能承载的人类的具身性与特定的社会
内容。毋宁说，"今天"是具有双面相的：它既是一个可
以被感性展现的现象学界面，又体现了这个界面背后的物
理—经济—政治机制运作的信息。

（4）"今天"的双面相特征有利于我们在不放弃现象
学分析的前提下，讨论传统现象学力有不逮的话题，比如
电影的图像呈现方式以及新闻媒体在"今天"发生的意识
形态渗透作用。这一讨论又将为对于整个社会的马克思式
病理学分析提供模板。

（5）"今天"的基础地位还能帮助我们重新思考"历
史时间"的本体论地位，由此便利我们向基于一种非批判
的"历史时间观"的日本文化保守主义发出挑战，由此进
一步防止这种保守主义观点成为日本军国主义宣传机器
的有效补充。

下面便是我对于户坂上述观点的全面展开、解释与辩护。

户坂空间—时间论概述

将时间性问题看得比空间性问题更为源始，是西方
哲学的一个大传统。对于该传统最鲜明的体现便是笛卡尔
哲学：根据笛卡尔的见解，我可以怀疑我是不是在地球
上，但我不能怀疑我在怀疑这件事。既然"在地球上"是
一个空间性表述，而"我在怀疑"这个事件只能存在于时
间之中，那么，上面的论述也就意味着：时间性比空间性

来得更为源始。让人感到震惊的是，这种让时间性居先的传统思维方式竟然还感染了以批判笛卡尔主义为特色的海德格尔：他在《存在与时间》中对于"时间性"的奠基就是以一种准笛卡尔的方式进行的：当"此在"（Dasein）通过对于死的不可替代性的领悟而悬置了"常人"（Das man）的俗见与闲谈之后（就像笛卡尔悬置了身体的空间性一样），"向死而生"这一面向未来的筹划本身就具有了一种不可褫夺的时间特征。所以，他的代表作的题目才叫《存在与时间》，而非《存在与空间》。

户坂润则认为这些关于时间的传统哲学说辞都是奠基在一种糟糕的隐喻之上的，即把时间比喻成意识之流。在 1930 年发表的论文《日常性的原理与历史时间》中，户坂写道：

> 现在，若吾辈设想一种"纯粹的"（？[3]）时间——此时间并不具有或不能具有任何停顿——这便是一种纯粹的持续者。为何呢？因为一旦这种持续趋势被放缓了哪怕一点点，时间就会变得不那么纯粹了；这种迟缓会制造时间之流中的一个空隙，以便让人觉得其中可能发生了一个断裂。这样的一种纯粹的（？）时间，或一种没有停顿的流，或许就是意识之流吧。但我还是首先要问：就"意识"这词的一般意义而言，意识真的在流动吗？我并不想由此说意识会停止。不过，显然，说什么"意识在推进"之类的话，还是大致可以的——但这就意味着意识是一种流吗？若意识的连

续统（此即"意识流"的技术化表述——译注）能够
与数学中的实数的连续统等量齐观的话，那么，吾辈
就永远不能使该连续统中的两个点之间的质的差异变
成问题。……因此，为了让该话题能够成为问题，意
识就不能以连续的方式流动，而只能以量子跃迁的方
式移动——换言之，意识并不流动。于是我宣布：意
识中的时间——现象学时间（也就是被想成是纯粹持
续者）——并不存在。[4]

为何意识不能是一种"流"呢？户坂的论证非常清楚：
基于"流"之隐喻的时间在本质上就是一个数学上的连续
统，因此，时间中的这个点与那个点之间就没有任何质的
区别。但既然现象学时间乃是心理活动展开的场所，那么，
心理活动之间的差别就不可能是纯粹量的（而不是质的）
差别（让我们不妨设想一下"回忆上次一个人在札幌吃帝
王蟹"与"期望求婚成功"这两种心理活动之间的差别）。
所以，心理活动就不能以作为纯粹之流的现象学时间为自
己的居所。而考虑到为心理活动提供居所乃是此类现象学
时间的基本功能，我们不妨用"奥康姆剃刀"将对于此类
现象学时间的哲学设定彻底删除算了。

不过，上述论证并不意味着一种并非基于"流"之
隐喻的时间是不存在的。这当然是存在的——但在户坂润
看来，它可能是以一种"量子跃迁"的方式存在——说得
更浅白一点，时间的演进是以"从一个话题突然转向另外
一个话题"的方式来展开的，比如，从对帝王蟹的美味的

回味一下子突然切入对求婚策略的思考（顺便说一句，量子力学传入日本后，此类隐喻曾成为当时日本知识分子的口头禅，读者未必要从基础物理学的角度严格看待这些隐喻。此外，在日语会话中，有一个高频词汇可以用来提示听话者从一个话题到另外一个话题的跳跃，此即"ところで"。这一语言提示器的存在可能也启发了作为日语言说者的户坂润意识到了"时间之流"之喻的连续性假设与日语体会之间的冲突）。因此，时间活动又具有一种朝向"事"的面相。而对"事"的参与又往往是"具身性"的，比如，张嘴才能吃帝王蟹，下跪才能求婚，等等——因此，对于时间性问题的讨论自然会将我们引向使身体活动得以可能的空间性。户坂润沿着这个思路写道：

> 我要警告读者的是：上面提到的这些对于当下的概念都是来自现象学关于时间的概念。我们的意识或许真的存在于现象学意义上的时间中——但同样明显的是，我们的身体是不能这么存在的。[5]

户坂润从心理时间到身体的注意力偏移，显然具有一种从观念论到唯物论的转向意味——因为作为主观观念论代表的笛卡尔恰恰是通过悬置"身体"来构建其"我思"哲学的。然而，户坂润并没有因此彻底消除其哲学中的现象学成分。具体而言，身体展开的空间既可以从日常的视角观之，也可以从几何学、物理学与心理学的角度加以研究。因此，也应当存在着与这些视角对应的"日常空间""几何学空间"物理学空间""心理学空间",等等。那么,哪种视角才具有基础性呢? 在 1936 年发表的作为《现代唯物论讲义》之一部分的《空间论》中,户坂润以一种亲和于胡塞尔"生活世界现象学"的方式认定:几何学空间、物理学空间、心理学空间均是日常空间的衍生物[6]——他甚至在这个基础上引入了一个很容易让人联想起海德格尔"此在"(Dasein)概念的新哲学术语:"此性"(原文"Da-性格"[7])。不过,为了避免熟悉海德格尔的读者用"此在"的原意(即那种"能对存在的意义加以主观领会的特殊存在者")直接去理解"此性",作为马克思主义者的户坂润立即强调:"此性"概念的光谱毕竟更接近于客观事物(而不是此在的主观领悟):

> 日常空间的"此性"具有一种特定的客观性。在这里,我们并不是在考量一种人类学[8]意义上的存在(或"此在")——如海德格尔所做的那样。假若我们真那么做的,从某种意义上说,我们就会给予这个概念以主观的色彩了。不是这样的,毋宁说,此性在此提示了一种客观性——也就是说,空间性可不能通过别的什么的东西而得到解释;空间性必须自己解释自己。这就提示了一种外在于主体并独立于主体的视角。就其最深远的哲学意义而言,这种客观性就是"物质",也就是哲学意义上的"质料"。哲学意义上的物质可不是对"存在"另起的一个新名字;毋宁说,物质表达出了存在者一般(存在着的事件),以及"存

在性"这东西本身。实际上，恰恰是这种物质，才是吾辈在日常生活中须臾不可离者。很明显，我们能够靠依赖这些物质而过着我们的日常生活，而不必首先与物理学家所说的原子（以及物质科学所描述的其他事项）打交道。这也就是说，日常空间无非就是实践的空间。[9]

　　这段引文非常典型地体现了户坂润的唯物主义立场的准现象学特色。就强调物质具有独立于人类意识的客观性而言，户坂润的立场似乎接近于列宁的反映论；但户坂立即强调他所说的"物质"概念是在实践范围之内的，因此这个概念依然具有最起码的主观面相。换言之，物质必须以充满意识的身体为媒介，才能成为一个哲学上有意义的对象，也正因为这一点，物质与精神的关系就不是机械的光源与反射光源的镜子之间的关系。由此，户坂将诸如原子这样的无法在身体界面上被感受到的物理科学构造物排除出了他所说的"物质"的范围。而这种排除同时又具有空间—时间理论的意蕴：原子也好，电子也罢，毕竟都是无法在身体展开的时空维度中可以被直接展现的东西（它们的直观化模型则不论）。

　　似乎担心读者觉得自己的上述基于日常实践活动的唯物论立场还是过于抽象，户坂润立即引入了一些貌似非常普通的日常概念来为上述立场进行感性化的阐释，此即"今"与"今天"。需要注意的是，无论在日语与汉语中，"今"的覆盖范围都有一种根据实际需要而被随时延展的特征（如"还看今朝"中的"今"），因此，"今"的可延展性特征便使其更接近于空间性。与之相比，"今天"的空间性特征则更为明显，因为我们显然是根据钟表的运作与昼夜的替换来界定"今天"与"明天"之间的界限的——同时，钟表运作与昼夜更替的必然性又使户坂物质论的客观性得以展现。而这种客观性又绝对不是以一种主观性互相绝缘的方式出现的，因为进入公共语言的"今"与"今天"显然是人类组织劳动时必须依赖的语言媒介，因此具有现象学意义上的可感知性（如果读者对此还感到难以理解的话，就请看看你手机屏幕上显示的时间——这难道不具有现象学意义上的可感知性吗？）。

尽管上面的讨论貌似还具有一种哲学上的抽象性，但"今天"在人类整个劳动历史中所具有的基础性分工意义，使户坂润立即意识到了"今天"对于劳工阶层的日常实践的基础性意义，以及"今"或"现在"对于处于不同阶级地位中的人所具有的不同意义。他写道：

> 到底是何种必然性统治了"今"或者"今天"呢？"今"或"今天"是被生活之实践的必然性所统治的。很可能事情是这样的：对于那些喜欢胡思乱想的人来说，其闲暇充裕到令人发指的地步，以至于对于他们而言，或许有很多"现在"与"当下"可以挥霍。这又是因为：对于他们而言，"现在"——人们只有处于"现在"之中，"今天"这个概念才会对他们有意义[10]——从来都没有对他们的生活造成妨碍。就算

　　今天糟糕一点，明天或后天事情就会变得更好一点。
与之相较，在一种更为宽广与更具实践意味的意义上，
劳动者的工作可是必须在今天完成的。因此，对其而
言，"现在"这个概念必须被锚铢必较，因此也就转
换成了"今天"……[11]

　　很明显，在这段话中，户坂润做了一件几乎所有的主
流现象学家（胡塞尔、海德格尔、萨特，等等）都未做过
的事情，即揭露了处于不同阶级地位的历史主体的时空感
受之间的差异——与之相比，胡塞尔的"纯粹意识"、海
德格尔的"此在"与萨特的"自为存在"都是缺乏阶级规
定与政治经济学内容的。但户坂润却发现这种对于阶级规
定与政治经济学内容的"悬置"乃是不可容忍的，因为使
时空架构得以展开其现象学特征的最外部边界，恰恰就是
由这些政治经济学要素所带来的必然性力量所规定的。因
此，对于时空的现象学分析就无法摆脱对于这些政治经济
学要素的考量，正如对于今日虚拟现实体验的讨论无法脱
离对于特定虚拟现实设备的性能的讨论一样。

　　同时，户坂润对于"今天"的强调，也含蓄地肯定了
使人类历史得以展开的物理层面上的"底层条件"的奠基
作用。这些条件包括：地球的自转与公转（这使天文学意
义上的"地球日"得以产生）、作为哺乳类的人类的睡眠
习性（这使"醒来"的那一刻成为人类的一天的自然开始），
以及人类认知系统的工作习性（比如，人类在睡眠时，白
天获取的记忆会被重新编辑为长期记忆，并在这个过程中

导致一些不那么重要的信息的损失）。顺便说一句，这些来自物理与生理—心理层面的必然性在某些科幻影视作品（如《捉上今日子的备忘录》[12]）中得到放大，由此将一日与另一日之间的界限变得异常鲜明，并使观众进一步领悟到了"天"作为人类生产活动之共通时间单位的基础性地位。

至此，我们大致已经看出户坂润将现象学方法与历史唯物论合二为一的基本策略了。接下来我将其基本步骤概括为以下七点：

（1）先从观念论版本的现象学入手，通过现象学分析指出：那种基于"流"之隐喻的时间观并不具有基础性——毋宁说，日常中的时间是围绕着特定外部事件而展开的身体行动规划，而且这些规划之间亦有质的差异。

（2）通过在上一步中引入的"具身性"，进一步质疑其在意识流中的可存在性，由此引出空间相对于时间而言的源始性。

（3）通过引入"物质"概念，并借由"物质"与"空间"之间的天然联盟，进一步强化空间叙事相对于时间叙事而言的基础性。

（4）强调"物质"的日常实践性，保证"物质"之间的质的差异不至于被物理学的物质观所自带的同质性所取消——由此，"物质"之间的质的差异与"空间"片段之间的质的差异就能被整合成一个统一的物质—空间叙事。

（5）利用这种充满内部异质性的物质—空间叙事，反向重构一种新的时间叙事，由此构造出一个充满内部异质性的"今天"叙事。

（6）利用不同"今天"叙事之间的天然异质性，自然引出使这种异质性得以浮现的阶级差异问题。

（7）通过凸显阶级差异的问题，户坂润自身的空间论便可以自然承接经典马克思主义的政治经济学分析。

我个人认为，户坂润这种奇特的现象学方法（或者说，利用现象学的某些要素反对现象学的方法）乃是对黑格尔在《精神现象学》中的哲学方法的活用。我们知道，黑格尔版本的现象学与胡塞尔版本的现象学方向恰好相反：胡塞尔做的，乃是悬置一切超越性的设定（从物理学设定到经济学设定，不一而足），直面"括号"里留下的纯粹现象；黑格尔则反之，他是从最基础的现象（如"感性确定性"）开始攀爬，然后试图一步步找到超越这些现象的现象，以至一路攀爬到囊括一切现象的"绝对知识"（也就是关于上帝的知识）。虽然黑格尔哲学攀爬的终点并不是作为无神论者的马克思主义者的终点，但是在上述攀爬过程中，黑格尔对于诸多人类社会发展的具体经验成果——如以牛顿力学为代表的自然科学活动、主—奴关系、自我麻痹的斯多葛主义、市民社会以经济利益为核心的特定意识形态——的考察，却的确构成了使特定现象得以在视域中被展现的外部必然性条件。对于这些外部必然性条件的高度兴趣，显然也使黑格尔主义与马克思主义产生了高度的共鸣。从这个角度看，既然黑格尔的精神现象学能够容纳胡塞尔现象学所不能容纳的"超越性"内容，户坂润的空间理论显然也能具有类似的功能。

　　或许我们还能用日本战后著名分析哲学家大森庄藏
的"叠加描绘"(重ね描き)概念解释户坂润的策略。[13]"重
ね描き"在日语中字面上的意思是指重新上色，或者指在
先前的画上施加新的颜色以产生"若隐若现"之效果的过
程。这也就是说，在"叠加描绘"作业完成之后，最初的
那一层底色并没有被完全遮蔽，而是在新色覆盖之下继续
暧昧地展现着自身。大森利用"叠加描绘"这一话术阐释
了三层语言之间的关系：现象学语言（描述"我"所看到
的）、日常语言（描述"我们"所看到的）以及科学语言（描
述科学共同体所看到的）。换言之，在具有胡塞尔情结的
大森看来，即使你透过最上层的科学语言的界面，你也能
若隐若现地看到位于"中间层"的日常语言与位于最底层
的现象学语言的蛛丝马迹。如果户坂润或者黑格尔能够活
着读到大森的叙述方案的话，他们或许会通过颠倒大森的
三种语言的铺设次序来为自己的理论服务。他们会说：如
果我们仅仅以现象学语言为切入界面的话，我们就能从中
隐隐看到已经铺设在下面的日常语言，并进一步看到铺设
在最下面的科学语言（只不过户坂润会将这里的"科学"
理解为政治经济学加上相关的自然科学，而黑格尔会将这
里的"科学"理解为他自己的形而上学）。因此，现象学
只是我们进入更为广阔的人类实践领域的入口罢了，而不
是哲学的归宿。

　　不过，户坂润与黑格尔虽然可能以一种类似的方式
利用大森的"叠加描绘"叙事，作为马克思主义者，户坂
润与黑格尔主义者之间的下述区别依然不容忽视：户坂润

高度关注使特定现象特定浮现的物质性条件，而黑格尔则相对忽视这些因素。这种物质性条件又分为两类（尽管这二者之间有密切联系）：技术条件与经济条件。在户坂润所处的时代，传媒技术已经得到了远超于马克思时代的发展，因此，户坂润对于技术条件与现象之间关系的讨论便是以电影这种新传媒技术为聚焦点的。借此，我们也能更深入地理解户坂润是如何将第三人称视角的哲学分析与第一人称视角的现象学描述相互结合的。

户坂的电影认识论

户坂润兼收现象学与历史唯物论之美的哲学方案，直接影响了他的技术哲学观。在 1933 年发表的《技术哲学》一书[14]中，户坂润反复重申这样一个观点：技术不仅仅是纯粹的外在的物质配置方式或者劳动组织方式，而且还牵涉到主观的技能获取——譬如，假若有一台高精度车床被运进厂房，却无人会操作，我们就不能说这家工厂成功引入了相关的技术。从这个角度看，任何技术的运用都具有一个不可被消除的现象学面相。[15]而这一面相不仅对技术产品的操作者来说是不可缺少的，对于技术产品的用户来说更是不可或缺。譬如，对于电影技术来说，观众的现象学体验就构成了"电影播放活动"的一个本质环节。

在户坂润生活的时代，日本本土的电影业已经比较繁荣，而在日本全面向英美开战之前，东京等大城市的市民也能轻易看到西方电影。电影票价的相对低廉，使得观看电影这件事自然进入了户坂润的"日常性"叙事。同时，电影自身的展现方式也具有一种特殊的现象学特征：它能够在影院这个聚集大量观众的场所里批量生产出一种集体的现象学情绪，因此成为一种潜在的意识形态工具。不过，与西方法兰克福学派对于当代文化工业（当然这也包括电影业）的严峻批判态度相比，户坂润在1936年发表的《电影的写实特征与风俗性以及大众性》一文（收录于《思想与风俗》一书）中对电影的态度则是相对宽容的。与本节论题特别相关的户坂润的电影观有如下两点——

论点一：电影对于视觉感知（而不是听觉感知）的高度重视充分体现了现象学空间的源始性，因此非常有资格成为一种与户坂空间论相匹配的技术—艺术哲学的切入点。或用户坂自己的话来说：

> 吾辈当然能够将具有真切的视觉感知与具有真切的听觉感知的人相区分。但在电影中，视觉所扮演的角色与听觉所扮演的角色之间的差异是如此之大，以至于对于二者的比较都显得多余。我们自然不能忘记，在电影发展史中，有声电影是通过给画配音而造就的，而不是通过给音配画而造就的。当然，我们也知道，在盲人的世界图景中，触觉的确扮演了更重要的角色，但触觉之特征毕竟更像视觉而不是听觉。视觉本身就具有了触觉以及爱抚的特征。与听觉所具有的时间延续性相比照，视觉具有一种空间延展之持续性……因

此，我们就能说：对于实在的认知来说，与听觉相比，视觉就具有了一种基础性的意义。而正是电影，对视觉的基础性进行了强调。[16]

　　户坂在这里给出的论证，需要加入一些现代认知科学的资料才能显得更为清晰。假若他换用更具科学意味的话语结构的话，他或许可以从以下四个方面为视觉表征的基础性地位进行辩护：首先，听觉与视觉相比，在获取的信息的颗粒度方面是全面败北的。其次，听觉在人类主体之间所扮演的重要沟通角色，往往得预设诸主体对于共通自然语言的习得——而视觉系统对于人类表情、动作的感知却未必需要主体了解被观察者的语言。其三，在物理对象本身不发声的情况下，听觉系统要获知物理对象的大小和远近等关键信息是非常困难的。就算我们能像蝙蝠那样，主动发出超声波以获取回声定位，我们也需要在"声波发送"这个环节上付出额外的生物学投入。与之相较，视网膜对于视觉图像的获取却是被动的，因为自然光线本身是客观存在的——因此，视知觉的信息获取方式显然更能节省系统的运作资源。第四，听觉系统也无法辨别颜色，因此纯粹的听觉系统其对物理世界的刻画就存在着一个不可填补的漏洞。

　　显然，上述论证已经将视觉的巨大认识论价值，进一步兑现为了"视觉界面与实在之间的信息管道的相对通畅"——或换用户坂自己的科学色彩更淡的话语来说，"呈现在银幕上的内容乃是最具体的"[17]，因此，看电影这事

情就"不仅仅是一种静观了，而且是对于实际事物的一种
处置方式"[18]。或换用大森庄藏的语言来说，通过电影银
幕这一"叠加描绘"的现象学界面，我们更容易从中窥见
在其背后若隐若现的社会实在。这个观点虽然貌似只具有
纯学理意义，但户坂立即从中引申出了一个非常重要的具
有政治哲学意味的结论。

论点二：正因为基于视觉的电影产品所表露的关于实
在的信息更为丰富，因此，与别的媒介相比，电影更难以
成为意识形态洗脑的工具——或者说，至少在当时的技术
条件下，通过电影制造出一个"楚门的世界"的难度会大
大增加日本法西斯推行认知战的成本。户坂提出了三个具
体的论点来支持这个推论——

（1）外国电影的国际性内容能够向日本观众展示与
日本不同的其他世界的样子，由此抵消本土电影的意识形
态暗示，或用户坂自己的话来说，日本年轻一代更喜欢
看外国电影（而不是本土的武士电影）这一事实，"意味
着一种朝向更为发达的资本主义国家（英、美、法、德），
以至于进一步迈向社会主义苏联的经济组织结构的精神
运动"[19]。

（2）商业电影的一个恒久主题乃是男欢女爱，或用户
坂的话来说，就电影银幕所展现出来的风俗而言，它是"通
过两性关系之普遍性与人类相互联系的——而这一点，恰
恰构成了电影内容自身所占据的大众性的基础之一"。写
到这里，熟稔德语的户坂甚至还玩起了德语词汇游戏（他
指出，"人类"的德语表达"Menschengeschlecht"就包含

表示"性别"的成分"Geschlecht"），以便由此提点"人类的类意识起源于两性关系"这一唯物论观点。[20] 由此不难推论，由于两性题材在世界电影中占据的高比例以及带来的"类意识"的高涨，军国主义宣传机器利用电影丑化敌对民族、破坏"类意识"的难度也会上升。

（3）作为电影的对比，户坂认为同样面对日常生活的新闻报纸的意识形态操控功能乃是更为明显的。这当然首先是因为新闻的文字表述方式与实在距离较远，因此，虚假的新闻报道的制作成本也相对较低——更为关键的是，与两性关系在电影内容中的压倒性地位相比，新闻报纸具有一个特点："无论现代媒体报纸多么追求新闻的覆盖面，在一种最狭义的与最基础的意义上，政治事项的基础地位乃是不可动摇的。"[21] 该特点辅之以"新闻报纸变成了一种具有特定意识形态使用价值之商品"[22] 这一特点，自然就会产生下面这种化学反应效果：怎样的政治新闻能够被迅速"卖"出去，那么这样的政治新闻就会被作为商品立即炮制出来。考虑到有太多的普通民众容易被"原始的本能与无训练的国家意识"所感染[23]，渲染这些情绪的政治新闻——特别是炫耀日军之"武功"的新闻——自然也会被炮制出来。这当然不是说电影不能作为商品被卖出去，而是说：即使作为商品，电影所产生的丰富视觉表征也总会向观众透露出一点实际信息（比如，即使是通过日本军方审核的反映侵华日军近况的新闻电影，也会展现出中国糟糕的道路状态给日军后勤所造成的困扰，以及广袤的中国领土带给日军的心理压力）。

　　户坂对于电影媒介的这种偏爱，表露出了一种类似于斯宾诺莎式"双面相论"[24]的媒介观：既然人类可通达的现象学界面与不能直接通达的超现象属性均是属于同一个对象的，那么，现象学界面自身信息的丰富化，自然就意味着主体所获取的实在信息的丰富化。这种观点也顺便引出了一种对于黑格尔的唯心论美学观的唯物论反讽：在黑格尔看来，艺术形式中的质料成分越高，其价值也就越低（因此，黑格尔喜欢诗歌甚于绘画，喜欢绘画甚于雕塑）——而户坂润却恰恰因为视觉表征中质料成分的丰富性而偏爱电影。

　　读者或许会问：户坂润的这种预设了视觉基础性的电影观，在这个视频作伪电脑软件横行的当代是否还有意义呢？我认为答案是肯定的。即使是在当代的技术条件下，视频处理软件"无中生有"地产生出足以乱真的假视频的难度依然很大，成本也依然很高，而通过诸如 ChatGPT 这样的软件上大量生成虚假意见以推进认知战的成本则要低得多。同时，利用技术手段检测某段视频是否作伪的难度，也大大低于通过思辨鉴别某条假新闻的难度。从这个角度看，户坂润的建议依然没有过时：在信息获取方面占据天然劣势的无产阶级必须在任何时候都要做到"多看少听"，以最大程度地减低自己成为认知战牺牲品的概率。

　　不过，正如户坂润意识到的，即使是基于丰富视觉表征的电影，其被意识形态系统恶意操控的空间依然存在。或说得更宽泛一点，我们面对的整个日常世界都会被来自意识形态系统的操控企图所污染。指出这一点，其实不是户坂润的首创哲学贡献（马克思在《德意志意识形态》中早就预报了这一论点）——而户坂润的贡献体现在：他利用兼收现象学与唯物论之美的媒介理论，在他模拟马克思的《德意志意识形态》而写就的著作《日本意识形态论——对于现代日本之日本主义、法西斯主义与自由主义的思想批判》[25] 中，精彩地揭露了当时日本的法西斯意识形态机器是如何狡猾地将复古主义（日本主义）与自由主义的思想资源化为己用的。

户坂对法西斯洗脑机制的祛魅化

我们知道，日本军国主义宣传架构的一个重要成分乃是日本文化优越论（户坂润冠之以"日本主义"之名），而此论的一个重要历史哲学预设就是：日本文化具有某种从古至今的连续性，并因为悠久而自带光环。在京都学派之中，和辻哲郎乃是宣传这种日本文化优越论的典型代表。户坂润则认为这种观点是建立在一种完全错误的时间观之上的。在他看来，历史时间是由一个个彼此断裂的时代（如日本史中的飞鸟时代、平安时代、奈良时代，等等）所构成的，而每一个时代都有自己独立的现象学操作界面，以及该界面所面对的特殊的历史实在。换言之，我们的"现在"并不是圣德太子或者德川家康的"现在"，因此，今日的日本人不必自作多情地认为他们的精神也在自己身上流传。或用户坂润本人更具思辨色彩的语言来说：

那个让我们的生命能够真实地在世上走一遭的乃
是一种存在于历史时间中的"现在"——一种属于
一个时代的现在，或者说，就是当代。当然，说什么
"吾辈生活在当代"，并未给予我们太多特别新的教益。
我想说的毋宁说就是这样的意思：当代乃是通过历史
时间的片段化而得到浮现的一种特殊时代，因此，当
代具有一种有限的持续（即非无限长或无限短的持
续），而且，此种持续与数学中常数之持续是不同的。
当代是一种特殊的时代，并受到以类似依赖性变项的
方式而起作用的历史时间中的性格的影响。[26]

请注意户坂上述言论中的技术化隐喻：特定时代中
的一些"依赖性变项"会对时代的现象学呈现方式产生影
响，正如数学上的"自变量"对"应变量"产生影响一样。
显然，这些变项自身的超越于现象的特征，凸显了户坂的
时代观的唯物论底色。在这个问题上，户坂润的时代观便
与和辻哲郎的"风土论"产生了冲突。我们知道，和辻的
"风土"概念指的是一个地域中能进入主体的现象学界面
的地理环境要素与文化要素的总和。但户坂敏锐地意识
到，和辻对于风土要素的讨论完全回避了那些不能直接进
入现象学界面的地理学与经济学要素对于风土的影响，因
此，这种讨论很容易错失那些影响特定时代之现象学特征
的重大外部变量，而沉迷在对于特定文化风土的历史一致
性的主观迷梦中。基于此观察，在《和辻博士·风土·日
本》一文中，户坂尖锐地评价道：

　　"风土"这个概念真是一个值得如此被大肆强调的不可或缺的观念吗？对此问的最彻底的回答其实非常简单：风土论就是一种非常鄙俗的迷信——此论无非想说，对于日本之现实的分析来说，科学的分析方法乃是不适用的。[27]

　　在引导读者将注意力转向那种与外部变量相联系的真正的"现在"（而不是日本的历史）之后，户坂润立即提醒读者注意如下这个被主流京都学派无视的"房间内的大象"：日本关东军正非法占据着中国东北，并在别人的土地上横生是非。在《关于日常性》一文中（收入1936年发表的《作为文学之思想》），户坂润用嘲讽主流日本哲学家与文学家的笔调写道：

　　　　就拿最近发生的一件事来说吧：满洲关东厅的警察部队与领事馆的总检察官之间发生了大决裂。[28]若吾辈将我们的注意力仅仅局限于哲学的——在这个意义上，即形而上学的——研究之中的话，那么，若不将上述事件纳入我们的考察范围，自然也是完全可以的。但这毕竟是一个发生在当下的实际问题，因此，它还是不能被忽略的。假若那些当下的事件与实际的问题都从我们的日常生活中被剥离掉，那么，实际上我们的日常生活也就没有任何内容了。因此，哲学也好，文学也罢，必须直面这一平凡的基本事实。[29]

对于日本军警力量竟然能在海外执法（并不顾体面地互相撕咬）这一事实的聚焦，逼迫户坂反思使这一现象得以被呈现的外部变量是什么，以及使这些外部变量得以被进一步解释的理论资源究竟是什么。户坂最后发现，日本作为帝国主义国家的扩张本性，以及列宁对于帝国主义一般本性的理论阐述，就是他在此刻所要寻找的东西。换言之，对于日本帝国主义当下行为的解释，其实是不太需要用到关于日本文化传统的解释资源的。在收录于前文所提到的《日本意识形态论》的《日本主义之归宿——从法西斯到皇道主义》一文中，户坂润就此话题写道：

> 当垄断资本主义具有帝国主义性质之后，其试图在国内通过国家强权掩饰帝国主义的内部矛盾，并在国际上建立起了这样一种观感：它能依靠强力解决这些问题。法西斯主义也便是这样一种政治机制：该机制为了实现上述功能，对小市民阶层——或广义上的中产阶级——进行利用。由于特定的国内事件与国际事件，这些小市民阶层的社会意识经历了动摇。他们在情感上既不相信无产阶级专政，也不相信资产阶级自己能够在日本全面掌权，于是，他们一厢情愿地幻想自己与法西斯主义者是分享共有利益的。而法西斯主义一边拓展金融资本的触角，一边利用中产阶级上述心态的策略，的确是对其比较有利的。[30]

尽管户坂的上述理论表述采取了一种典型的列宁式

修辞，但依然具有自己鲜明的特色。在这段引文中，除了正统马克思主义者所采取的政治经济学分析之外，依然保有现象学描述技术的户坂还从心理角度分析了软弱的日本中产阶级的焦虑感的来源：自己既无力建立一套真正的资产阶级专政体制（顺便说一句，在1936年的"二二六事变"发生之后，日本资产阶级的直接政治代表已大量被清洗，代之以横暴的军人专政），又基于其阶级本性，而不愿意与无产阶级携手建立反法西斯同盟。而主要由日本军部构成的法西斯势力则利用了中产阶级恐惧无产阶级的心理，全面控制了他们的思想，将其转变为自己的同盟。

那么，日本中产阶级又有何软肋被日本法西斯所发现，以致前者不得不对后者俯首帖耳呢？户坂润的答案是"家庭"。但为何是家庭呢？

从表面上看来，中产阶级的典型意识形态乃是"自由主义"，而自由主义又往往预设了个人的原子式存在方式；与之相较，家庭则展现出了一种微观的集体主义。但看得更深一点，中产阶级要完成自己的生物学再生产，就必须依赖家庭——正因为如此，体现典型资产阶级君主立宪之内部构架的黑格尔的《法哲学原理》毕竟还是将"伦理体系"的第一个环节定为"家庭"，并以此作为"市民社会"（资产阶级社会）之正常运作的逻辑前提。另外，从户坂自己的"今天"现象学的角度看，中产阶级成员过的每一天，都是"为家庭"的每一天：早上离家上班，白天在公司为家庭工作，晚上则回家。家就是中产阶级的日常世界，而公司则是中产阶级为实现家的经济学存活而出卖劳动力的场所。因此，家的安全——这又可以被兑现为"稳定的工作""贤淑的妻子""健康快乐的孩子"等要素——便是中产阶级获取"个体自由感"的基本前提。顺便说一句，资产阶级的家庭观对于"新贤妻良母主义"的渴求，则体现了母亲在培养具有独立人格意识的资产阶级后备军方面所起到的承上启下的作用——而这一点，又集中体现在教育家市川源三（1874—1940）编写的作为资产阶级公民教育读本之一部分的《现代女性读本》一书中。户坂虽然不是无条件地支持市川，却对日本保守主义连这种有限的女权主义思想都要进行打压的做法表示不满。[31]

但万一这种安全感被破坏了呢？万一家的这种崩解，又进一步导致中产阶级对于未来的绝望呢？这会不会给躲藏于中产阶级之现象学界面之后的某些邪恶操控者以机会，使他们可以将中产阶级引入"饮鸩止渴"的圈套呢？这便是户坂润提醒读者注意的问题。

首先要指出的是，在垄断资本主义阶段，中产阶级基于家的日常世界的崩解本就是日常生活的一部分：老板的一个请辞电话就足以促成这种崩溃。而在20世纪20与30年代，上述这种本来只是发生在个别中产阶级成员身上的悲剧，则因为下述四个因素的作用，而具有了向全社会绵延的趋势：（1）关东大地震所引发的经济后遗症；（2）与黄金脱钩的日元在投机市场中的剧烈价值波动；（3）"华盛顿会议"所催生的日本海军裁军计划对于日本造船业与钢铁业的暴击；（4）1929年爆发于美国的经济危机对于日本的外溢效应（特别是对日本出口与农业的打击）。家庭经济境遇的不稳定，最后导致了中产阶级的现象学界面的不稳定，由此催生了中产阶级的全面心理恐慌。

而在户坂润看来，在资产阶级的家庭世界崩溃的同时，法西斯主义趁机开始用一种精神代用品来麻痹中产阶级。他给这种代用品的专用名词乃是"家族主义"。他写道：

> 家族主义自身并不是一种真实的社会组织形态或国家组织形态。毋宁说，家族主义乃是一种驱使人们停留或回到家族系统中去的意识形态——不过，这又是一种对社会或者国家的组织形态有所言说的主义。[32]

但在户坂润看来，"家族主义"与资产阶级家庭的关系，毕竟是"李鬼"与"李逵"之间的关系——具体而言，易卜生所批判的那种压榨女性的资产阶级家庭毕竟是男性家长能够施展自由意志的场所，而带有复古主义色彩的家族主义则会逼迫这些男性家长将自己的决策权上交给更上级的权威。这就结出了"统制主义"（其本质是一种取代自由经济体制的国家资本主义体制）这个恶果：

> 今日我们日本的家族主义（或是其模糊的意识）其实只是一种遁词，以使资本主义可以通过"统制主义"这个新名目而得到维持——这种统制主义即使面对着家庭在现实中的不断崩解，也最终变成了社会——

科学理解的权威见解。这种遁词之所以被设计出来，
也便是为了方便将那些纯然鄙俗的内容以纯然鄙俗的
方式吞咽下去。[33]

而这种李代桃僵的游戏之所以能够成功，则是复古
主义的混乱时间观对中产阶级进行长期认知战的结果：正
是因为中产阶级接受的日本国史教育已经习惯于将古人
的"今天"说成是"今天"了（以至于作为典型资产阶级
革命的明治维新也被莫名其妙地说成是"王政复古"[34]），
缺乏哲学反思力的中产阶级才会无法抵御封建时代的家
庭观念对于资产阶级家庭观的渗透。由此，户坂润对于日
本自由主义世界观的批判，就与其对于日本文化保守主义
的批判相互接续上了。

不过，户坂润立即发现，国家资本主义与复古主义的
结合，需要进一步的化学反应才能产生军国主义这个最终
结果。这种反应的催化剂便是仇外情绪：只有仇外情绪才
能使一个国家不仅仅成为一个具有军队的国家，而且能够
成为一支被伪装成国家的军队。那么，仇外情绪又是如何
产生的呢？

答案令人震惊：反资本主义！户坂润写道：

    家族主义是通过施加给人们下述幻想来使发达
的垄断资本主义体系的本质变得暧昧不清的——而这
种幻想竟然具有与资本主义貌似相反的反资本主义外
观：这样一来，今日发达垄断资本主义体系作为资本

主义体系的本质便变得更模糊了；毋宁说，它甚至呈现出了一种反资本主义的幻相。[35]

或说得更清楚一点，家族主义的包装让中产阶级感到日本是一个超级大家庭（而天皇自然是超级大家长），这种虚假的温暖感让他们对自身的真实阶级地位毫无感知。相反，从这个"楚门的世界"出发去看以美国为代表的西方发达资本主义国家，其赤裸裸的个人主义意识形态表达反而让其成为最典型的资本主义的代表，并因此成为某种完全基于利益原则的冷酷的个人集合体。这种虚假的对比又让中产阶级产生了虚假的文化与道德自豪感，使其觉得日本人有权利通过"近代的超克"来创制出一种比西方资本主义更高级的文明形态。而这种文明形态的强制传播方式，自然也就是战争了。

中产阶级为法西斯的意识形态话术所俘虏的最鲜明的证据，便是京都学派主流在战争中的拥战表态。从户坂润的立场上看，京都学派主流的阶级定位显然是中产阶级或者小资产阶级的知识分子，因此具有天然的"文化自由主义"（即拥护文化创制领域内的自由）的面相[36]——他们之所以没有抗拒法西斯主义的诱惑，便是因为其错误的时间模型与其对于马克思主义的系统化拒斥使他们无法看穿"楚门的世界"背后的布景师的机巧。此外，还有一个因素使学富五车的京都学派主流可能更比一般中产阶级更容易被法西斯主义的意识形态话术所操控，那就是他们对于日本传统文化的熟稔反而会驱使他们更容易接受"日本主义",并由此为日本文化优越论提供哲学支撑。户坂润反复与京都学派的主流哲学家做意识形态斗争,道理也在这里——法西斯既然利用日本一流哲学权威来为自己提供思想根据(不难想见,当受过高等教育的日本军官觉得自己从事的"事业"具有"哲学根据"的时候,他们就会冻结自己的反思力,甘心做炮灰),马克思主义阵营的哲学家就要勇于去拔旗,以达到"擒贼先擒王"的效果。虽然户坂润并非不知道他个人力量的渺小,但他依然在夹缝中组织了"唯物论研究会",并在极为逼仄的舆论空间里公开发表了大量宣传历史唯物论的立场与方法的哲学文献,直到恼羞成怒的日本法西斯当局将其送入监狱(顺便说一句,当户坂积极从事革命理论传播活动的时候,成气候的日本共产党的组织活动已经被秘密警察破坏殆尽)。与部分人对户坂润留下的"日本哲学荣誉破坏者"的印象相反,我恰恰认为户坂润是日本哲学的荣誉捍卫者——他的五卷本著作全集的存在足以向世界证明:战时的日本人当然不都是法西斯;而且,日语也完全能够成为基于历史唯物论的一流哲学研究成果的语言载体。

我根据户坂理论所绘制的图-14,以更直观的方式,展现了法西斯意识形态机器对中产阶级进行认知战的具体操作流程:

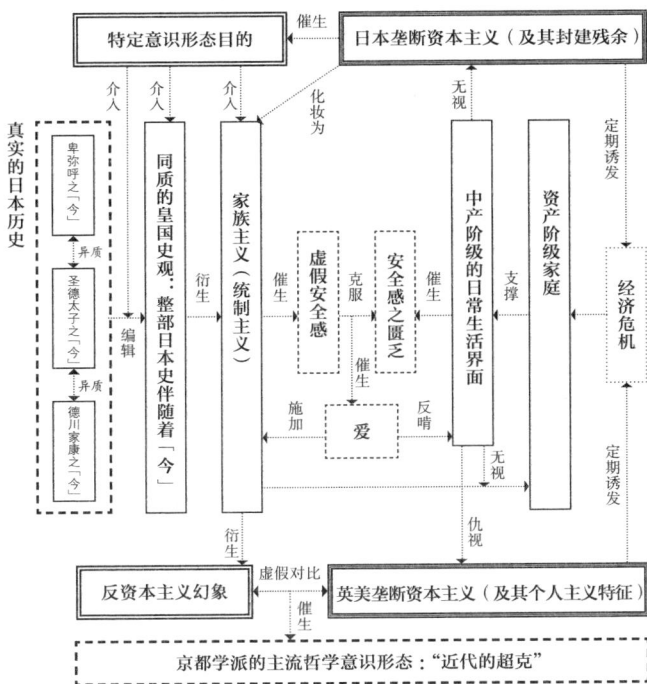

图-14 日本法西斯意识形态机器对中产阶级进行认知战的作战流程图

户坂在何意义上是京都学派的成员？

上文已经从各个方面向读者展现了户坂润如何在一种综合性的理论构造中兼收现象学与历史唯物论的理论优点，并通过这种理论模型系统揭露日本法西斯劫持日本民意的意识形态操控技术。有鉴于日本语境中的现象学思潮与京都学派之间的密切关系，在本章的最后，我还想讨论一个衍生性的问题：户坂润到底算不算京都学派的成员？

这个问题之所以成为问题，乃是因为将户坂润归入京都学派与不归入京都学派的理由都同样强大。将其归入京都学派的理由是：他毕竟曾经受过西田几多郎、田边元等京都学派主流哲学家思想的影响，而且，他自己对于空间问题的重视，显然在学理上呼应了西田几多郎的"场所"理论、和辻哲郎的"风土"理论、九鬼周造的"邂逅"叙事、三木清的"基础经验"概念，等等（这些理论叙事显然也都带有空间因素）。而不将其纳入京都学派的理由则是：户坂润对主流京都学派成员都进行过辞锋锐利的批评，与"彼此协同工作、小骂大帮忙"的京都学派主流风格格不入。将一个严厉批评京都学派的哲学家也纳入京都学派，似乎会让整个京都学派的学术谱系变得难以梳理。

而我个人认为，如何处理这个难题，也要基于"今天"我们自身的学术需要。必须要看到，我们的"今天"并非户坂润的"今天"。在户坂润的时代，京都学派右翼与军国主义宣传机器的结合，自然使作为左翼思想家的他肩负与之论战的紧迫历史使命。但在1945年死于日本法西斯之牢狱的户坂润毕竟无法看到日本投降后学术发展的新动向。日本战败后，京都学派右翼的代表田边元立即出版了他的《忏悔道哲学》对其战时言行进行反省，而另外一位右翼代表和辻哲郎则出版了畅销书《锁国》，对他曾经鼓吹过的日本文化优越论进行反省（尽管不无勉强）。与海德格尔在战后依然坚持不对其纳粹时期的反犹言行进行深刻反省的顽固态度相比，日本京都学派健在人员的

政治态度转变要明显得多。此后，诸如西谷启治、上田闲
照、大桥良介等战后活跃的京都学派成员已经有意识地脱
离政治领域，在纯粹形而上学与美学的领域内展开学术工
作，其成绩也获得了国际学术界的广泛承认。在这种情况
下，"今天"的我们也不妨在坚决摒弃京都学派主流战时
错误言行的前提下，用更为包容的态度来面对京都学派思
想中的合理内容。而在这种新背景下，将户坂润这条"鲶
鱼"放入京都学派这个大池塘所能带来的积极意义也便变
得更加明显了：户坂润将让我们看到用历史唯物论系统升
级京都学派哲学叙事的可能性，而这种可能性将最终使作
为欧陆现象学之东亚版本的京都学派哲学具有一种与第
三人称哲学叙事彼此联结的新发展路向。考虑到广义上的
自然主义思潮在"今日"世界哲学范围内占据主流地位，
上述的联结也将为东亚哲学资源与世界主流哲学话语的
相互衔接提供新的机会。

附录：从户坂哲学出发，重读《菊与刀》

　　户坂润所批评的日本主义思想，即日本文化优越论，
在西方的镜像就是"日本文化怪异论"：换言之，日本文
化的一切都非常值得猎奇。美国人类学家鲁斯·本尼迪克
特（Ruth Fulton Benedict，1887—1984）的代表作《菊与刀》
（ *The Chrysanthemum and the Sword: Patterns of Japanese Culture* ）
便是此类"日本文化怪异论"的代表作。两种观点虽然褒

贬方向相反，内在哲学思路却是一致的：持此二论者都试图用一种错乱的时间观，将日本文化的不同要素（或不同的"今天"）剪辑到一起，以便满足特定的意识形态目的。如果说京都学派右翼裁剪日本历史的意识形态目的是为侵略战争做辩护的话，那么本尼迪克特写作此书的深层目的就是满足西方读者的猎奇欲以及由此产生的文化优越感（瞧，日本人多怪异啊！我们才是正常人呢）。[37]

　　从学理角度看，本尼迪克特乃是文化相对主义的笃信者，因此《菊与刀》就是一部以文化相对主义为哲学前提的人类学著作——但这恰恰不是一个得到普遍赞同的前提。那么，什么是"文化相对主义"呢？在作者更具学院色彩的作品《文化模式》[38] 中，她提出了这样的观点：任何一种文化都有一种自成一体的道德动机体系，而在进行跨文化比较的时候，外部观察者绝不能厚此薄彼，而只能从特定文化的内部对其进行同情的理解。尽管我本人并不认为她对于日本文化的研究足够彻底地贯彻了她的这一工作方法论，但文化相对主义的负面影响还是在《菊与刀》里得到了充分的彰显：简而言之，在该书中，她并没有试图站在某种普遍性的人性理论或者文化理论的基础上去解释日本文化的特异性，而只是将她所看到的特异性加以外在的罗列罢了，这就使得她的讨论缺乏足够深的哲学维度。

　　从户坂润的立场看，文化相对主义者的错误在于：他们只是看到了这块银幕上展现的电影与那块银幕上所展现的电影之不同，却根本没有意识到在这些"现象学操作界面"后的"后台操作方式"之间的深刻关系；同时，他

们甚至没有意识到自己在一个银幕上看到的东西——上午
场电影、中午场电影、下午场电影，以及夹杂在其中的一
堆广告片——根本就不能被归为一类对象。换言之，恰恰
因为忽略了应当看到的文化相似性，文化相对主义者便夸
大了此文化与彼文化的差异；又因为强调了特定文化的特
异性，文化相对主义者又伪造出了特定的"文化实体"概
念以便作为这些特异性的载体。

　　甚至"菊与刀"这个书名本身，其实就是这种将特
定文化实体化的思维产物：在这种思维模式中，日本文化
本身就被视为了"实体"，而"菊"与"刀"则被视为其
所具有的两个属性。但这其实完全是一种错误的思维模
式，其错误程度就好比有人因为看到同一个放映厅的同一
块银幕先后放映了一部悲剧电影与一部喜剧电影，便认
为这二者都是同一部电影的两个片段。基于这样的思维，
此人或许就会问出这样一个超级愚蠢的问题：为何同一
块银幕会一会儿展现出悲剧感，一会儿又能展现出喜剧
感呢？——本尼迪克特的问题，不也与上述问题同样愚蠢
吗：为何日本民族能够一会儿显得温文尔雅（即代表"菊"
的一面），一会儿又显得凶残恐怖呢（即代表"刀"的一
面）？如果这个问题还不够愚蠢的话，那么我们就能用类
似的修辞质问任何一个民族类似的问题：对英国人——为
何大不列颠民族如此痴迷于下午茶之类的休闲活动，却同
时在需要刻苦精神的科学方面颇有建树呢？对法国人——
为何如此浪漫的法国人，其建造的凡尔赛宫体现了这么
严谨的几何学精神呢？对美国人——为何如此喜欢"自来

熟"的美国人，如此迷恋枪支暴力呢？其实只要我们放弃
对于特定民族的实体化思维方式，对于此问的答案就简单
到了极点：喜欢枪支暴力的美国人只是一部分，正如喜欢
表演戏剧的法国人与维护核电站的法国人不是同一群法
国人（或至少说，正在维护核电站的法国人不会同时想着
如何演戏，因为这分别属于两个不同的"今天"）。同样
的道理，极具武士道精神的日本人也是一小群（在日本古
代，占据人口大多数的农民不必用武士道约束自己），而
批判武士道精神那些日本人（如户坂润、广松涉、竹内好
等）其实同样也是日本人。的确，在二战中，被军国主义
机器洗脑的日本人在数量上明显变多了起来——但这究竟
与日本的民族性更相关，还是与现代传媒技术对于个体的
精神奴役机制更相关？纳粹德军的士兵不也被同样洗脑
吗？很多人觉得日本军人剖腹自杀的行为很变态，但奥斯
维辛的党卫军能够毫无表情地每天毒死几千人，难道不更
变态吗？此外，只要法西斯意识形态的强制信息灌输机制
停止运作，战后新生代的日本青年难道不正像正常西方国
家的青年一样，将试图效法"二二六兵变"绑架自卫队高
官的三岛由纪夫视为笑料吗？[39] 一句话：被本尼迪克特
对象化为"日本文化"的那个"实体"，其实是代表着很
多个彼此异质的"今天"的很多部电影，而不是同一部电
影——正如没有一个头脑健康的影评家会仅仅因为电影制
作方的国籍就强行将《奥特曼》与《七武士》视为同一类
电影，却对《七武士》与其美国翻拍版《豪勇七蛟龙》(*The
Magnificent Seven*) 之间的明显关联视而不见一样。

不难想见，本尼迪克特对于日本文化的强行实体化，必然会带来将别样文化也强行实体化的负面效果——正如那个将《奥特曼》与《七武士》分为一类电影的影评家，也会连带着将《侏罗纪公园》与《阿甘正传》强行分为同类电影一样。具体而言，在《菊与刀》中，本尼迪克特时时刻刻都以美国文化作为参考系来评价日本文化，而这种对于参考系自身的非批判态度就意味着她将自己所处的美国文化也实体化了。而这两重实体化之间的差异仅仅在于：作为参考系本身，美国文化被本尼迪克特打上了"正常文化"的标签，而作为被研究的对象，日本文化则被打上了"异类文化"的标签。另外，由于这些标签自身又被设定为固定不动的，因此，就连这些标签也被实体化了。不过，只要本尼迪克特将思路转向一下，并将美国文化也置于世界文化比较的大背景中予以考察，她就立即会发现：美国文化与日本文化其实是同样怪异的，因此，那些被实体化的标签就必须立即被"去实体化"。譬如，在该书第七章的末尾，作者比较了日本人关于恩情的观点与美国人的不同：在她看来，日本人会对陌生人之间的任何一笔恩义账目算得清清楚楚，生怕领受陌生人的恩情而忘记报答；与之相较，美国人则对无形的恩义账没那么敏感，而只对有形的金钱账目比较敏感。很明显，本尼迪克特似乎想以此为据，彰显日本文化的怪异性。不过，她在这里还欠我们一个解释：当 A 与 B 这两个事项之间产生差异的时候，为何被贴上"异常性"标签的肯定是 A，而不是B 呢？譬如，就恩义观的问题而言，我就不止一次听在美国有长期工作生活经历的华裔朋友抱怨说，美国人好像对"欠人情"这个概念缺乏感知，有时候显得过于"没心没肺"。如果此抱怨的确是具有一定的代表性的话，这是不是意味着：从中国人的视角看，日本人的"恩义必计"的文化习惯反而就显得不那么奇怪了呢？

那么，到底哪个文化更为怪异，现在就成了一笔糊涂账，《菊与刀》这个研究课题现在也得顺势改成《芭比娃娃与自由女神》，或是《芝麻街与华尔街》了。由此看来，面对这些复杂的文化要素所引发的"归并同类项"难题，本尼迪克特所使用的这种"只看银幕却不看放映机"的研究方法只能搞乱研究者的思路。我们必须另找他法，以便厘清乱麻。

首先值得推荐的"乱麻整理法"，便是胡塞尔的现象学所提供的"想象力自由变更"法。按照胡塞尔的观点，如果你要对某类现象的本质进行直观的话，你不妨先给出一个关于此现象的一个范型，然后再自由运用想象力，让该范型的各种变体在脑海中浮现，直到发现某个变体明显与别的变体不属于同一个范畴为止。显然，如果我们要用这个办法对特定的文化现象进行观察的话，我们就要以该现象为起点，通过自由的想象变更去慢慢发现同类现象所处的概念王国的边界——而在这个过程中，对于原始现象做适当变更就会成为题中应有之义。但此类操作却在《菊与刀》中付诸阙如。譬如，在讨论日本人的忠义观的时候，本尼迪克特的确花费了大量篇幅讨论了"四十七浪人为主公复仇"的故事（此即所谓的"忠臣藏"的故事[40]），但她却几乎没花费力气对该原始案例进行略微变更，以便探究在别的文化中的类似故事是不是与日本式的复仇故事构成了某种文化共相。与之相较，任何一个对中国传统稍有了解的读者，通过"忠臣藏"的故事联想到在中国更早历史阶段中发生的那些类似事迹，如豫让刺杀赵襄子的故事、聂政刺杀侠累的故事、许贡门人刺杀孙策的故事，以及汉代流行的"大复仇"理论对于上述行为的建制化。显然，这样的观察能够立即冲淡本尼迪克特附加在日本文化上的特异性色彩，并使对于日本复仇文化的研究能够成为研究人类一般行为倾向的一扇窗户——但这显然不是《菊与刀》的用力方向。

在胡塞尔的"想象力自由变更"法之外，我们还可引入户坂润所运用的历史唯物论的方法。具体到《菊与刀》的语境中，采用历史唯物论的视角，能够使分析者不至于错失"封建文化"这个更适合用以分析日本文化的框架性工具（顺便说一句，在此，我是在"分封制的实行"的意义上去使用"封建"这词的，而未采用其在汉语中的非学术用法）。众所周知，美国的短暂历史基本没经历过"封建"这一阶段，因此，在美国文化中浸淫的个体，便很难理解长期封建制传统中形成的严格的等级制度。而在日本古代历史中，各地的大名往往长期控制实际权力，即使是在德川家康统一日本之后，封建制本身依然得到了保存，而没有代之以中国自秦以后所惯用的郡县制。这样一来，个体对于特定封建领主的服从性就会随着时间的积淀而成为日本文化 DNA 的一部分，并在今日的日本以日式企业文化的方式继续存在。显然，封建等级制并不是一种纯粹日本的现象，毋宁说，我们完全可以在同样有着长期诸侯割据历史的德语文化区以及在资产阶级革命比较和缓的英国发现类似的现象（与德、英相比，日本比较特殊的地方仅仅在于其封建文化的坚持显得更固执一点罢了）。而任何一个具有上述全球史视角的日本文化研究者，恐怕都不会像本尼迪克特那样发出大惊小怪的尖叫："日本人对于秩序、等级的信赖，与我们对自由平等的信仰有如南北两极。"[41]（任何一个熟悉英国电视剧《唐顿庄园》所展现的英式等级制度的人都不会这么说。）——毋宁说，对于自由平等的信仰，仅仅是启蒙运动发生之后出现的一种区域性文化现象，而并不能被当作天然的人类文化共通项而被肯定下来。

最后我还想引入广义上的演化论视角（这是我本人对于户坂视角的补充）：在该视角中，日本文化的所谓"特异性"将被视为智人的一般心智架构与特定环境进行交互作用后所产生的适应性行为。譬如，日本式的恩义观的产生便完全可以在"利他主义行为的演化"这一名目下得到研究[42]：具体而言，日本人对于忘恩行为的不容忍态度，其实就可以由此被视为在各种文化中通见的对于"搭便车现象"的不容忍态度的某种体现（在演化伦理学的行话体系中，"搭便车"指的就是那种只拿别人好处却不给别人回馈的行为）。至于为何美国人比日本人更在意有形的金钱债务而不是无形的人情债，也可以通过如下事实得到解释：美国社会的资本主义文化的发展程度甚于日本，所以，美国人习惯于将一切人情恩惠都转换为货币形式来处理，并对那些无法被如此处理的人情关系表示淡漠；而日本长期的封建等级制却使一般日本人难以计算与本封建团体之外的个体的恩义纠葛关系，并因此倾向于干脆规避这种纠葛（譬如，在战国时期，一般的日本人是无从知晓各个大名之间的战争联盟关系是如何建立的，因此，一般的日本人也缺乏在"名分论"的范围外自由处理契约的精神训练）。这样的历史传统，最终导致日本人形成如下行为习惯：尽量不欠生人的人情债，以免荣誉受损。

但无论我们采取何种视角，特定的日本文化中的变量依然会受到某些更深层次的普遍变量的影响。探索这种可被普遍化的变量互动关系，才是学术研究的正道。如果我们不相信这种机制的普遍性的话，我们就无法解释户坂润所面对的历史现实了：为何彼此在文化上差异很大的意大利人、日本人与德国人，在 20 世纪 30 年代均不约而同地通过伪造当下与历史之间的联系（并由此炮制出了"新罗马帝国""万世一系的天皇制""第三帝国"之类的意识形态货币）而先后走向法西斯化呢？这分明就意味着法西斯病毒自身的 DNA 复制方式是具有一种跨文化的普遍性的——而这一普遍性本身，又可能是"垄断资本主义走向帝国主义的经济现实"这一近因与"来自于采集—狩猎时代的智人一般心智架构"这一远因相互作用后的后果。总之，它们都是银幕背后的东西，而要探索它们的奥秘，我们就得勇敢地走进电影放映室。

结 语

图-15 康德手绘像

外篇：康德为何在"哲学家的黄金时代"退场？

读者应当还记得，在本书开篇，我们以德国哲学家海德格尔与纳粹之间的纠葛，引出了京都学派与日本法西斯的复杂关系。作为呼应,在"结语"的第一部分,也就是"外篇"，我将在德、日哲学比较的大视野中重新思考京都学派在战前和战争时期的政治选择，并聚焦于影响他们做出这些政治选择的非哲学因素，尤其是社会心理因素。

毋庸讳言，西方哲学的主流一向反对用心理学分析取代哲学分析。譬如，对一个正统康德主义者最大的侮辱，无异于当其面说《纯粹理性批判》中的"先验演绎"带有心理学色彩；胡塞尔的早期代表作《逻辑研究》则花费了大量篇幅与"心理学主义"作战；海德格尔在《存在与时间》中亦明确将心理学分析视为"存在者"层次上的学问，而不是正派的哲学家所应当关心的"存在"层面上的学问。主流哲学家认为，心理学研究的成果总是偶然的、非普遍的，哲学则能揭示让心理学研究得以可能的观念前提，因此，心理学分析不能取代哲学分析。

我当然也认同这一点。对于哲学体系内部架构的理解而言，研究者固然要遵循该理论自身的逻辑。不过，如果我们想要解释特定哲学家在特定历史环境下所做的选择，社会心理学的视角也是不可或缺的。哲学家也是人，也有喜怒哀乐，也会受到特定的社会思潮的影响，其理论创建的原始心理动机也会与特定的物质条件（比如借以进行研究的经济条件）密切相关。另外，受众对于特定哲学流派的喜好与冷淡，亦取决于此刻社会心理的状态，而未必取决于哲学体系自身的学术质量。从这个角度看，哲学史研究就不能仅仅囿于"内史"的视角（即研究前后相继的哲学体系各自的核心范畴之间的关系），而必须要有一个"外史"的视角（即研究哲学思潮与社会思潮之间的互动）。

想要研究"外史"，记录哲学家大量"八卦"信息的准传记类材料是很好的入门书。沃尔夫拉姆·艾伦伯格的《魔术师时代——哲学家的黄金时代：1919—1929》[1]就是一本很值得推荐的书。这本书选取了1919—1929年这一大师辈出的"黄金十年"作为时间切片，记录了海德格尔、卡西尔、本雅明与维特根斯坦这四位德语世界哲学大师在求职、生活、婚恋诸方面的种种事迹，让不少熟悉这些思想家的思想体系但并不那么熟悉他们生平的读者大有豁然开朗之感："怪不得这位思想家关于某问题的看法是这样的！"譬如，我本人读后就搞明白了一个问题：为何在所谓的"哲学家的黄金时代"，康德的影响在全世界都退潮了。

其实，黑格尔逝世后，德语哲学界最主流的哲学流派就是新康德主义。新康德主义的总体特征是做"裱糊匠"，即试图在一个二元论的思想体系内同时兼顾实证科学与人文科学的发展，以便维护德意志第二帝国隐蔽的意识形态需要：一方面要鼓励实证研究以求"富国强兵"，另一方面也要通过人文研究来建立德意志民族的文化自信。此外，康德哲学继承自卢梭的抽象人道主义也在新康德主义中得到了保留——比如，新康德主义最后的大师卡西尔便主张通过符号学的研究进行"再启蒙",以使人格的独立性能够得到普遍承认。耐人寻味的是,作为德国哲学在亚洲最忠诚的追随者,日本哲学界在明治维新后也曾经历过一个"康德化"过程。譬如,最早在日本引入西方哲学家的西周当年在荷兰莱顿大学学习的就是康德哲学;福泽谕吉提出的"独立自尊"的口号显然是接续康德的启蒙主义思想;甚至德语中的"启蒙"(Aufklärung)一词的汉字译法,也是由日本伦理学家大西祝完成的——大西本人的哲学则在融贯西方启蒙思想的同时,又加强了社会批判的内容,并因此与幸德秋水在日语世界对于社会主义思想的传播构成呼应。另外,从纯学术传播的角度看,京都学派的大多数成员在留德之前其实都已经熟读康德与新康德主义的文献(而且是读德语原文),以至于他们真跑到新康德主义大师李凯尔特(即海德格尔的博士生导师)那里上课的时候,竟然因为感到没有获取新的哲学知识而大失所望。至于明治以后的日本重视康德主义的道理,亦与德意志第二帝国大同小异:康德伦理学重视个体自由与尊严的主张,不但能与处在上升期的德、日资产阶级的意识形态诉求形成共鸣,甚至也能为左翼的社会主义者提供义理框架,可谓"左右逢源"。

但奇怪的是,到了20世纪20年代,康德哲学的影响却在世界范围内开始退潮了。在德语世界,现象学与新实证主义开始从不同方向蚕食新康德主义的领地,而在日本,以西田几多郎为首的京都学派的崛起,则开始覆盖井上哲次郎、大西祝等上一辈日本哲学家的影响。与之相伴的,则是德、日两国内部的民族主义与军国主义思想的崛起，以及基于个体平等意识的资产阶级自由主义思想的式微。我们不禁要问：在此期间，究竟是什么复杂的社会历史动因导致康德主义被德、日两国的哲学家所集体抛弃呢？

要回答这个问题，我们首先就得从心理学与大众传播学的角度来看康德哲学的特征。需要指出的是，虽然今天很多哲学工作者认为哲学是一门高雅的学问，但在希腊化时期与罗马时期，诸如伊壁鸠鲁学派、斯多葛学派这样的哲学流派是必须通过"知识付费"（即收徒取费）的方式才能生存的，因此，一个哲学流派在传播层面上的胜出，相当程度上不是靠其学理之精妙，而是依赖该学说对于受众的"心理安慰效应"。从这个角度看，康德哲学的心理安慰效应主要体现在如下三个方面：

第一，康德知识论对于知识获取的普遍先验条件的探索，能够对在科技上暂时落后的国家的民众提供如下心理安慰：东亚人、非洲人与白人的心智条件是完全一致的，因此，只要使用正确的科学方法，任何人种都能够获取巨大的科技进步，最终与白人一较高下。

第二，康德伦理学对于抽象的道德律则的探索，则能对在经济与政治上受到压迫的人群提供如下心理安慰：既然伦理的第一要则是将人当成目的（而不仅是手段），那么，每个人就都具有"翻身做主人"的可能。

第三，康德政治哲学对于"永久和平"的诉求会带给大众对于未来的稳定期望，因为在正常的历史条件下，没有一个正常人会喜欢战争。

不过，仔细一想，上述三个心理安慰效应，在特定历史条件下也可能会相互冲突并由此失效，导致康德主义在与其他哲学流派的竞争中失败。譬如，如果暂时落后的民族的确发挥了其智力的潜能，并在科技上追上了先进的欧洲国家，那么，康德式的平等主义思想则会促使其要求更大的政治权利，由此为新的竞争乃至战争预埋下导火索。因此，上述第一点就与第三点产生了冲突。同时，上述第二点对于人与人之间平等权利的追求若在现实中长期得不到兑现，或者只以抽象的平等掩盖了实质上的巨大差距，也会导致康德主义的整个伦理学体系的吸引力下降，受众开始寻觅新的精神慰藉品。

艾伦伯格在《魔术师时代》一书中对于海德格尔生平的介绍，为康德主义在德语世界的失效过程提供了生动的注解。从表面上看，海德格尔的家庭背景属于典型的中产阶级（他父亲是教堂司事，他的岳丈是颇有家底的普鲁士旧军官），他本该对康德哲学的核心思想表示忠诚才对。但第一次世界大战后魏玛共和国糟糕的经济状态让年轻的海德格尔陷入了与当时的退伍军人以及失业工人一样的心态：迷茫与仇恨。战败令其岳丈购买的战争公债成为废纸，而在弗莱堡大学做青年教师的海德格尔本人竟然要靠老家的母亲邮寄土豆才能勉强维持一家的生存，甚至海氏到海德堡去找雅斯贝斯切磋学术，竟然也要对方付路费。同时，内心高傲的他也不得不接受此刻正在德国游学的九鬼周造的经济援助（尽管是以学费的名义），并在一边拿钱的同时一边忍住不想日本是"一战"战胜国这一事实。这种屈辱感或许促使海德格尔开始全面怀疑那种带有"裱糊匠"特征的新康德主义哲学是否能够真正地说明现实。这样的思考，也使其成为一名思想的斗士——他非常希望能通过自己的学术努力去颠覆当时德国的主流哲学，并由此证明：一个新的德国必须用一种新的哲学来武装其头脑。

这种心态最后导致了1929年"达沃斯会议"中海德格尔与新康德主义大师卡西尔的对决（这一事件在艾伦伯格笔下得到了生动的描述）。西装笔挺的卡西尔依然在纷乱的社会氛围中试图证明康德主义的有效性，并将康德伦理学的教条贯彻到了自己生活的所有细节中：对所有人彬彬有礼，对教学工作一丝不苟，对家庭忠诚，在政治上也对魏玛宪法体系忠心耿耿。在达沃斯辩论中，他亦对海德格尔的咄咄逼人做出忍让之姿，生怕观者认为他在利用"学阀"的名头打压学界新人。与之相较，人生第一次入住高级大酒店的海德格尔则故意当众破坏当时学术界默认的各种社交礼仪，比如：在开会的时候故意不坐在主席台上，而是与大学生们坐在一起；在宴会的时候故意不穿正装，而穿滑雪服；在会后故意不与卡西尔一起去参观尼采故居，而是与大学生们一起滑雪，等等。很明显，他试图通过这种行为来表达这么一层意思：他是贫困的大学生的精神引路人，而不是衣冠楚楚的犹太哲学家的同类。

请注意"犹太人"这个标签。海德格尔是一个被犹太人哲学家包围的哲学家。且不论卡西尔是犹太人，海德格尔的思想前驱胡塞尔也是犹太人，而他自己的弟子（兼情人）阿伦特亦是犹太人，与他关系稍远的学生（或同事）洛维特与斯坦因女士还是犹太人。而"犹太人"又是在一个经济混乱的魏玛共和国时代很容易被用作"出气筒"的标签：在大量德意志人缺医少药的时代，善于经营的犹太人的确还过着相对好得多的生活（比如，卡西尔在汉堡就有一幢很体面的宅子），并因此成为各种阴谋论的牺牲品——德国之所以战败，就是因为犹太人在背后捅刀子。因此，海德格尔对于哲学前辈的斗争就不能仅仅以作为犹太人的卡西尔为目标，而且还要以作为犹太人的胡塞尔为目标。他对于卡西尔的斗争策略是：虽然海德格尔也与卡西尔一样尊崇康德，他却试图通过将康德解释为一个"存在论思考者"而破坏新康德主义的启蒙方案；他虽然也与胡塞尔一样尊崇现象学方法，却试图通过"存在论转向"而破坏胡塞尔将现象学建立为一门"严格科学"的努力。总而言之，一切有利于维护中产阶级的主流意识形态的哲学观念（如启蒙精神与科学精神），都是他试图在哲学层面上加以颠覆的东西。从这个角度看，他在1930年代初接受纳粹当局任命成为弗莱堡大学校长一事，就肯定不能用"趋炎附势"一语来解释了——或许在他看来，这恰好是"顺势而为"。

不过，上述解释方案又如何能够解释在大正、昭和时代日本主流哲学界对于康德哲学的远离呢？从表面上看来，作为"一战"战胜国的日本在1920年代的经济状况要远好于德国，否则九鬼周造也不敢在欧洲游学时如此挥金如土。1923年的"关东大地震"虽然造成了一些经济问题，但对学术界的冲击并不大，青年哲学家在学术界获得教学岗位的难度也远小于德国（譬如，西田几多郎仅仅凭借其在做中学老师时期写的《善的研究》，就在京都大学获得了稳定的教职，而这在德国是不可想象的）。同时，日本内部没有反犹问题（九鬼周造甚至还曾帮助犹太哲学家洛维特逃到日本仙台以躲避大屠杀），几乎没有任何哲学家因为种族问题被迫害——三木清与户坂润遭到迫害主要是因为自己的思想左倾。可见，就哲学界的小环境而言，1920—1930年代的日本要比德国更有利于学术发展。那么，这一时期的日本哲学界又是基于何种心理情绪要与康德告别呢？我认为原因主要有以下几条：

第一，民族意识的勃发。对于日本人来说，康德哲学毕竟是舶来品，对于康德哲学的亦步亦趋会导致日本民族自信的削弱。若说在福泽谕吉的时代，其"脱亚入欧"的口号由于当时日本落后的国情尚且还有一定市场的话，那么，在日俄战争之后，日本的民族自信已使得这种精神上的"学徒"状态难以为继（一个对日本的西化派构成严峻挑战的思想史事件便是：日俄战争中的名将东乡平八郎恰恰是阳明心学的学生，而不是西方哲学的信徒）。因此，一种融汇东西哲学资源的新民族哲学就成为哲学界的期盼之物。可以说，西田哲学的成功也是因为顺应了这种文化心理的需要：一方面，西田的《善的研究》的确融汇了来自冯特、詹姆士的最新西方思想材料；另一方面，西田的思想又具有明显的佛教特征，体现出了一种与康德哲学截然不同的风味。这种综合性特征与日本人当时的自我文化定位产生了强烈共鸣，由此也促发京都学派的迅速崛起。

　　第二，对于政治问题的冷漠与怯懦。在我看来，如果说海德格尔加入纳粹的行为是基于其思想中本就有的反犹主义政治私货的话，那么，京都学派在战时与日本官方令人遗憾的共谋则是基于其政治上的冷漠与怯懦。这一判断又是从何说起呢？不要忘记了，西田哲学中的禅宗意味也好，九鬼的"艺伎哲学"对于小布尔乔亚情调的追求也罢，其实体现的恰恰是日本"町人文化"的特征，而不具有明显的民粹主义色彩。因此，就进行哲学构建的原始心理动机而言，日本京都学派并不包含"向中产阶级复仇"这一隐蔽的意识形态目标——而为动不动就"下克上"的日本基层狂热军人提供精神吗啡的北一辉（1883—1937）亦并不被认为是哲学界的成员。不过，与坚持人文主义理想的卡西尔以及雅斯贝斯相比，日本中产阶级及其哲学代表——京都学派——本身的政治是非感却是非常淡漠的——换言之，虽然他们未必是民粹，却在民粹主义兴起的大背景下往往会被动地表现出某种与历史大势合作的趋向，而在形势再次巨变时又迅速选用新的政治表述。这方面的典型案例便是田边元在战时对于"共荣圈"的哲学辩护，以及在战后立即对自己战时行为表示忏悔。而九鬼周造在《对时局的感想》中对于日本侵华战争的充满人格分裂特征的辩护（即一边说自己讨厌战争，一边说侵华合理），也构成另一个具有说服力的注解。从历史唯物论的角度看，京都学派的这种普遍的"政治软骨症"亦能从日本明治维新后资本主义的发展路径得以解释：与以英国为典型的西方资本主义发展历程不同，日本的工业革命一开始就具有"国家指导"的强烈色彩而缺乏资产阶级自身的自主性；同时，日本借以进行产业升级的资金又高度依赖于国家发动的战争（特别是中日甲午战争给日本带来的大量赔款）。因此，软弱的日本资产阶级即使具有厌战的内在趋向，在精神上却缺乏与国家政权叫板的勇气，遑论在大学里"吃皇粮"的哲学家。

不过，虽然海德格尔与京都学派在战时的政治错误各有各的心理动因，但在一个更深的层次上，他们却又分享了类似的心理机制：对于自尊的维护。"一战"后的德国与日本都在不同程度上遭遇到了"自尊危机"：作为战败国的德国自不必多说，甚至作为战胜国的日本也在"华盛顿会议"上失去了与英美一个等级的造舰资格，引起日本民粹分子一片哗然。虽然京都学派的哲学家本身并不是民粹（甚至还经常在自己的文字里敲打民粹），但这种仇外的社会气氛也不可能不对他们产生消极的影响。京都学派的招牌式口号——"近代的超克"——在此间的出炉，亦与此相关。概而言之，"超克"这个汉字组合要比哲学界通常使用的"扬弃"一词更具有进攻意味，因为后者所具有的"既保留又放弃"的双重意蕴至少包含了向西方近代文明积极学习的含义。与之相较，"超克"却只有"超越与克服"之意，毫无"谦虚问学"的语感。因此，这本就是一个被颟顸排外的民粹思想严重污染的术语。

从康德哲学的角度看，"近代的超克"的真义，其实就是对于康德式启蒙精神的超克。无论是战时的田边元还是在"昭和研究会"工作的三木清，以及痛骂美利坚精神的和辻哲郎，无疑都表露出了这样一种思想：基于原子式个人假设的康德主义的社会伦理图景具有不可弥补的缺陷，这种图景必须被一种具有超级家族温情的"东亚协同主义"所取代。然而，这种"东亚协同主义"的现实政治代价却被这些思想家所忽视了。概言之，这种漠视个体自由选择权的意识形态若被放大到国际舞台上，就会导致对于基于威斯特伐利亚体系的国际关系的破坏，因为一种超越国境线的"东亚协同主义"必然会带来对于邻国的主权与领土完整的无情践踏。然而，对于这种践踏所必然导致的国际战争，京都学派的主流却没有表示出足够的罪恶感。

从社会心理角度看，日本中产阶级及其哲学代表对于发起新战争之罪恶感的匮乏，在很大程度上与明治以后日军的长胜记录有关（日本在二战之前，几乎没吃过大败仗），这就使得战争选项在其民族的心智模式中一直产生"正反馈"而非"负反馈"。与之相较，同期德国民粹分子对于发起新战争之罪恶感的匮乏，则是基于"德国并没有在一战中被真正战败"这一集体意识（顺便说一句，在一战停战时，停战线的确还在法国境内）。由此看来，缺乏一次令人心服口服的惨败经历，是当时日、德两国内部的和平主义思潮无法获得传播优势的重要历史原因。反之亦然：康德主义在战后的德、日的重新回潮，恰恰是因为两国在二战中的不可置疑的惨败使得战争选项的魅力迅速消退，同时，两国在战后和平条件下强劲的经济表现，又使得康德基于普遍人道主义的交往模型迅速获得说服力。

请读者特别注意"和平"这个社会变量。这个变量自身的确定能带来两大红利：

第一，长久的和平能够培养冷静的思维习惯，并使卡西尔所建议的那种启蒙式教育有展开的空间——具体而言，每个人都能有充分的时间反思性地意识到自己只不过是某种特定的"图腾文化"或"符号体系"的产物，并通过这种反思意识到"他者"的存在，由此摒弃沙文主义的思维模式。与之相较，频繁的战争却会强化个体的图腾行为，而强烈的敌我意识则会遮蔽康德的普遍人道主义思想，使得个体无法冷静地将"敌人"当作"人"来思考。

第二，战争意识本身会引诱个体利用各种阴谋诡计试图获得一次性博弈的成功。与之相较，长久的和平则让市场交易主体有条件进行多次而稳定的博弈行为，由此将未来的收益纳入现实的考虑，更可能实现博弈双方的共赢——而在此过程中，各交易主体则不必在意自己与对方的血缘与文化关系之亲疏，由此使得交易圈能轻易向全球拓展，并最终促进社会财富的增长。

从上面这两点分析来看，康德主义在今日世界的主流地位，与其说是一种学理上的胜利，还不如说是一种对于全球市场分工之有效性的普遍信仰的衍生物。换言之，不是哈贝马斯、罗尔斯、丸山真男、柄谷行人等"新—新康德主义者"（这是我发明的一个名目，以区别于历史上的新康德主义者）引领了时代，而恰恰是时代塑造了这些新的学术明星。

不过，在本书写作之时，基于和平预设的世界普遍贸

易交往方式又由于各种各样的沙文主义、民粹主义与复古
主义思潮的兴起而再次受到威胁，各种"脱钩论"与"冷
战重启论"正大行其道。康德主义是否还能在这轮冲突后
幸存，就像其在二战后所表现的那样？我认为这并不是一
个理论问题，而是一个实践问题——这个问题只有交给真
实的历史博弈来回答。不过，从长远来看，人类社会想要
进步，复杂的分工体系就必须将每个个体抽象化为独立的
人格以便降低交易成本——而能够为这种分工体系提供良
好的哲学辩护的，也就只有康德哲学或其变种了。毋庸讳
言，这种高度的哲学简化固然会在学理上带来一大堆问
题（否则就不会有黑格尔哲学对于康德哲学的猛烈批评），
但如果我们的目标仅仅是为市场经济的可运作性提供一
种底层逻辑的话，康德哲学的这种抽象性反而会成为一种
优点。从这个角度看，任何一种试图批判康德哲学之形式
主义与抽象主义之弊的哲学（无论是黑格尔主义、海德格
尔主义还是京都学派哲学），如果不能提出对于现实人类
经济交往的更可行的解决方案，都必须将对康德哲学的批
判严守在学院范围内，而不能与各种来路不明的底层社会
思潮产生不负责任的互动。一句话：康德不是万能的，但
没有康德则是万万不能的。

　　但硬币的另一面也不能被忽略：康德主义在世俗层面
上的成功，并不意味着其在学理上乃是"究竟"的。康德
主义的形式主义之弊，在黑格尔、胡塞尔与海德格尔的哲
学中都遭到了批判，而此类批判的有效性早已在哲学界获
得普遍的承认。而就在学理基础上对于康德哲学的摆脱而

言，京都学派可谓是欧洲现象学运动的同时代人。因此，就像我们不能因为现象学运动中出了一个（其实也就是一个）亲纳粹的海德格尔就否定现象学运动（包括海德格尔本人的哲学）的整体价值一样，我们也不能因为京都学派的一些成员在战时的错误言论就否定其哲学的学术价值。而本书立论的一个目标，其实就是要彰显京都学派在学理上超越康德哲学的高妙之处，并努力挖掘用京都学派自身的哲学资源去反对其政治主张的可能性。与之相较，在涉及对京都学派的评价时，像柄谷行人这样的新—新康德主义者却试图对其政治观点与学术观点予以一体化的批判，其处理方式未免显得过于粗糙。从这个角度看，本书的立论就不得不站在柄谷行人的著作《民族与美学》[2] 的对立面。在柄谷看来，在日本于战时全面侵略扩张的背景下，"诱惑日本知识人的正是西田几多郎和京都学派哲学家们所提供的逻辑——它是对现代民族—国家、资本主义以及苏联式社会主义的一切加以超克的东西"[3]。依据类似思路，他在同书中也对美学家冈仓天心（即本书已经介绍过的九鬼周造与和辻哲郎的精神导师）提出的日本美学优越论以及语言学家时枝诚记提出的日语优越论进行了批判，认为这都是对于日本帝国主义意识形态的文化补充。但柄谷的论述方式本身就有过于形式化之弊（这或许是他所依托的康德主义传统所带来的）：譬如，他一方面承认作为时枝诚记之先驱的江户时期"国学家"[4] 本居宣长的"物哀论"有淡化事实描述、重视情感体验的特征，一方面却又不愿意深入论证"物哀论"的真实精神内核为何一定就会引向军国主义（因为从情感内容角度看，连落叶都会引发惆怅的"物哀"式心理非常"女性化"，本该是与军国主义代表的男性气质格格不入）[5]。柄谷其他的议论亦有自相矛盾之处。譬如，他一方面肯定西洋美术品消费者的确可以在屏蔽日本资本主义架构的前提下单独提炼日本艺术之审美价值[6]，另一方面却又否定日本战后的京都学派研究者（如中村雄二郎）将京都学派的纯哲学价值与其政治表态相互割裂的做法[7]——这可是妥妥的"双标"。这样的叙述理路似乎已经先验地将任何提高日本文化的世界地位的努力与军国主义倾向画上了等号，并在这种先验假设驱使下到处寻找证据，同时却置这些证据之间可能存在的逻辑冲突于不顾。

柄谷的论述带有一种令人担忧的否定东亚民族文化价值的虚无主义倾向——而这与日本极右翼分子鼓吹的"皇国史观"其实正好处在彼此对峙的两个极端的位置上。但二者所分享的形而上学前提都是一样的：他们都将昭和时代的日本的文化—政治—经济架构当成一个当然的整体，而不是因各种偶然机缘而形成的各种文化切片的彼此交叠所构成的"家族相似体"。因此，他们对这一想象出来的整体只能采用全面批判或全面维护的态度，而不能采取一种实事求是的中庸姿态。其实，类似问题在中国也存在——对儒家文化进行全面肯定的阵营与全面否定的阵营彼此对峙，而对峙双方却往往对"先秦儒""汉儒""宋儒"之间的重大差别缺乏精细辨析的兴趣。当然，对中国传统文化的讨论并非本书的主题，但至少我们可以在本书中通

过对日本哲学与文化的讨论预先训练一下自己在沙子里
找金子的分辨力。不难想见，一旦这一分辨力被实质性地
提高，必将积极地反哺我们自己对于中国传统文化与哲学
的重构事业。

　　谈完了外史，再来看内史——下面我们就来讨论京都
学派的哲学思想的内部因素与其政治选择之间的关联。

内篇：哲学、"他人"与战争

　　正如本书导论所展示的，促使我撰写本书的乃是如下
这些问题：为何一些一流的哲学头脑会在特定的历史时刻
成为侵略战争的纵容者甚至是啦啦队员？哲学与现实政
治之间的关系究竟应该是什么？特定的哲学立场与特定
的政治立场之间是否有必然关系？

　　读者应当已经发现，按照本书六个核心章节的立论，
京都学派主流的核心哲学观点与其政治立场之间的"概念
直通车"并不存在。西田的"场所"哲学的典型运用场景
乃是参禅、品茶之类的审美活动，九鬼的"偶然性"哲学
的一个重要生活启发乃是艺伎文化中的一些极为微妙的
情感特征，田边的"种的逻辑"的最后归宿是人类全体对
于民族国家的超越，三木的"构想力"哲学的真正旨趣乃
是化解人类文明中的"帕索斯"成分与"逻各斯"成分的
对立，和辻的"风土"哲学又自带批判超越风土特殊性的
超级政治构架的理论意蕴。所有这些哲学立场都在逻辑上

无法自动推出为军国主义辩护的结论——相反，其中很多立场在思想气质上还与旨在用整齐划一的方式整合民力的军国主义管制模式相左。

然而，除了户坂润，这些哲学家都不同程度地涉入了对于日本帝国主义战争行为的辩护，而且，没有特别有力的证据表明假若他们不做这些辩护（保持沉默）的话，他们的个人安危会受到直接的威胁。与之相较，在意识形态环境与战时日本同样严酷的德占欧洲，本身是俄国人的列维纳斯在法国遭遇入侵的第一刻就报名参加了法军；萨特从德军战俘营逃出后立即选择参加了软性的文化抵抗；阿伦特与马尔库塞都逃到英语世界去避难了；雅斯贝斯为了不与纳粹政权合作而选择归隐；诠释学大师伽达默尔虽然是海德格尔的学生，当时在政治上亦不活跃，但至少做到了不助纣为虐；此外，尼古拉·哈特曼在纳粹时期亦在静心构建他的本体论系统——他既不批判纳粹，也不赞扬纳粹。因此，二战期间，因为与纳粹合作亲密而备受指责的欧陆哲学家，几乎就只有海德格尔一人。与之相较，虽然日本京都学派普遍不赞同纳粹的反犹主张，但其主流对于日本在亚洲的扩张活动却普遍持赞成的态度。这种对比显然会引发后人诸多联想。

在"外篇"中，我们给出了一种侧重于当时特殊政治形势的解读。但一种基于观念关系的内史研究依然是不可或缺的。

读者或许会问：前文不是说过京都学派主流的核心哲学观点与其政治表态没有必然的逻辑联系吗？为何又说

要从哲学层面挖掘京都学派主流的政治表态的动因呢？这不是自相矛盾吗？

对此，我的解释是：说 A 无法担保一定推出 B，并不意味着 A 不会在一定概率上推出 B。譬如，吸烟未必一定导致癌症，而且得癌症的未必是烟民，但吸烟的确会增加得癌的概率。同理，京都学派的哲学具有很多特征，其中有些特征的确与拥战立场基本无关，有些特征甚至反而会抵消拥战立场——但不得不承认，有些特征又的确会增加持有拥战立场的风险。

这一带来此类风险的特征便是：京都学派主流对于主—客融合状态的追求会导致界限感的丧失，而这种丧失会在·定程度上导致对于侵略活动的道德麻木（请注意，任何侵略活动在本质上都是对于既有界限的侵犯）。显然，西田的"场所"、和辻哲郎的"风土"、三木的"构想力"，其实都带有消除主—客界限的意蕴——这种意蕴在哲学层面上固然可以成为一种学术特色，但若不加限制地投射到现实政治中去，就会引发下面这种癫狂的思辨：为何不能建立一个"共荣圈"，让亚洲各民族的特殊性都能在这个"圈"中成为一个超级主—客融合体的不同环节呢？用后期维特根斯坦的话术来说，这种政治癫狂本身是基于一种语言的误用，因为讨论纯粹学理的场域与讨论现实政治的场域本就有着巨大的差异——这就好比说，朋友间互称"兄弟"的说法仅仅是一种修辞，而不代表一种生物学的或者法律意义上的事实——因此，任何一个有基本生活阅历的成年人都不应将酒桌上的客套当成能够填在人事档案表上的事实。显然，在这个问题上，京都学派主流的政治判断是非常幼稚的。

基本哲学立场上界限感的丧失，如果与京都学派主流的民族自尊结合在一起，就会发生恶性的化学反应。以和辻的风土哲学为例：我已反复提到，对于风土特殊性的强调本应构成对抗"共荣圈"之政治武断性的解毒剂，但开发这一解毒剂的可能性却被和辻本人所无视。这又是为何呢？这是因为"风土"本身是一个缺乏界限感的概念。从某个角度看，你的确可以说中、日的文化风土之间有很多类似处，但换个角度，你却可以说，即使在日本境内，京都的风土与江户（东京）的风土也大相径庭（正如九鬼周造的"艺伎哲学"所揭示的那样）。在极端情况下，我们甚至可以说在同一条泰坦尼克号上，头等舱的微观风土与末等舱的微观风土显示出了一种残酷的阶级对立（这一点恐怕是作为马克思主义者的户坂润所愿意强调的）。在判断风土之间的差异时到底是用显微镜还是放大镜，则是一件完全取决于说话人特定政治需要的事情——譬如，如果你想为哈布斯堡家族站台的话，你就会觉得将整个奥地利、匈牙利与波希米亚平原都纳入奥匈帝国的框架乃是一件很合理的事情；但在另外一个政治语境中，一个统一的捷克斯洛伐克一夜之间变成捷克与斯洛伐克这两个政治实体，却没有引发欧洲任何的政治波澜——就像某个明星今晨又宣布他离婚了一样波澜不惊。因此，除非将一种关于风土的叙事控制在一个非常抽象的层面上，否则，对于风土叙事的具体化便很容易被特定的政治环境所利用。而一旦这种政治环境本身是恶性的（而不是诸如捷克与斯洛伐克之分，或两德之合这类未引发严重政治争议的事件），该恶性政治环境自身的"毒性"就会污染原来的哲学叙事。

那么，如果一种哲学的基本立场不是主—客融合，而是全面认定了主—客斗争的现实，这种哲学被军国主义利用的可能性是不是就会大大降低呢？

一定程度上的确是这样的。主—客对立这个表达有多重含义，其中之一便是自我与他人之间的对立（如果他人在这里被视为客体的话）。如果一个哲学家急于追求主—客融合，就会忽略关于自—他对立的种种现实，由此导致对于人际之间微观政治结构的无视。

在京都学派之外，海德格尔便是这种思维方式的典型受害者。《存在与时间》中的"他人"是一种类似于今日网络算法之类的抽象物：他们以集体的惯性束缚着个体自由决断的可能，却没有自己的一张张具有个性的脸。因此，海德格尔几乎不讨论任何具体的他人：妻子、子女、朋友、同学、老板、下属，等等——他只是抽象地论及他人的闲谈。这样一来，自我与他人的关系被处理成了一个堂吉诃德与一堆风车之间的抽象关系，而不是具体的个体之间异常复杂的生态网络。在这种针对他人的分析模式中，朋友与敌人之间的界限自然就被淡化了，与此同时，侵略者与被侵略者之间的界限也被模糊了：犹太人是"他人"，屠杀犹太人的纳粹党卫军也是"他人"，而解放集中营的盟军亦是"他人"。据此，跟从纳粹进行反犹宣传固然是个体对于他人话语暴政的一种屈从，而人云亦云地跟着战后的反思浪潮批判奥斯维辛的罪恶，难道就不是一种对于他人话语暴政的屈从吗？好吧，既然都是屈从，从海氏哲学的角度看，与纳粹曾经合作之类的过往恐怕也不算是一件值得一提的丑行了吧？一句话：天下他人一般乌，吾脸灰迹岂算黑？

　　无独有偶，我们在田边元的"种的逻辑"里也看不到具体的他人：种对于个体的超越，以及类对于种的超越，都是以一种抽象的方式进行的。甚至他的"他力"概念依然保持着这种抽象性。甚至和辻哲郎的"风土"概念也是一种掩饰了具体的他人的概念，因为他的叙事方式似乎完全忽略了那些在勉力维持各地文化习俗的具体的个体所付出的特殊的辛劳——好像"风土"具有一种独立于个体的努力而自在存在的神秘特性一样。相较而言，九鬼的"艺伎哲学"对于艺伎这一类特殊"他者"的关注，显然在摆脱"他人"概念之抽象性方面迈出了一步——然而，九鬼却没有将他的"他人"之光谱进一步拓展到资产阶级的关注范围之外，譬如由此去关心无产阶级与被压迫民族的生存状态。因此，在他的视域中，笼罩在"他人"之上的浓雾也仅仅是被驱散了一小片罢了。这些哲学家忽略具体他人的做法，自然令他们失去了从具体的他人的视角来反思自身理论的能力，同时让自己固有的文化自恋倾向失去了应有的制衡。

　　与之对照，户坂润之所以能以"出淤泥而不染"的姿态在京都学派之中坚持反法西斯的立场，乃是因为：作为马克思主义者，他一开始就预设了一种特殊形态的人际斗争形式的存在，此即阶级斗争。阶级斗争是客观存在的：无论西田与铃木一起进行了多少次宗教冥想，无论九鬼去了几次京都的祇园享受偶然性的情缘，无论和辻在奈良观赏过多少尊绝美的佛像，小林多喜二的《蟹工船》所描写的那种阶级对立的场景依然会在这些资产阶级哲学家的眼光触及不到的现实里存在（即使在今天的日本，这种对立依然在睡桥洞的流浪汉与住独栋别墅的高级中产之间存在，或者在没有完全劳动保障的外籍劳工与保障较好的日本本土劳工之间存在）。从这个角度看，马克思主义哲学家所看到的"他人"并不在大学课堂里，也不在精致的茶室里，亦不在优雅的日式园林中，而就是在紧张的流水线上忙碌的一双双布满老茧的手，以及看着这些手的一张张麻木的脸。在这种新视角中，一切以"我们都是日本人，要为大和民族的生存而战"为借口而进行的军国主义宣传都会变得黯然失色。对于这种洗脑式宣传，马克思主义者的应答则是干脆利落的：你们是你们，我们是我们，你们的利益可不是我们的利益，因此，我们不会为了你们的利益去中国或南洋去杀死那些与我们素昧平生的人，或者被他们杀死。相反，你们才是我们的敌人。没有你们，对我们很重要。

　　同样，萨特的反法西斯主义的政治立场之所以如此坚定，亦是因为他的哲学充分尊重了特殊的他人的地位——尽管他的具体理论架构与马克思主义并不相同。萨特在名剧《禁闭》中以文学家的细腻刻画了三个意识主体彼此评判对方所造成的一个微型地狱：在这个地狱中，每个主体的能动性与丰富性都会被另外一个主体褫夺和误解，而那个褫夺者又会在"回旋镖效应"的作用下被别人粗暴地误解。需要注意的是，我们切不可将《禁闭》解读为一部唯我论的或是反社会的作品，因为作为剧作家的萨特本人显然具有某种穿透三个剧中人心灵活动的自由，而这种自由是唯我论的哲学框架所不允许的。毋宁说，萨特是想以这种独特的方式来暗示读者：你对他人的蔑视所带来的社会痛苦，至少是等量齐观于他人对你的蔑视所带来的心理痛苦的，甚或还超越之。因此，勇敢地用"不自欺"的态度来面对这种自我与他人之间的紧张关系，乃是令我们的社会能够真正得到道德改善的最起码的第一步。

　　若将萨特的这种观点放到国际关系之上，就自然会引申出如下结论：任何国家都不能用客体化对方的态度来面对别的国家，更不能通过一种自以为是的"弥赛亚情结"，认定本民族就是地球人的希望——因为当你这么妄自尊大的时候，别的民族的怒火迟早会让你知道"回旋镖效应"有多可怕。萨特本人就是这么身体力行的——当他自己的祖国在阿尔及利亚战争中陷入泥潭的时候，萨特明确站在被压迫的阿尔及利亚人一边，并因此一度被国内右翼分子所追杀。与之相较，京都学派主流却在日本侵华战争中默认了"客体化中国"的态度，而缺乏对于中国自身主体性的起码尊重，佯装不知意识自由的普遍性。

　　然而，今日的中国人也切不能因为自己在二战中的被害者地位而自动屏蔽反思的能力，觉得自己仅仅因为祖先的苦难就天然具有客体化其他民族的资格。毋宁说，从萨特哲学的角度看，中国传统文化亦有客体化他者之弊，比如将外族人不是说成"蛮夷"就是"戎狄"。中华帝国传统的朝贡体系本身就预设了他者的边缘地位，其核心哲学意蕴亦无法兼容于预设了各民族国家之平等地位的威斯特伐利亚体系。此外，中华帝国的传统行为方式固然是内敛且不崇尚侵略的，但这种"不惹事"的态度并不是缘起于对外族人士的爱，而是缘起于对于外部事物的无动于衷（如乾隆皇帝对马戛尔尼使团带来的"奇技淫巧"的无动于衷，以及我周围的不少哲学界同僚对当代日本哲学成就的无动于衷）。然而，从哲学角度看，"不需被关注者"本身依然是一个僵死的哲学标签，其对人类真实个性的抹杀作用，与"可殖民对象"这个标签如出一辙。至于一种真正的世界主义（而不是中国传统的天下主义）立场，自然应当彻底铲除这种客体化外部对象的思想土壤，而代之以一种真正意义上的对于人性的普遍尊重。

从这个角度看，对于日本京都学派战时政治言行的哲学批判，也就自然具有了一种超越日本地域的普遍性意义。这就好像给一具因罹患癌症而过世的日本病人的遗体做解剖：作为医生，我们感兴趣的不是死者的国籍，而是癌症本身。

愿在某个可以被期许的未来，这颗脆弱的星球能不再经受思想之癌的折磨。

全书注释

导论：从海德格尔到京都学派

[1] 关于海德格尔（以及别的哲学家）的战时政治表现，莎拉·贝克韦尔（Sarah Bakewell）的《存在主义咖啡馆——自由、存在和杏子鸡尾酒》（沈敏一译，北京联合出版公司，2017）有精彩的描述。本"导论"涉及海德格尔的部分参考了该书。

[2] 似乎有一些文献学上的证据证明海德格尔的确写下过一些"有毒"的文字。具体而言，从 1931 年至 1975 年，海德格尔在从事哲学教学和哲学写作之余，还写下了 34 本哲学笔记（第一本丢失），记录下他的许多真实思考，后世称之为《黑皮本》。此文献在 2014 年公布，目前已有中译本（马丁·海德格尔：《"思索"二至六：黑皮本 1931—1938》，靳希平译，商务印书馆，2021）。此私人笔记包含了一定的反犹内容，一经出版就引发世界学术界的轰动，因为这似乎足以证明海德格尔的公开反犹表态并不是一种不得已的政治表演。国内学界也有文章对此文献进行了解读，如张柯先生的《真伪之辩——基于新近材料的"海德格尔事件"核心问题研究》（《云南大学学报》社会科学版，2020[02]:5—18）。国内亦有专门研究海德格尔哲学与其政治表态之间关系的专著，如梁健作先生的《海德格尔的哲学、政治与虚无主义》（社会科学文献出版社，2020）。

[3] 理查德·沃林：《存在的政治——海德格尔的政治思想》，周宪译，商务印书馆，2000。

[4] 1894 年 9 月，法国情报处副处长亨利诬陷犹太裔军官德雷福斯（Alfred Dreyfus，1859—1935）向德国武官出卖军事机密，法国官方以间谍罪的罪名逮捕了德雷福斯。1894 年 12 月 22 日军事法庭在证据不足的

情况下判处将他在法属圭亚那附近的魔鬼岛终身监禁，直到 1906 年 7 月最高法院才撤销原判，为其昭雪。

[5] 需要注意的是，除了哲学意义上的"京都学派"之外，还有经济学、宪法学、汉学、心理学意义上的"京都学派"，读者请不要彼此混淆。

[6] 日语中的"近代"就是汉语中的"现代"，对应英文里的"modern"，但由于"近代的超克"已成为日本思想史研究中出现的高频词，本书对此术语就不做更改了。

[7] 廣松渉：『「近代の超克」論』(講談社学術文庫，1989)。

[8] 日军在一战中只参与了占领德占青岛与马绍尔群岛，以及远赴地中海扫除水雷等小规模军事行动。

[9] 今天的我们早已通过博弈论知晓了国与国之间的"囚徒困境"(诸如军备竞赛、关税战等) 必须通过交流与协作来破解——但这样的知识并不是当时日本哲学界的通识 (尽管同时期的日本自由主义政法学者与部分以涩泽荣一为代表的商界精英对此已有模糊的认识)。需要注意的是，京都学派主流固然也爱大谈"协同"，但他们所说的"协同"却是基于特定文化背景所自带的文化亲和力 (且不论这种亲和力是不是基于他们的主观想象)，因此，此类协作就无法像基于利益的商业协作那样，具有对于全球不同文化的全面渗透力。进而言之，京都学派所说的"协作"很难衍生出"与西方世界携手并进"的意味——相反，还预埋了因过分敌视西方世界而导致全球性冲突的可能性。

[10] 子安宣邦：『「近代の超克」とは何か』(青土社，2008)。

[11] 菅原潤：『京都学派』(講談社，2018)。

[12] 竹内好：『近代の超克』(筑摩書房，1983)。

[13] 大橋良介：『京都学派と日本海軍―新史料「大島メモ」をめぐって』(PHP 研究所，2001)。

[14] David Williams: *Defending Japan's Pacific War: The Kyoto School Philosophers and Post-White Power*, Routledge Curzon, London: 2004.

[15] David Williams: *The Philosophy of Japanese Wartime Resistance*, Routledge, London: 2014.

[16] 在电影中，英军战俘尼克森上校为了证明英国人的建筑才能超过日本人，与日本工兵比赛建造桥梁。结果，他为了给英国军人争口气，反而在客观上促进了日军后勤补给线的完工，可谓典型的"轻重不分"。

[17] 虽然这几年与日本哲学相关的中文论文在期刊上的确多了起来 (在该领域内中山大学的廖钦彬教授的努力尤其值得注意)，但如果读者要

求我推荐本书之外的对京都学派的全貌有所介绍的著作，我目下只好
推荐中文繁体字、英文与日文的著作（在大约上世纪 80 年代中国也
曾出版过一些介绍京都学派的简体字书籍，但是这些书的研究规范
已经不能满足现在学术标准的要求）。繁体字书籍有林永强 / 张振远
（编）《东亚视野下的日本哲学：传统、现代与转化》（台大出版中心，
2013）——不过，这本书是文集，而非整合性更强的著作，而且书里
没有关于偏左翼的思想家如三木清与户坂润的研究内容。英文同题材
书籍里最值得推荐的当然是可以当百科全书看的《日本哲学牛津哲学
手 册 》（Bret W. Davis (Ed.) *The Oxford Handbook of Japanese Philosophy*,
Oxford: Oxford University Press, 2019），日文书籍里最值得推荐的是
藤田正胜先生的《日本哲学史》（藤田正勝：『日本哲学史』，昭和堂，
2018）。另外，本书所涉及的重要哲学家，大部分在"斯坦福网络百
科全书"（https://plato.stanford.edu/）有相关词条，这些词条也能为
初学者提供入门介绍。总之，即使对不懂日语的读者来说，阅读这些
英文资料也能获得远超阅读同题材中文资料所能获取的日本哲学信息
（有心的读者请留意本书每一章学术注释里的英文参考书或者原著译
本或节选本的信息）。对于这种现状，并对比日本学界对于中国学术
的熟悉程度（以及法、德学术界的彼此熟悉程度），中国学界应当感
到羞愧。而本书写作的动机之一，便是基于我对于《礼记·中庸》中"知
耻近乎勇"一语的回味。

[18] 即人形净琉璃，木偶戏的一种。其与中国木偶戏不同的地方是，一个
木偶由穿黑衣的多人操控，因此可以展现非常细微的身体动作。由此
可见日本文化对于"协作"的重视。

第一章 西田几多郎：在"场所"的视域中虚无化皇室的"总舵主"

[1] 汉语哲学中的大量词汇都来自日本学者的翻译，在此有必要对相关
的背景知识加以介绍。早在明治维新之前，日本学者西周（1829—
1897）就曾依托他与德川幕府的良好关系，在当时唯一与日本有官方
文化交往的荷兰学习哲学，并由此接触到西方哲学的一些思想概念。
精通理学的西周，通过活用我国宋代思想家周敦颐《通书·志学第十》
中"士希贤"一语，创制出"希哲学"一语，以对应西语"philosophy"
之"爱智学"之本义。而在 1874 年（明治七年）出版的《百一新论》

中，继续受到明治政府器重的西周又将"希哲学"简化为"哲学"，由此奠定日后整个汉字文化圈对于"philosophy"的译法。1873 年，西周又与森有礼（1847—1889）、福泽谕吉（1835—1901）、加藤弘之（1836—1916）、中村正直（1832—1891）、西村茂树（1828—1902）、津田真道（1829—1903）等人合作成立"明六社"，共同推进西方哲学的日译工作，其中的福泽谕吉后来成为在整个东亚范围内具有重大历史影响的西方启蒙思想传播者。然而，由于西语与日语相差太大，日本各方翻译人才的翻译习惯又彼此抵触，同一个西方术语在不同译本那里会被翻译成彼此差异很大的日语表达，这就给不熟悉西语的日本西方哲学阅读者带来认知困难。意识到这个问题的哲学家井上哲次郎（1855—1944）决定组织团队，编纂一本西语与日语的对比哲学辞典，以便统一日语哲学界的西语词汇翻译方案，这就是大名鼎鼎的《哲学字汇》（此书日后又通过清国留学生而对汉语哲学界的哲学术语翻译构成了莫大的影响，因此也就具有了某种泛东亚的学术传播价值）。此书有三个版本（"名著普及会"在 1980 年以影印本的方式重印了这三个版本）:(甲)东京大学三学部刊行的明治十四年（1881 年）版，所摘录西文哲学词条基本是英语，并附所谓的"清国音符"以方便中国读者以及对汉语音韵知识有需求的日本读者。顺便说一句，这里所说的"清国音符"的取材根据，乃是法国耶稣会士 Joseph Henri Prémare（1666—1736）编纂的《汉韵音注》（*Notitia linguæsinicæ*），并由 J. G. Bridgman 译为英文。（乙）以东京大学三学部刊行的原版为基础的增补改定版，在明治十七年（1884 年）由东洋馆出版。除了哲学词条之外，此版还收录大量社会科学与自然科学词条，并附梵汉佛教术语对译表。（丙）东京丸善株式会社刊行的 1912 年版（此版不再带日本年号，以彰显国际化色彩），有井上哲次郎用英文写的序言，兼收英、德、法三种西语的学术词汇。

[2] John C.Maraldo: "Nishida Kitarō", *The Stanford Encyclopedia of Philosophy* (Winter 2019 Edition), Edward N. Zalta (ed.), URL = <https://plato.stanford.edu/archives/win2019/entries/nishida-kitaro/>.

[3] 这是明治政府于 1890 年颁布的以天皇口吻下达的文件（实际上是山县有朋内阁的内阁法制局长官井上毅等人负责起草的），专门用于对于日本青少年灌输忠君意识。在教育系统中宣读这一文件的传统在日本战败后的 1946 年被美国占领当局废止。该文件的译文不长，读者不妨借机了解其内容（此汉语译本曾在我国台湾的日据时期使用）:

朕惟我皇祖皇宗，肇国宏远，树德深厚。我臣民，克忠克孝，亿
兆一心，世济厥美。此我国体之精华，而教育之渊源亦实存乎此。
尔臣民，孝于父母，友于兄弟，夫妇相和，朋友相信，恭俭持己，
博爱及众，修学习业，以启发智能，成就德器。进广公益，开世务，
常重国宪，遵国法。一旦缓急，则义勇奉公，以扶翼天壤无穷之
皇运。如是，不独为朕之忠良臣民，亦足以显彰尔祖先之遗风矣。
斯道也，实我皇祖皇宗之遗训，而子孙臣民所宜俱遵守焉。通之
古今不谬，施之中外不悖。朕与尔臣民，拳拳服膺，庶几咸一其德。

[4] 具体而言，1907 年 1 月，西田次女幽子因支气管炎病逝；同年 6 月，
五女爱子未满月便夭折；1920 年 6 月，西田最疼爱的长子谦因腹膜炎
病逝；1925 年 1 月，因脑出血卧床多年的妻子寿美去世；1941 年 4 月，
四女友子在卧病多年后去世；1945 年 2 月，也就是他去世的四个月前，
长女弥生因胆囊炎病逝。

[5] Michiko Yusa: *Zen & Philosophy: an Intellectual Biography of Nishida Kitarō*,
University of Hawai'i Press, Honolulu, 2002. 此书下文简称为 "游佐版
《西田传》"。

[6] 相关的证言，由西田的学生相原信作（1905—1996）提供。正是相原
氏为病床上的西田带来了刊载有日美开战信息的报纸。参看游佐版《西
田传》页 314。

[7] 这篇演讲的英译文收录于游佐版《西田传》页 314—318。

[8] 本节给出的对于日本剑道的哲学阐述，参考了内田树的《日本边境论》
（郭勇译，上海文化出版社，2012）第三章的相关讨论。

[9] 马丁·海德格尔：《林中路》（修订本），孙周兴译，上海译文出版社，
2004，页 61。

[10] 中村雄二郎：《西田几多郎》，卜崇道、刘文柱译，生活·读书·新知
三联书店，1993，页 56—67。

[11] 主要代表人物有加州大学伯克利分校的莱考夫（George P. Lakoff）、新
墨西哥大学的克劳夫特（William Croft）、加州大学圣迭戈分校的兰盖
克（Ronald W. Langacker），等等。

[12] 池上嘉彦、潘均主编：《认知语言学入门》，外语教学与研究出版社，
2008，页 13。

[13] 乔姆斯基认为，人生而具有一种语言获得装置，也就是深层语法。孩
童学习语言的本质，无非如下过程：凭借深层语法去理解后天语言环
境中的语言素材，将其转化为各种自然语言（如汉语、日语等）的语

法。然而，乔氏的这一理论假设在神经科学中尚未得到全面证实。而且，该假设基本忽略了身体经验在语言习得过程中扮演的角色。

[14] 这方面做出显著成绩的学者有东京大学的池上嘉彦、关西外国语大学的山梨正明、名古屋大学的籾山洋介、加拿大蒙特利尔大学的金谷武洋与东京电机大学的月本洋。

[15] 金谷武洋：『英語にも主語はなかった 日本語文法から言語千年史へ』，講談社，2004。

[16] 同上书，页 27—31。

[17] 同上书，页 22—23。

[18] 同上书，页 74—76。

[19] 同上书，页 82—85。

[20] 同上书，页 41。

[21] 西田几多郎：《善的研究》，何倩译，商务印书馆，1965，页 7。

[22] 我参考的此文的日文原文收录于『西田幾多郎哲学論集〈1〉：場所・私と汝・他六篇』，上田閑照（編），岩波書店，1987；汉语繁体字译文收录于黄文宏译注：《西田几多郎哲学选辑》，台北：联经出版社，2013；英文译文收录于 *Place and Dialectic: Two Essays by Nishida Kitarō*, translated by John W. M. Krummel and Shigenori Nagatomo, Oxford University Press, Oxford, 2012。这三个版本，下面分别称之为"上田本""黄本"与"KS 本"。

[23] 上田本页 68，黄本页 164，KS 本页 50。

[24] 上田本页 68，黄本页 163，KS 本页 50。

[25] 见《场所》一文，上田本页 68，黄本页 164，KS 本页 50，以及 KS 本页 188 注释 5。

[26] 此文的日文本同样收录于前面提到的『西田幾多郎哲学論集〈1〉：場所・私と汝・他六篇』，上田閑照（編），岩波書店，1987。其英文译文收录于：Kitaro Nishida: *Intelligibility and the Philosophy of Nothingness: Three Philosophical Essays*, translated by the International Philosophical Research Association of Japan, Isha Books, New Delhi, 2013。前一个版本在下文中继续被称为"上田本"，后一个版本被称为"Isha 本"。

[27] 上田本页 189，Isha 本页 69。

[28] Robert Wilkinson: *Nishida and Western Philosophy*, Ashgate Publishing Limited, Farhham, 2009, pp.105-116.

[29] 上田本页 84，黄本页 179，KS 本页 60。

[30] 普特南的意思是说，如果我们不预先给出一个关于怎样的事实能够被接受的理性化标准（而这一标准本身又无疑带有一定的价值色彩），那么，事实自身的地位也是无法被勘定的。其观点详见普特南：《理性、真理与历史》，童世骏、李光程译，上海译文出版社，2005。

[31] 西田所说的"绝对无"对于知、情、意的统摄机制，其实也可以从关于日语的认知语用学研究的角度找到大量的证据。有一定日语学习经验的读者应当知道，日语是一种情感非常细腻的语言，因此，在日语言说者对于事实的客观描述与描述主体自身的审美情趣与价值判断之间，往往找不到清晰的界限。如日语表示被动态的动词词尾"られる"，并不能够被简单地理解为亚里士多德提到的"被动"范畴，因为在很多语境中它还表达了"遭遇到了某件不可被控制的事情的影响，并由此带来消极情绪"的意味。请参看牧野成一与简井通雄在为英语读者撰写的《日本语基本文法词典》一书中所举出的一个语例：

    太郎は次郎にビールを飲まれた。

此话的直译是"太郎被次郎喝了啤酒"。此译文显然不是通顺的汉语，因为和英语一样，汉语也要求被动态语句的主词是动词的直接施动对象（而此句中的施动对象显然是"啤酒"而非"太郎"）。然而，这句话在日语中却说得通，其真实含义是"太郎被次郎（擅自）喝啤酒这事弄得（不开心）"。不难看出，"不开心"这一在汉语中绝不可省的情绪表达，却可在日语中为被动态以隐含方式所兼带，而这一点本身就足以说明日语中情绪表达和事实描述之间界限的模糊。再联系到在日语会话中句尾所经常出现的表示情绪的感叹词（如"ね"、"ので"，等等），以及复杂的简体—敬体转化所表达的说话者对于说话对象的亲疏关系的判定，足可见情绪与价值因素在日本人的"知"中的全面蔓延。从这个角度看，我们切不可被西田所说的"绝对无"这一名目的形而上学色彩所迷惑，而忽视其在日本百姓之日用中的深厚根基。

[32] 原文见上田本页185—186，英文提要见游佐版《西田传》页208。

[33] 上田本页67，黄本页170，KS本页49。

[34] 上田本页88，黄本页182，KS本页62。

[35] 上田本页86，黄本页181，KS本页61。

[36] 这个关于"亚洲象"的例子下节还会详细解释，请暂时还看不懂这个例子的读者少安毋躁。

[37] 同注释[36]。

[38] 用示意图的形式来体现"场所逻辑"的含义的做法在海外学界并不

鲜见，请参看罗伯特·卡特的《超越于上帝的无——西田几多郎哲学导论》（Robert E. Carter: *The Nothingness beyond God: an Introduction to the Philosophy of Nishida Kitarō*, second edition, Paragon House, St. Paul, Minnesota, 1997）页 30、34、37、40、44；以及田中久文的《解读日本哲学——为了在"无"的时代勉力生存》（『日本の「哲学」を読み解く—「無」の時代を生きぬくために』，筑摩書房，2000) 页 39。但本人所绘之图相较而言更为复杂，也更能够体现西田思想的一些细微之处。

[39] 顺便说一句，这一点几乎构成了对于下述的标准的柏拉图主义叙事方式的绝妙反讽：我们看到的"事物"其实是真实事物在墙壁上留下的虚假投影——而根据标准的柏拉图"洞喻"的叙事方式，事物的投影恰恰是我们在追求事物的真理时需要抛弃的东西。

[40] 月本洋：『日本語は論理的である 』，講談社，2009。

[41] 同上书，页 78。

[42] 同上书，页 77。

[43] 池上嘉彦：『「する」と「なる」の言語学—言語と文化のタイポロジ一への試論』，大修館書店，1981，页 280—281。

[44] 西田幾多郎（著），安倍能成（编）：《西田幾多郎全集〈第 8 卷〉哲学論文集》，岩波書店，1988，页 76—77。

[45] 在这个问题上，我们或许可以用西田本人写于 1902 年的如下短歌（日本诗歌体裁一种，大致可以被理解为"短诗"）做案例（西田几多郎：《无事于心，无心于事——西田几多郎歌集》，杨晓波、芦晓博译，北京出版集团·文津出版社，2021，页 15）：

> 仲麻吕
>
> 在唐朝望见的
>
> 月影
>
> 千年后的今天
>
> 人们还在望着看啊。

很明显，在这首短歌中，唐朝的日本遣唐使阿倍仲麻吕望月的情景，是在西田自己的意识场所中才进入其望月的"当下"的。

[46] 日本俳句一般只能由十七个音节构成，但在将日本俳句翻译成外语时，这一音韵特点几乎不可能被保留。这就使得俳句的"不可译"特征在诸种诗歌中显得尤为凸出。譬如，松尾芭蕉的名句"古池蛙跃溅水声"的日语原文"古池や蛙飛び込む水の音"就是由十七个音构成的（而

其中文译本显然不是）。此句的日文原文的纯平假名形式是：ふるい
けやかわずとびこむみずのおと。其转为罗马音后，就是十七个音：

> fu-ru-i-keya（五个音，对"古池や"）
>
> ka-wa-zu to-bi-ko-mu（七个音，对"蛙飛び込む"）
>
> mi-zu-no-o-to（五个音，对"水の音"）

[47] 转引自游佐版《西田传》页 264。

[48] 西田幾多郎：『西田幾多郎全集〈第 9 卷〉』（岩波書店，2004），页
48。

[49] 同上书，页 49。

[50] 岩野卓司：「無としての「皇室」の可能性——西田幾多郎の政治哲学
の一側面」,『明治大学教養論集』,540: 1—14。

[51] 此体系因在三十年战争后签订的《威斯特伐利亚合约》（1648 年签订）
而得名。该条约规定：各国不能干涉彼此内政，各国的外交必须由各
国的首脑或政府来操办。国际外交体系必须预设每一个参与者都是一
个抽象的主权拥有者。一般认为，该条约肯定了近代国家的主权地位，
并使得主权关系混乱的老式巨型帝国——特别是哈布斯堡家族的德意
志神圣罗马帝国——变得过时。

[52] 日语中的"东洋"指亚洲靠近太平洋的一带（包括东亚与南亚），请
读者不要按照汉语的习惯将其理解为日本。

[53] 西田幾多郎：『西田幾多郎日本論集 —エッセンシャル　ニシダ 国の
卷』（書肆心水，2007），页 122。

[54] 西田幾多郎：『西田幾多郎全集〈第 12 卷〉』（岩波書店，1986），页 434。

[55] 同上。

[56] 同上书，页 431—432。

[57] "八纮"的说法本来自《列子·汤问》："八纮九野之水，天汉之流，莫
不注之，而无增无减焉。""八纮"在上述原文中原指极远之地，后改
指"天下"。日本佛教日莲宗国柱会创办人田中智学从中取了"八纮"
二字，扩充为"八纮一宇"，就是"将天下置于同一个屋顶之下"的意思。
田中智学本意就是在道义上一统天下，但一旦这口号进入大众传播渠
道，就很容易被理解为"用各种手段一统天下"的意思，并由此成了
为日本的侵略扩张进行精神动员的名器工具。1940 年 7 月 26 日，第
二次近卫内阁制定建设"大东亚共荣圈"的《基本国策纲要》，将"八
纮一宇"正式列入国策内容，由此，"八纮一宇"这四字便成为对于"大
东亚共荣圈"的一种修辞。

第二章　田边元：一时糊涂上了贼船的佛版黑格尔主义者

[1]　相关的记录见佐藤优编辑的《为了将学子们送上战场——田边元的"恶魔的京都大学讲义"解读》（佐藤優：［学生を戦地へ送るには：田边元「悪魔の京大講義」を読む］，新潮社，2017）。

[2]　这篇演讲的英文版的标题是"On the Logic of Co-prosperity Spheres: Towards a Philosophy of Regional Blocs"，收录于：David Williams: *Defending Japan's Pacific War: The Kyoto School Philosophers and Post-White power*, Routledge Curzon, London: 2004, pp. 188-189。该文献的日文原文见于大桥良介编辑的《京都学派与日本海军——以新史料〈大岛备忘录〉为核心》（大橋良介：『京都学派と日本海軍—新史料「大島メモ」をめぐって』，PHP 研究所，2001，页 227—224），日语标题是"田边先生「共栄圏の論理について」"。这篇演讲给出的具体时间乃是昭和十七年（1942 年）9 月 29 日下午 4 时，地点是京都圆山的左阿弥。田边的这篇演讲是京都学派的另外一位学者大岛康正负责记录的。至于为何此篇演讲记录稿收入了《京都学派与日本海军》一书，则是缘于如下事实：对战时日本军政结构稍有了解的读者应当知道，日本海军与陆军之间的关系非常恶劣，而且对于日本加入"德意日三国轴心"一事，日本海军一度持非常消极的态度。因此，日本海军就在一定程度上带给世人"比较开明"的印象。相比较而言，京都学派的一些成员（除了田边元，还有高坂正显、高山岩男、铃木成高、大岛康正、西谷启治等）是比较喜欢与日本海军相合作的，并在海军的保护下时不时发表一些对陆军势力不利的言论，而海军方面与这些学者们的主要联系人则是高木惣吉与米内光政。《京都学派与日本海军》一书的核心内容，便是大岛康正所记录的京都学派相关成员在充当海军智库时所发表的相关言论的"备忘录"。而在战时，这些言论大都发表在日本的重要期刊《中央公论》上。

[3]　该书的英文全译文见于 Tanabe Hajime: *Philosophy as Metanoetics*, trans. James W. Heisig et al. Nagoya: Chisokudō Publications, 2016。该书的一个精简的英译文，见于 Takeshi Morisato：*Tanabe Hajime and the Kyoto School: Self, World, and Knowledge*，Bloomsbury，London，2022, pp. 23-48。

[4]　这篇文献的日语版收录于 1963 年出版的『田辺元全集』（筑摩書

房 ），第六卷，页 299—396。这篇文献还有一个精简的英文译本，见
Takeshi Morisato: *Tanabe Hajime and the Kyoto School*: *Self, World, and Knowledge*, Bloomsbury, London, 2022, pp. 79-102.

[5] Takeshi Morisato: *Tanabe Hajime and the Kyoto School*: *Self, World, and Knowledge*, Bloomsbury, London, 2022, p. 83.

[6] 这里我想提一下来自洪仁善先生的《战后日本的汉字政策研究》（商务印书馆，2011）中的两个案例。案例一（见该书页 58）：1948 年，一对日本夫妻给自己孩子起名为"瑛美"，但因为"瑛"字没有出现在日本战后颁布的"当用汉字表"中，户籍警察拒绝以"瑛美"给孩子命名。次年，这对夫妻又给新出生的另一个孩子取名为"玖美"，户籍警再次以"玖"字过于冷僻而拒绝了这个命名方案。这对夫妻最后被激怒，向东京地方法院提出诉状，控告日本户籍警侵犯了宪法规定的公民的人权自由。这场官司最后打到了日本东京最高法院，但这对夫妻还是败诉了。法院判其败诉的理由是：宪法虽然规定了公民有言论自由，但用冷僻汉字给孩子命名的做法毕竟会给别人带来困扰，因此，这种做法客观上妨碍了他人顺利读出或写出相关人士姓名的自由。显然，这是一个以"自由"为名限制个人自由的案例。与之构成鲜明对照的乃是案例二（见该书页 168—169）：在 1997 年，冲绳县的一对夫妻希望自己的孩子的姓名中出现"琉"字，而此字并不在官方规定的可用汉字范围之内。因此，冲绳首府那霸的地方政府拒绝了这对夫妻的命名申请。鉴于冲绳的古地名就是"琉球"，感到自己的乡土情感被冒犯的这对夫妇立即以"违宪"为名对当地政府发起了起诉，结果引发强烈社会共鸣，最后法院宣判用"琉"字入名合法。显然，与 1948 年相比，1997 年的日本社会关于何为"在不妨碍别人的情况下做自己想做的事情"的判断尺度已经变松了。同时，"琉"字所唤起的冲绳人民的地域感情的作用，以及由此引发的东京中央政府与冲绳地方民众之间的政治涟漪，也在 1997 年的这次司法裁决中起到了微妙作用。这些复杂的因素，都是英美式的消极自由规则的空洞性所无法涵盖的。

[7] Takeshi Morisato: *Tanabe Hajime and the Kyoto School*: *Self, World, and Knowledge*, Bloomsbury, London, 2022, p. 100.

[8] 廖钦彬：《近代日本哲学中的田边哲学——比较哲学与跨文化哲学的视点》，商务印书馆，2019，页 162。

[9] 同上书，页 101。

[10] 这篇演讲稿的英文版收录于 David Williams: *Defending Japan's Pacific*

War: The Kyoto School Philosophers and post-White power, Routledge Curzon,
London: 2004, pp. 188-189。

[11] 同上书，页 188。

[12] 同上书，页 192。

[13] 同上。

[14] 同上。

[15] 同上书，页 193。

[16] 同上书，页 192。

[17] 同上书，页 190，页 105。

[18] 同上书，页 194。

[19] 同上书，页 195—196。

[20] "共荣圈"这个提法的缘起，是 1938 年 11 月日本政府发表的"近卫
声明"，其中，日本首相近卫文麿提出要实现"中日满三国相互提携，
建立政治、经济、文化等方面互助连环的关系"。1940 年 8 月 1 日，
外相松冈洋右在为德国驻日大使奥特举行的招待会上，第一次提出了
"大东亚共荣圈"的计划，即将原本的"三国提携"的方案扩展到整
个泛亚太地区。

[21] Takeshi Morisato: *Tanabe Hajime and the Kyoto School: Self, World, and
Knowledge*, Bloomsbury, London, 2022, p. 106.

[22] 廖钦彬先生指出，田边转向批判国家主义立场的机缘大约发生在 1942
年。这也是日本联合舰队在中途岛海战中遭遇惨败的年份。一些在
1942—1945 年出现的反映这一思想转型过程的田边手稿因为没有得到
合理的编辑而长期被人忽视。请参看廖钦彬：《近代日本哲学中的田
边哲学》，页 98。

[23] Tanabe Hajime: *Philosophy as Metanoetics*, trans. James W. Heisig et al.
Nagoya: Chisokudō Publications, 2016.p.394–395. 此引文同时对应该
书由武内义范翻译的 1986 年英文版（Tanabe Hajime: *Philosophy as
Metanoetics*, trans. Techeuchi Yoshinori. Berkeley: University California
Press, 1986）的页 256。我在翻译此段文字的时候也参考了爱丁堡大学
的日本哲学专家森里武（Takeshi Morisato）对同一段文字的英文译本。
请参看 Takeshi Morisato: *Tanabe Hajime and the Kyoto School: Self, World,
and Knowledge*, Bloomsbury, London, 2022, p. 37. 这一段文字的日文原
文见于藤田正胜（编集）：『懺悔道としての哲学—田辺元哲学選 II 』
（岩波文庫，2010），页 384—385。

[24] 藤田正勝（编集）:『死の哲学—田辺元哲学選 IV』（岩波文庫，
2010），页 250—251。

[25] 『田边元全集』第七卷（筑摩書房，1963），页 41。这一段文字来自
田边元于 1939 年首次发表的论文《国家存在的逻辑》（国家の存在の
論理）。

第三章 三木清：政治变色龙的"构想力"

[1] 此书以后多次再版，比较容易找到的版本是三木清:『パスカルにお
ける人間の研究』（岩波書店，1980）。

[2] 该文献曾以单行本的方式出版，见三木清:『新日本の思想原理』（昭
和研究会，1939）。该单行本可以在日本国立国会图书馆的网站上进
行在线阅读。该书也收录于『三木清全集〈第 17 卷〉歴史の研究・小
篇』（岩波書店，1968）。同时，该文献还有一个没有页码的网上阅读
地址:https://binder.gozaru.jp/miki/genri1.htm。下面引用该文献页码时，
我主要指的就是该书单行本的页码。

[3] 大致来说，"支那事变"是当时日本官方对于抗日战争的提法（在今
天的日本官方文件中，此提法早就被替换为"日中战争"）。具体而言，
在 1937 年卢沟桥事变发生后不久，在同年 9 月，近卫内阁正式称这
场战争为"支那事变"（之所以不用"战争"二字，是因为当时的日
本政府还抱有诱降中国政府的企图）。为了保留历史文件的原始样貌，
笔者没有对三木清的相关措辞按照中国的习惯提法进行修正，请读者
注意辨别。不过需要注意的是，在日本发动太平洋战争后，东条英机
内阁又将"支那事变"这个提法更名为"日支战争"，以便方便此刻
的日本的宣传机构将其描述为"大东亚战争"的一部分。

[4] 三木清:『新日本の思想原理』（昭和研究会，1939），页 2—3。

[5] 两卷在战后一般是合在一起出版的。相关版本信息：三木清:『三木
清全集〈第 8 卷〉構想力の論理』（岩波書店，1966）。

[6] 我更倾向于将三木给出的日语表达式"構想力"翻译为"构想力"而
不是"想象力"。这不仅仅是因为这样的翻译能够直接对应日语原文
的汉字，也是因为日语中本是有"想象力"这个说法的，如果我们将"構
想力"翻译为"想象力"的话，就会造成某些混乱。另外，熟悉德语
的三木也有将"構想力"与德语表达式"Logik der Einbildungskraft"
相互对应的意图，而德语中的"Einbildungskraft"的字面意思便是"构

成图像的能力"。请参看：三木清：『三木清全集〈第 8 卷〉構想力の論理』(岩波书店，1966)，页 13。

[7]   此书中译本见海德格尔：《康德与形而上学疑难》，王庆节译，商务印书馆，2021。

[8]   法国实证派心理学家，1839 年生，1916 年死。

[9]   三木清：『三木清全集〈第 8 卷〉構想力の論理』(岩波书店，1966)，页 46。

[10] 这篇演讲收录于三木清：『三木清全集〈第 14 卷〉評論・第 2』(岩波书店，1967)，页 249—269。

[11] 相关文献见三木清：『三木清全集〈第 3 卷〉唯物史観研究』(岩波书店，1966)。

[12] Dennis Stromback: "Miki Kiyoshi and the Overcoming of German and Japanese Philosophy", *European Journal of Japanese Philosophy* vol.5, 2020, pp. 103–143.

[13] 三木清：『三木清全集〈第 3 卷〉唯物史観研究』(岩波书店，1966)，页 45—46。

[14] 同上书，页 46—47。

[15] 本尼迪克特・安德森：《想象的共同体——民族主义的起源与散布》，吴睿人译，上海人民出版社，2005 年。

[16] 三木清：『三木清全集〈第 8 卷〉構想力の論理』(岩波书店，1966)，页 24。

[17] 同上书，页 102—103。

[18] 三木清：『三木清全集〈第 14 卷〉評論・第 2』(岩波书店，1967)，页 72。

[19] 黑格尔在《法哲学原理》之 "序言" 中特别强调对于国家的哲学反思不能诉诸偶然的想象与感知，而要诉诸一般哲学原理。这就等于拉开了他自己的政治哲学与特定政治现实之间的差距。请参看 G. W. F. Hegel: *Elements of the Philosophy of Right*, edited BY Allen W. Wood, translated by H. B. Nisbet, Cambridge: Cambridge University Press, 1991, p.15.

[20] 三木清：『新日本の思想原理』(昭和研究会，1939)，页 3。

[21] 三木清：『三木清全集〈第 7 卷〉哲学入門・技術哲学』(岩波书店，1966)，页 476。

[22] 三木清：『三木清全集〈第 8 卷〉構想力の論理』(岩波书店，1966)，

页 10。

[23] 收录于三木清：『三木清全集〈第 15 卷〉評論・第 3』（岩波書店，1967），页 28—35 页。

[24] 同上书，页 28。

[25] Lewis E. Harrington: *Miki Kiyoshi and the ShōwaKenkyūkai: The Failure of World History*. Positions 1 February 2009; 17 (1): 43–72.

[26] 三木清：『三木清全集〈第 15 卷〉評論・第 3』（岩波書店，1967），页 29。

[27] 同上书，页 31。

[28] 三木清：『新日本の思想原理』（昭和研究会，1939），页 1—2。

[29] 同上书，页 28—29。

[30] 同上书，页 25—26。

[31] 同上书，页 17—18。

[32] 同上书，页 4。

[33] 日语文献里所说的"近代"其实略等于汉语文献中所说的"现代"。为了保持原始文献的样态，我在此没有将"近代"翻译为"现代"。

[34] 三木清：『新日本の思想原理』（昭和研究会，1939），页 17—18。

[35] John Namjun Kim : "The Temporality of Empire: The Imperial Cosmopolitanism of Miki Kiyoshi and Tanabe Hajime." *Pan-Asianism in Modern Japanese History*. Ed. J. Victor Koschmann and Sven Saaler. London: Routledge, 2006. pp.151-167.

[36] 这个词也转指自杀式攻击。

[37] Ronald Langacker: *Cognitive Grammar: A Basic Introduction*, Oxford: Oxford University Press, 2008, p. 23.

[38] 同上书，页 46。顺便说一句，"SOPHOMORE"之所以能指涉大专院校二年级学生，乃是因为其字面意思是"知道得多一点"（这当然是相比较一年级新生而言的）。

[39] 同上书，页 33。

第四章 九鬼周造：风流哲人的偶然性哲学如何可能支持战争？

[1] Stephen Light: *Shuzo Kuki and Jean-Paul Sartre: Influence and Counter-Influence in the Early History of Existential Phenomonology*, Southern Illinois

University Press, 1987. 本节所牵涉到的九鬼与西方哲学家交往的情报，
基本来自此书。

[2] 实际上，海德格尔要比九鬼小一岁，尽管在名分上他是九鬼的老师。
另外需要注意的是，九鬼与海德格尔认识时，后者还没获得非常稳定
的教职，经济上有点困难。九鬼其实在经济上给予过海德格尔不少帮
助（1920 年代的德国经济状况很差，马克贬值严重，而日元相对稳定
很多。九鬼当时在日本的社会地位也要远高于青年海德格尔在德国的
地位）。关于海德格尔当时窘迫的经济状况，请参看沃尔夫拉姆·艾
伦伯格的《魔术师时代——哲学的黄金时代（1919—1929）》（林灵娜
译，上海文艺出版社，2019 年）。

[3] 海德格尔的《通向语言之途》（孙周兴译，商务印书馆，2004 年修订
译本，页 86—145）收录了一篇文字，题目为"从一次关于语言的对
话而来——在一位日本人与一位探问者之间"。在这篇展开在海氏和
日本德语专家手冢富雄的对话中，手冢一开始就向海氏提起了当时已
经谢世的九鬼周造，而海氏则顺水推舟地表达了他对于曾求学于自己
的九鬼的怀念。但根据马琳的考证，海氏提供的这份谈话记录的真实
性颇为可疑，因为手冢本人曾否认自己在 1954 年于弗莱堡大学拜访
海氏时曾说过海氏日后在《通向语言之途》中所记录的那些话（请参
看马琳：《海德格尔论东西方对话》，中国人民大学出版社，2010，页
226）。我个人认为此篇对话中海德格尔对于九鬼周造本人的思想追
溯可能未必准确反映了九鬼本人的思想（海德格尔无法读日语资料），
但他对于九鬼的深切感情则是毫无疑义的。

[4] Jean-Paul Sartre: *Being and Nothingness: An Essay in Phenomenological
Ontology*, Sarah Richmond (trans.), London: Routledge.

[5] 九鬼周造：『九鬼周造全集・第 8 卷』（岩波書店，1981）。

[6] Jean-Paul Sartre: *Existentialism is a Humanism*, John Kulka (ed.), Carol
Macomber (trans.), New Haven, CT: Yale University Press, 2007.

[7] 这是日本境内最重要的文艺刊物，创刊于 1923 年，也是日本文学界
最重要的文学奖项"芥川奖"与"直木奖"的颁发方。1946 年曾因在
战争期间协力日本军部进行宣传而被盟军解散，后又得到重建。

[8] 九鬼周造：『偶然性の問題』（岩波書店，2012），页 203。

[9] 同上书，页 204。

[10] "定言判断""假言判断"与"选言判断"乃是中国逻辑学界的固定说法，
所以我在翻译九鬼相关表述的时候没有照搬他的说法。

[11] 关于何为"命数法"，小浜善信在给引用的这个版本的《偶然性的问题》做注释时有所解释，我也将其注释摘录如下，供读者参考：命数法就是使用数词来表达数字的命数的方法，根据语言的不同而有所不同。比如，在日语中"10000"被称为"一万"，而用英语则称为"ten thousand"。日语的命数是在"1, 2, 3……9"这些数词和"十、百、千、万……"这些"位"来表达的数词之间用加法和乘法交互组合的方法。比如，"32537"就是"3×万+2×千+5×百+3×十+7×个"。这完全是一种十进制，和记数法也是一致的。我们也可以说，命数法是使用"一、二、三……九"这些数词，将"三万两千五百三十七"这一数字用语言表达出来的方法。……总之，命数法是言说表达数字的方法，而记数法是书写表达数字的方法。——小浜原注，译者转引。

[12] "世には居ない"的某种非常规的日语读法（yo-ni-ha-o-na-i）和日语中对"四二八五七一"某种特殊的读法（yo-ni-ha-go-na-i）正好构成了谐音。

[13] 九鬼周造：『偶然性の問題』（岩波書店，2012），页 61—62。

[14] 同上书，页 45—148。

[15] 同上书，页 149。

[16] 同上书，页 261。

[17] 同上书，页 271。

[18] 同上书，页 245—255。

[19] 众所周知，"美学"一词的德文拼写形式"Ästhetik"（英文"aesthetics"，拉丁文"aesthetica"），其本义是"感性学"。而在西方哲学史中，最早将这个词的含义调整为今日我们所说的"对于美的趣味的欣赏之学"的思想家，乃是德国人鲍姆加登（Alexander Gottlieb Baumgarten，1714—1762），相关代表作乃是其于 1750 年发表的《美学》一书（此书的拉丁文名字即取"aesthetica"一词）。而在汉字文化圈中，最早尝试意译此词的，则是曾将德文"philosophie"译为"哲学"的日本启蒙思想家西周。在 1879 年元月的"宫中御谈会"上，西周向官方政要宣读了论文《美妙学说》，在其中他将"Ästhetik"译为"美妙学"。此译法后来又经中江兆民（1847—1901）的锤炼，而转为今日为中、日两国哲学界所通用的"美学"，其相关的代表性译作则是 1889 年发表的《维氏美学》（这里的"维氏"乃是指法国美学家维龙 [Eugène Véron，1825—1889]）。依据西周的建言，日本文部省先后聘请了一批西方哲学家在东京帝国大学（以下简称"东大"）开设美学

课程。这些专家包括：美国人费诺罗萨（Ernest F. Fenollosa, 1853—1908；在日任教期为1882—1885）、美国人诺克斯（George William Knoxs, 1853—1912；在日任教期为1885—1887）、德国人布瑟（Ludwig Busse, 1862—1907；在日任教期为1887—1892）、俄国人科贝尔（Raphael von Köber, 1848—1923；在日任教期为1893—1914）。在这些教员中特别值得一提的乃是费诺罗萨和科贝尔。费氏在日工作期间对于桥本雅邦（1835—1908）、狩野芳崖（1828—1888）等日本草根画家给予多方面帮助，为提振日本传统绘画做出了很大贡献。他同时还是东京美术大学（后与东京音乐大学合并为今日的东京艺术大学）以及东京国立博物馆的创立人之一。至于在日逗留时间最长的科贝尔，在赴日工作之前，亦曾在柏林大学、海德堡大学和慕尼黑大学教授音乐美学和音乐史，以图融贯德国美学精神与俄罗斯的音乐实践（顺便说一句，作为俄国公民的科贝尔同时还是俄国作曲家柴可夫斯基和钢琴家鲁宾斯坦之友）。得缘于东大的优质美学教育所产生的辐射效应，加之西周、中江兆民、菊地大丽（1855—1917）等启蒙思想家对于美学教育的大力支持，日本本土的美学人才队伍在明治时代迅速成型，坪内逍遥（1859—1935）、大西祝（1864—1900）、高山樗牛（1871—1902）等人逐一崭露头角。1899年，大文豪夏目漱石的好友大塚保志（1869—1931）成为东大第一位日籍专职美学教师，而在1910年，深田康算（1878—1928）则成为第二个获得此类教职的日本人。曾受教于费诺罗萨的冈仓天心（1863—1913，原名"冈仓觉三"）在1890年成为了东京美术大学的校长，为日本艺术的国际化付出了大量心力。曾于东大受教于科贝尔，并以冈仓天心为精神养父的九鬼周造，正是在这样的学术气氛的熏陶下才成长为新一代的美学大师。

[20] 这些译本是：黄锦容等译《"粹"的构造》，联经出版社，2009；江川澜等译《茶之书·"粹"的构造》，上海人民出版社，2011（此版本也收录了九鬼周造的精神养父冈仓天心的《茶之书》的译文）；王向远译《日本意气》，吉林出版集团有限责任公司，2011（该版本还收录了阿部次郎的《德川时代的文艺和色道》，以及藤本箕山的《色道小镜》）；以及南京大学出版社2017年版的《九鬼周造著作精粹》（彭曦、汪丽影、顾长江译）。在这几个版本中，黄译包含了日本九鬼专家藤田正胜为九鬼文本撰写的注解的翻译，而王译则包含了译者撰写的颇具研究参考价值的译序，《九鬼周造著作精粹》除了《いき之构造》之外还包含了《偶然性的问题》与《人类与实存》这两个文本的汉语译本。

[21] Hiroshi Nara: *The Structure of Detachment: The Aesthetic Vision of Kuki Shuzo*, translated by Hiroshi Nara, University of Hawai'i Press, 2004. 此书所收录的赖莫和米克尔森的论文分别是 : Thomas Rimer: *Literary Stances: The Structure of Iki*, pp. 130-137; Mark Mikkelsen: *Reading Kuki Shuzo's The Structure of Iki in the Shadow of L'affaire Heidegger*, pp. 148-170.

[22] 如马耶达（Graham Mayeda）的《和辻哲郎、九鬼周造和海德格尔哲学中的时间、空间以及伦理学》（*Time, Space and Ethics in the Philosophy of Watsuji Tesuro, Kuki Shuzo, and Martin Heidegger*）, Routledge, 2006.

[23] 如平库丝（Leslie Pincus）女士的《日帝时期文化明鉴录——九鬼周造和国家美学的兴起》（*Authenticating Culture in Imperial Japan: Kuki Shuzo and the Rise of National Aesthetics*）, University of California Press, 1996.

[24] "町人"是日本江户时代对城市居民的称呼，他们主要是商人，也有部分工匠。

[25] 电影原始台词中不是"锅"，而是"肉"。"肉"与"国"在日语发音中都是以"く"（ku）结尾的，正好谐音。中文译文在此做了一些符合汉语韵律的处理。

[26] 九鬼周造 :『九鬼周造全集・第 5 卷』（岩波书店，1981），页 255—482。

[27] 对日语有初步知识的读者都知道，一个完全相同的发音在日语中可能会对应着彼此不同的意思，并由此被记录为不同的日语汉字（譬如，"toru"这个发音所应对的日本汉字可以是"取る"、"撮る"、"採る"、"捕る"、"盗る"、"獲る"、"執る"，等等）。虽说一音多字的语言现象在汉语中也不鲜见，但与无法在书面语言中容纳单纯记音标记的汉语不同，在日语中，记音字母——平假名和片假名——可以名正言顺地出现在书面写作之中，由此使得日本文字成为一种字母文字和表意文字的混合体。从语言哲学的角度看，由于大量假名单词自身就包含着通过多种汉字写法而展露不同意义的可能性，因此，这些假名单词的存在无疑为日语表达的暧昧特征做出了贡献。

[28] 九鬼周造 :『「いき」の構造』（講談社，2003），页 9。

[29] 同上书，页 163。

[30] 王向远译《日本意气》，吉林出版集团有限责任公司，2011，页 17。

[31] 在某些情况下，这个词可以代表性高潮到来的意思。

[32] 细心的读者或许会发现，在上面这段对话中，并没有出现"いき"的

假名形式，而是出现了其汉字形式"意気"。王向远先生便以此为据，主张将"いき"统一汉译为"意气"（而不是像别的汉译本那样翻译为"粹"）——这样一来，似乎即可还原九鬼维护江户方言正统性的心理，又通过"意气"两字的汉语读音保留了"いき"的日语发音，可谓一举两得（王向远对于自己翻译方案的详细辩护，见王译本页15—23）。但同样需要注意的是，九鬼本人在引用了式亭三马的这段文字之后，却继续使用"いき"这个假名单词来进行他本人的阐述——换言之，他既没有像王向远先生所期望的那样去使用"意气"，也没有像别的译者所期望的那样去使用"粹"（实际上，在需要使用"粹"的时候他会在这个汉字旁边标上"振假名"发音"すい"，以强调与"いき"的不同）。这也就是说，他在引用式亭三马的文字时之所以不直接写"いき"而写"意気"，仅仅是因为他实在不方便修改式亭的原文。

[33] 九鬼周造：『「いき」の構造』（講談社，2003），页 53。

[34] 同上书，页 39。

[35] 同上书，页 40。

[36] 西蒙娜·德·波伏娃：《第二性》，郑克鲁译，上海译文出版社，2021 年。

[37] 九鬼周造：『「いき」の構造』（講談社，2003），页 129。

[38] 同上书，页 126—127。

[39] 同上书，页 123,143（原文和注文分离于两页，请读者注意）。

[40] 同上书，页 184—185。

[41] 原图见上书页 78。不过，在图 -11 中，除了左上的第一个子图是对九鬼周造本人所绘之图的临摹，余下几个子图都是我根据九鬼文本之精神自绘的。由于篇幅关系，我没有将九鬼文本所提到的所有价值词的空间模型画出。

[42] 原名为 Étienne Émile Marie Boutroux（1845—1921），一位在中国与英语世界名气都不算大的法国哲学家。不过他的大舅子（妻之兄）可是在我国学术圈内鼎鼎大名的科学哲学家庞加莱（Jules Henri Poincaré，1854—1912）。

[43] 九鬼周造：『九鬼周造全集·第 5 卷』（岩波書店，1981），页 36。

[44] 同上书，页 36—37。

[45] 1937 年日本侵华战争全面爆发后，中日并没有进入国际法意义上的交战状态。这是因为，当时德意日三国同盟尚且没有建立，中国与英美苏也无正式军事同盟关系，两国若彼此交战，必然会引发国际上对于中日的军事物资禁运。这对缺乏原料的日本与缺乏武器成品的中国都

是不利的。但在太平洋战争爆发后，中日所在的军事联盟的阵营已异常清晰，二国于是这才分别向对方宣战。然而，对于主动发起战争的日本来说，宣战是其必须履行的基本国际法义务，而法西斯日本竟然连承认自己与中国陷入实际战争的勇气都没有，可见其色厉内荏的本质。从这个角度看，日本在 1937 年发动的战争是毫无大义名分的。

[46] 九鬼周造：『九鬼周造全集・第 5 卷』（岩波书店，1981），页 37。

[47] 同上书，页 37—38。

[48] 同上书，页 38。

[49] 也叫"爆弹三勇士"。这是指日军独立工兵第十八大队的三名一等兵江下武二、北川丞、作江伊之助。1932 年 2 月 22 日，在上海郊外的庙行镇阵地（在今宝山区），此三人用爆破筒破坏了蔡廷锴将军麾下的十九路军所修筑的铁丝网。但因为炸药引信太短，三人没有来得及逃出爆炸范围，最终身亡。此事分明是日军工兵专业不熟的表现（一说是因为军曹故意设计害此三人剪短了引信），却被当时的日本媒体在掩盖关键性事实后吹嘘成"爆弹三勇士"的"壮烈事迹"（即把此三人说成是主动献出生命的）。由此，"爆弹三勇士"也成为日本战时官方意识形态的"思想流通货币"。需要指出的是，此事发生在 1932年的第一次淞沪抗战，而九鬼写作此文的背景是 1937 年的第二次淞沪抗战。

[50] "白襻队"为日俄战争、旅顺会战、第三回总攻击时所成立的"特别支队"。夜袭之际，日军将士挂上白襻布条以资识别，故以此作为名称由来。日俄战争后白襻也成为日军中"敢死队"的代名词。

[51] "童丸"是驱虫药，"中将汤"是妇科药。

[52] 这是对温良贤淑的日本女性特征的某种符号性指代，类似中国人用"西施"指代一切美人。

[53] 九鬼周造：『九鬼周造全集・第 5 卷』（岩波书店，1981），页 38—39。

[54] 在整个抗日战争时期，曾帮助过中国军队的外国义勇军只有苏联援华飞行队与美国飞虎队两支。在九鬼写作此文时，这两支部队都尚未登上历史舞台。

[55] 九鬼周造：『九鬼周造全集・第 5 卷』（岩波书店，1981），页 39。

第五章 和辻哲郎：文化保守主义真是军国主义之亲兄弟？

[1]　和辻哲郎：《风土》，陈力卫译，商务印书馆，2006，页 4。

[2]　不过，学界并不普遍赞同将孟德斯鸠定义为一个"地理环境决定论者"。我在此只是为了避免枝节横生而姑且采纳了对于孟德斯鸠的既定学术印象。

[3]　和辻哲郎：『古寺巡礼』（岩波文庫，1979），页 208。

[4]　和辻哲郎：『日本の臣道・アメリカの国民性』（筑摩書房，1944）。此书在日本国立国会图书馆的网站上还有一个在线阅读地址：https://dl.ndl.go.jp/pid/1039409/1/1。

[5]　和辻哲郎的两篇相关文章分别是《就国体变更问题向佐佐木博士求教》（1947）与《对佐佐木博士的教示的回复》（1948）。日文版见：「国体変更論について佐々木博士の教を乞ふ」，『和辻哲郎全集・第 14卷』（岩波書店，1962），页 355—368；「佐々木博士の教示について」，『和辻哲郎全集・第 14 卷』（岩波書店，1962），页 369—389。

[6]　此书后来反复重印。目前通行的版本是和辻哲郎：『鎖国』（筑摩書房，1964）。该书线上阅读地址：https://www.aozora.gr.jp/cards/001395/files/51364_66549.html。

[7]　这支部队有 18000 多人，在形式上也叫"德意志国防军 250 师"（全师使用德械，接受德国侵苏的"中央集团军群"指挥，但在穿戴的德式钢盔与制服上有很小的西班牙国旗标志）。1941 年 7 月入苏作战，1943 年撤回（少数被纳粹洗脑严重的士兵则选择自愿留下）。全师死亡不到 5000 人——这几乎是西班牙武装力量在二战中的全部阵亡人数！与之相比，日本在二战中的军人死亡人数则超过了 220 万（50 万至 100 万人的平民死亡数字另计，日据朝鲜的约 40 万人死亡另计）！

[8]　弗朗哥为了降低纳粹的无限制潜艇战对盟军的伤害，拒绝在西班牙港口的德军潜艇补充鱼雷等敏感弹药，只允许其补充淡水与食品。德国总参谋部曾制定作战计划，试图颠覆首鼠两端的弗朗哥政权，却被希特勒叫停，因为他不想重蹈当年拿破仑在"半岛战争"中的覆辙，陷入与西班牙人的山地战泥潭。

[9]　王路：《读不懂的海德格尔》，《世界哲学》2001 年第三期。

[10]　这个词按照王路先生的方案，应当被翻译为"关于'是'的学问"（一般则被翻译为"存在论"）。此词中的词干"ontos"就是"being"的希腊文写法。

[11] 我在引用该书时分别参考了日本原文与英译本。和辻哲郎：『倫理学〈1〉』（岩波書店，2007）；Tetsurō Watsuji: *Watsuji Tetsurō's Rinrigaku*, translated by Yamamoto Seisaku, New York: State University of New York Press, 1996。正文中此句出现于日语本页 35，英译本页 19。

[12] 和辻哲郎认为"存"与"在"之间具有微妙意义差别的观点，可能是基于他本人的语感体会。其实在许慎的《说文解字》里，"存"是用来解释"在"的（参看《说文解字·卷十四·子部》："存，恤问也"；《说文解字·卷十三·土部》："在，存也"）。不过，许慎将"在"归类为"土"，则暗示了"在"的空间性含义，而这种暗示是对和辻的解释有利的。此外，"存"的"恤问"义所包含的主体际意蕴，也对和辻哲郎对于"存在"的空间伦理学解释有利。

[13] 『倫理学〈1〉』页 37，英译本页 20。

[14] 同上书，页 37，英译本页 21。

[15] 同上书，页 38，英译本页 21。

[16] Martin Heidegger: *Being and Time*, translated by J. Macquarrie and E. Robinson. Oxford: Basil Blackwell, 1962, p.401.

[17] 日本汉字词组"人間"一般会被汉译为"人类"，但和辻哲郎在《伦理学》中特别强调"人間"这个词组对于人与人之间的社会关系的指涉力。为了维护和辻的本意，我决定不对"人間"进行翻译，而仅仅将其转为简体汉字"人间"。

[18] Martin Heidegger: *Being and Time*, translated by J. Macquarrie and E. Robinson. Oxford: Basil Blackwell, 1962, p. 154.

[19] 『倫理学〈1〉』页 267，英译本页 176。

[20] 这篇文章最早发表于：「思想」，1935（昭和十）年 6 月号。此文还有一个线上阅读版本：https://www.aozora.gr.jp/cards/001395/files/49911_41926.html。

[21] 『倫理学〈1〉』页 241—242，英译本页 160。

[22] 《马恩全集（旧版）·卷三》，人民出版社，页 57。

[23] 同上书，页 60。

[24] 『倫理学〈1〉』页 245—246，英译本页 162—163。

[25] 『倫理学〈2〉』页 19，英译本页英 267。

[26] 同上书，页 24，英译本页 271。

[27] 『倫理学〈1〉』页 240—241，英译本页 159。

[28] 『倫理学〈2〉』页 51，英译本页 287。

[29] 同上书，页 51，英译本页 288。

[30] 同上书，页 56，英译本页 290—291。

[31] 同上书，页 56，英译本页 291。

[32] 斯宾格勒：《西方的没落（第一、第二卷）》，吴琼译，上海三联出版社，
2006。

[33] 这是特朗普的政治势力崛起之前美国最重要的本土民粹运动。

[34] 和辻哲郎：『自叙伝の試み』（中央公論社，1992）。

[35] 不过，根据此自传提供的信息，和辻哲郎第一次进大城市并不是进东
京，而是在 1903 年参加大阪举办的"国内劝业博览会"。那时候，尚
且还在读中学的和辻哲郎就被大阪晚上炫目的人工灯光所震撼，由此
意识到与乡下的自然光环境完全不同的都市风土的存在。

[36] 和辻哲郎：《风土》，陈力卫译，商务印书馆，2006，页 21。

[37] 三木清：『新日本の思想原理』（昭和研究会，1939），页 7。

[38]《风土》中译本，页 9。

[39]《马恩全集（新版）·卷三》，人民出版社，页 307。

[40]《马恩全集（旧版）·卷三》，人民出版社，页 16。

[41]《风土》中译本，页 9。

[42]《马恩全集（旧版）·卷三》，人民出版社，页 60。

[43] 参看亨利·列斐伏尔：《空间的生产》，刘怀玉等译，商务印书馆，
2022。

[44] 参看大卫·哈维：《世界的逻辑》，周大昕译，中信出版集团，2018。

[45]『倫理学〈1〉』页 228，英译本页 150。

[46] 同上书，页 224，英译本页 148。

[47] 同上书，页 225，英译本页 148。

[48] 同上书，页 229，英译本页 151。

[49] 关于认知科学中的符号表征主义与联接主义路线之间的对立，请参看
拙著《心智、语言和机器——维特根斯坦与人工智能科学之间的对话》
（人民出版社，2013）第一篇："人工智能科学和人工智能哲学基础知
识引论"。

[50] 和辻哲郎：『和辻哲郎全集·第 11 卷』（岩波书店，1962），页 420。
顺便说一句，这一卷文字其实就是前面提到的《伦理学》的下卷，但收
集了一些在战后出版的版本里被删除的过于体现国家主义色彩的文字。

[51] 同上书，页 429—430。

[52] 和辻哲郎：『日本の臣道·アメリカの国民性』（筑摩書房，1944），

页 20。

[53] 和辻哲郎：『日本倫理思想史〈4〉』（岩波書店，2011），页 112。

[54] 同上书，页 113。

[55] 关于石田心学的背景知识，请参看唐利国编著《日本通史：第四卷（近世篇）》，江苏人民出版社，2023，页 300—312。

[56] 和辻哲郎：『和辻哲郎全集・第 4 卷』（岩波書店，1962），页 501。

[57] 同上书，页 490。

[58] 这是日本方面对"中日甲午战争"的提法。

[59] 和辻哲郎：『和辻哲郎全集・第 4 卷』（岩波書店，1962），页 288。

[60] 对于《现代日本与町人根性》这一文献，熊野彦纯给出了一种更详细的解读。他认为，和辻赞成的是日俄战争时期日本的战争行为，不赞成的是日本在第一次世界大战中的战争行为，因为前者是日本为了扭转亚洲人被西方人殖民的命运而进行的正义战争，而后者则是日本作为帝国主义的一员而进行的针对别国殖民地的瓜分战争，是非正义的。由此，熊野得出"在 1935 年，和辻哲郎对帝国主义的膨胀动向依然持批评态度"的结论（熊野彦纯：《和辻哲郎与日本哲学》，龚颖译，生活・读书・新知三联书店，2018，页 144）。对熊野的这一观点，我持保留态度。日本在第一次世界大战中所从事的军事行动规模相对较小，和辻就日本在一战中的表现对于日本政府的批评，多少有些"捡芝麻丢西瓜"的意味。实际上，和辻在此文中真正要表达的意思是：基于资本主义逻辑所进行的扩张固然是不合理的，但是若基于东亚文化的精神自觉所进行的扩张则另当别论了。这就蕴含了两层意蕴：第一，威斯特伐利亚体系本身的尊严随时可以被牺牲掉；第二，以精神与伦理的名义所进行的战争自身所真正依赖的帝国主义的经济运作逻辑可以被无视。而这里所说的第一层意蕴就构成了和辻哲学与自由主义政治哲学的冲撞，而其第二层意蕴就构成了其与马克思的历史唯物论的冲撞。

[61] 和辻哲郎：『日本の臣道・アメリカの国民性』（筑摩書房，1944），页 85—86。严格地说，我的叙述从 1935 年跳跃到 1943 年，似乎忽略了和辻在此期间政治思想的多变性。熊野彦纯就指出，在近卫内阁风雨飘摇之际，和辻曾因与近卫势力的亲近而遭到更激进的极右翼分子的围攻。和辻在战后也曾以此为借口为自己开脱，反复说自己与军部不是一伙的（熊野彦纯：《和辻哲郎与日本哲学》，龚颖译，生活・读书・新知三联书店，2018，页 160；182）。但我以为，对思想家的评价必须

主要依赖于其公开发表的文献——除非有强大的证据证明他是在不可抗的压力下写下这些文字的。实际上和辻对于美国的这种露骨攻击并不是官方规定的"必做动作",否则我们就无从解释为何作为京都学派之颜面的西田几多郎在同样的政治氛围中却没有写下这样露骨的文字。因此,我依然认为和辻必须为他在这份文献内的表达负责。

第六章 户坂润:兼收现象学与唯物论之美的反法西斯斗士

[1] 相关评论汇集于下述文集:*Tasaka Jun: A Critical Reader*, edited by Ken C. Kawashima et al, Cornell East Asia Series, 2014。这是英语世界研究户坂润思想的最重要参考资料,汇聚了户坂重要文献的英文节选译文与详细的评注,是户坂哲学的第一入门书。

[2] 不过,需要注意的是,葛兰西是意大利共产党的创始人之一,而户坂润则并未获得日本共产党的正式党籍。其缘由也是可以理解的:1928年日共就被正式取缔了,直到日本战败后才获得合法地位。因此,从1930年代才开始系统从事革命活动的户坂润是无法找到入党的正式渠道的。

[3] 此问号日语原文就有,表示户坂润对"纯粹的"这一说法的有效性的怀疑。文中的加点着重号也是原文就有的。下同。

[4] 戶坂潤:『戶坂潤全集·第3卷』(勁草書房,1966),页96。

[5] 同上书,页101。

[6] 同上书,页260。

[7] 在表述这个术语时,户坂润混用了德语"Da"与日本汉字。

[8] 户坂润用"人类学"这个套子去概括海德格尔哲学,或许会让海德格尔专家不满,因为海氏本人并不认为自己的哲学是一种人类学。不过,参考上下文,户坂润的真实意思是说海氏哲学的主观意味还是太浓,对"物"的朝向性还不足。

[9] 戶坂潤:『戶坂潤全集·第3卷』(勁草書房,1966),页263—264。

[10] 在日语中,"现在"或"今"的范围比"今天"来得更广,使用的灵活性也更强。

[11] 戶坂潤:『戶坂潤全集·第3卷』(勁草書房,1966),页101—102。

[12] 日剧《掟上今日子的备忘录》(日本电视台 [NTV]2015 年出品,新垣结衣主演)说了这么一则故事:主人公掟上小姐是一个非常另类的女

侦探：由于某种特殊原因，她的记忆只能保存一天，过了今天，所有
记忆就立即会被清零。因此，她所有的破案工作都必须在一日之内完
成。也因为这个缘故，她不可能完成任何一件在一日之内无法完成的
任务，比如完完整整地谈一次以结婚为目的的恋爱。在这样的情况下，
她的人生就不可能是一个连贯的整体，而是由无数根断线所构成的一
个边界非常模糊的集合。当然，在某些情况下，某些案子的复杂程度
天然就要求一个比较长的破案时间——在这种情况下，捉上小姐只能
在睡觉之前先将此日的破案心得先写下来，并期待明日以此为线索继
续前行。因此，对于明日的她来说，她看到的这些文字记录就好像是
别人写下的那样，并不伴随着她本人的生动回忆。

[13] 请参看我对于大森哲学的更详细的阐释论文：Yingjin Xu: "How Could Ōmori Shōzō Use Wittgenstein to Fight against Wittgenstein?" *Tetsugaku*, Vol. 4 (2020), pp.7-24。此文的网络公开下载地址是：https://philosophy-japan.org/wpdata/wp-content/uploads/2020/06/Xu-Yingjin-2020.pdf。

[14] 此书收于『戸坂潤全集・第 2 巻』（劲草書房，1966 ）。

[15] 顺便说一句，当时户坂润曾与另外一位马克思主义者相川春喜（1909—1953）展开论战——后者倾向于从纯粹客观的角度理解技术的本质，并因此对户坂润技术观中的现象学残余表示不满。

[16] 戸坂潤：『戸坂潤全集・第 4 巻』（劲草書房，1966 ），页 283。

[17] 同上书，页 284。

[18] 同上书，页 283。

[19] 同上书，页 288。

[20] 同上。

[21] 戸坂潤：『戸坂潤全集・第 3 巻』（劲草書房 1966 ），页 133。

[22] 同上书，页 138。

[23] 同上书，页 138—139。

[24] 荷兰哲学家斯宾诺莎认为，世界既是精神的又是物质的，精神与物质乃是同一个实体的两个面相。

[25] 此书初版于 1935 年，收入了戸坂潤：『戸坂潤全集・第 2 巻』，页 225—431。

[26] 戸坂潤：『戸坂潤全集・第 3 巻』（劲草書房，1966 ），页 101。

[27] 戸坂潤：『戸坂潤全集・第 5 巻』（劲草書房，1966 ），页 102。

[28] 伪满洲国的日本领事警察与关东厅警察由于隶属关系不同，职能也有重叠之处，经常为争夺领地互相撕咬，甚至有时候会惊动日本本土政府。

[29] 戶坂潤：『戶坂潤全集·第4卷』（勁草書房，1966），页138。

[30] 戶坂潤：『戶坂潤全集·第2卷』（勁草書房，1966），页322—323。

[31] 同上书，页312。

[32] 同上书，页313。

[33] 同上。

[34] 相关的历史背景如下：由于在江户时期，德川幕府已长期将天皇架空，反幕府的维新派人士便以"王政复古"的"大义名分"来打倒幕府。这一举措在当时或许体现出了一种马基雅维利式的政治机智，却给日本以后的政治操作带来隐患：因为"王政复古"的口号毕竟更容易被真心实意的复古派所利用，反而使得本来只是想拿鸡毛当令箭的日本资产阶级自身被捆住了手脚，由此便产生了文化复古主义与国家资本主义在昭和时代所产下的畸形儿：法西斯主义。

[35] 戶坂潤：『戶坂潤全集·第2卷』（勁草書房，1966），页312。

[36] 根据户坂润的归纳，自由主义的另外两种形态分别是经济自由主义与政治自由主义：前者强调市场自由，后者强调三权分立架构下的政治自由。户坂润倾向于认为这三种自由主义并不是一定要以互相配合的方式出现的，换言之，一种版本的自由主义完全可以在别的版本的自由主义缺席的情况下独立存在。这就意味着知识分子所持有的文化自由主义立场未必会导致政治自由主义——在某些情况下，这种自由主义立场甚至会向着文化保守主义甚至法西斯主义的方向蜕变。相关讨论见户坂的文章《自由主义哲学与唯物主义》，收录于『戶坂潤全集·第2卷』（勁草書房，1966），页392—401。此文也是前面所提到的《日本意识形态论》的一部分。

[37] 当然，为盟军的战后日本政策的制定提供依据，乃是作者写作该书的表面理由——但考虑到此书在世界各国的巨大销量，我们很难不认为此书的确切中了阅读市场某种隐蔽的心理。

[38] 本尼迪克特：《文化模式》，王炜等译，社科文献出版社，2009。

[39] 1970年11月25日，三岛由纪夫伙同其他四名同伴于东京的市谷驻屯地劫持了日本陆上自卫队东部总监部的总监，并于露台发表政变演说，但被作为听众的青年自卫队员群嘲。三岛立即选择了切腹自杀。

[40] 本尼迪克特：《菊与刀》，吕万和等译，商务印书馆，1990，页138—139。

[41] 同上书，页31。

[42] 对于相关问题的学理概括，请查看《斯坦福哲学百科全书》上的"道德与演化生物学"词条。William J. FitzPatrick: "Morality and

Evolutionary Biology", *The Stanford Encyclopedia of Philosophy* (Spring 2021 Edition), Edward N. Zalta (ed.), URL = <https://plato.stanford.edu/archives/spr2021/entries/morality-biology/>.

结 语

[1] 沃尔夫拉姆·艾伦伯格：《魔术师时代——哲学家的黄金时代（1919—1929）》，林灵娜译，上海文艺出版社，2019。

[2] 柄谷行人：《民族与美学》，薛羽译，西北大学出版社，2016。

[3] 同上书，页 156。

[4] 日本江户时期的"国学"指的是对基于《古事记》等日本神话文献的日本国故学研究，非中国意义上的"国学"。中国意义上的"国学"当时在日本属于"汉学"的范畴。

[5] 柄谷行人：《民族与美学》，页 148。

[6] 同上书，页 117—118。

[7] 同上书，页 157。

鸣 谢

在我学习研究日本京都学派哲学的过程中，京都大学的上原麻有子教授与出口康夫教授，立正大学的板桥勇仁教授，北海道大学的田口茂教授，东京大学的纳富信留教授、张政远教授、林永强教授，美国赫伯特和威廉史密斯学院的 John W. M. Krummel 教授，中山大学的廖钦彬教授等学友都向我提供了很多帮助，或提供了很多宝贵的学术情报。北陆先端大学院大学的教授水本正晴教授给予了很多从实验哲学角度研究日语知识论词汇的启发。我以前的硕士研究生宗宁（后留学日本东京大学攻读博士学位）在帮助我精译本书涉及的日语原著选文方面做了很多贡献。本书写作的部分章节所涉及的研究，得到了国家基金项目"对于通用人工智能与特定文化风土之间关系的哲学研究"（编号 22BZX031）资助。相关章节也是相关项目的阶段性结果。